LÜYOU JINGQU FUWU YU GUANLI ANLI

旅游景区服务与管理案例 第2版

王昆欣　主　编
温　燕　副主编

北京·旅游教育出版社

再版前言

三年前的某一天,我在当当网上浏览旅游类专业的图书,偶尔看到《旅游景区服务与管理案例》在网上有三百多条评论,好评率超过98.5%。我选择了一些读者的评价,如:

"理论不深,比较适合一线从业人员,很实用的一本书。"

"本书编写逻辑清晰,基本涵盖了景区服务的通用环节,非常适合业内人士学习阅读。作为景区从业者,本书给予了我很大帮助,在此表示感谢。唯一遗憾的是本书出版有一定年头了,案例不够新颖,如果能不断更新就更好了……"

"图书不错,印刷好,内容也不错。"

"涉及各个岗位的案例,应该是初学者的宝典。"

"案例很有代表性,分析精辟到位。"

"十几年前的经典教材,今天仍然很有用,但建议修订此书。"

读者们的评价、肯定和希望,给予了我们极大的鼓励和支持,于是决定重新编写本教材。本教材在2008年出版,距今已有14年了。十余年来我国的旅游景区发生了许多变化,文旅融合推动了旅游景区的多元发展,新冠疫情改变着旅游景区的管理方式,数字化、智慧化、智能化促进旅游景区转型升级,创新创业的蓬勃兴起催生了新兴景区。十余年来旅游景区的新类型、新产品层出不穷,旅游景区的服务、管理日新月异,旅游景区的营销、经营模式不断创新,"旅游+"和"+旅游"产业融合不断深入。

为了适应旅游景区的变化,适应旅游职业教育的需要,我们对全书进行了较大的修改,几乎对所有的案例进行了重写,篇幅也增加了许多。选择的案例在原来的真实性、典型性、多样性、实用性、启示性的基础上,尽可能体现先进性、时代性,新版教材有了一些变化。

体现先进性、时代性。新冠疫情对旅游业产生了巨大的影响，旅游业遭受了前所未有的打击。本书增加了一章"危机事件处理与管理案例"，使读者进一步认识危机事件、把握危机应对、处理危机影响等。随着大数据、人工智能、物联网等信息技术在旅游景区的应用，增加了一章"智慧服务与管理案例"，添加了疫情常态化下景区的网上预约、流量管控等案例。

重视文旅融合，关注新兴产品。2018年以来，文化和旅游的融合速度加快、内涵加深、内容加广，出现了一些新兴的文旅融合的景区。于是本书增加了"故宫博物院的网上预约、国家博物馆的'云展览'"等案例。

2016年6月上海迪士尼乐园开园，2021年9月北京环球度假区开园，国际上主题公园的龙头企业纷纷在中国开业，带来了新理念、新产品、新技术、新营销、新管理，推动了我国旅游景区的迭代和变革。本书增加了景区APP、云展览、数字化等案例，增加了景区新科技、新产品的案例，介绍智慧旅游技术在景区中的应用。

重编大纲，更新知识，增加内容。在目录的编排上用数字从案例1至案例84标注每个案例，便于教学、查阅与比照。在内容上增加了两章"第6章 危机事件处理与管理案例""第7章 智慧服务与管理案例"。为了适应旅游景区新时代发展，对原有的案例也进行了修改，删除不常见、陈旧的内容。案例数从原来的61个增加到84个，增加了37%；字数和篇幅增加了57%。可以说我们对本书进行了全面的调整、更新和完善。

本书由浙江旅游职业学院旅游规划与设计学院的教师团队编写，具体分工如下：王昆欣（第6章、第8章）、王方和陈添珍（第1章、第2章）、温燕（第4章的第2和第3节、第5章、第7章、第9章）、牟丹（第3章、第4章的第1节）。王昆欣教授负责本书的大纲设计、全书统稿和修改完善，温燕副教授协助全书统稿和修改完善。

本书的编写得到了世界旅游联盟杭州联络处、浙江旅游职业学院旅游规划与设计学院的大力支持，得到了旅游教育出版社丁海秀副社长的鼎力帮助，在此深表感谢！

世界旅游联盟（WTA）副秘书长
教育部全国旅游职业教育教学指导委员会副主任委员
2022年7月于杭州石函路一号

前言

　　三年前我们编写了《旅游景区服务与管理》（2004年），作为旅游类专业学生的教材和旅游景区员工的岗位培训教材。由于"旅游景区服务与管理"是一个实践性较强、问题较多、相对较新的工作岗位群，当初在完成《旅游景区服务与管理》后，就准备编写一本有关案例分析的小册子。可是，几位作者都忙于教学、科研，忙于家庭、孩子，还有学校评估……就这么拖到今天。在出版社热心编辑的一再催促下，我们经过了数次讨论，设计大纲、选择案例、确定体例、不断修改，在酷热的8月完成了书稿。

　　本书主要特点归纳如下：

　　真实性。案例很重要的作用是参考、借鉴。案例应该是实际发生过的真实事件。本书选择的案例，大多来自景区已经发生的，有主题、有情节、有疑问、有高潮，引人入胜、耐人寻味的真实案例。

　　典型性。案例在教学中有它独特的教学功能。我们选择了在旅游景区服务与管理中的热点、重点、难点问题，常见的、具有代表性的案例，通过对一个个典型事例的剖析来探讨某种规律，揭示某个真理，指导工作实践。典型的案例可以使我们从历史的经验中获得更多的启示。

　　多样性。希望案例具体、清晰、生动、丰富、贴近生活、贴近现实，在编写体例上尽可能地体现多样性。案例的选择是多样的，剖析的角度是多维的。

　　实用性。希望选择的案例是有用的，围绕"旅游景区服务与管理"主题，从七个方面讨论和分析景区服务与管理方面的主要问题，不是简单的理论说教，而是提出了一些方法，如"实战修炼"等。

　　启示性。在提出和剖析案例时，由于我们的知识和能力局限，对一些案例在理解上、分析中尚不全面、不深入，或者有时希望读者从中得到更多的启示，所以尝试在案例分析中提出一些反思，留有一些思考的空间，但愿能够达到预期的效果。

本书由浙江旅游职业学院旅游规划系的部分老师编写，具体分工如下：王昆欣（第6章）、王方（第1章、第2章）、温燕（第5章、第7章、第4章的第2、3节）、牟丹（第3章、第4章的第1节）。王昆欣、王方负责本书的大纲设计、全书统稿和修改完善。

本书的编写得到了作者所在单位浙江旅游职业学院的大力支持，得到了旅游教育出版社的大力支持，在此深表感谢！

2008年3月于杭州

目录

第 1 章　入门接待服务案例 / 001

第 1 节　票务服务 / 002

案例 1　微信重复购票，要求退还遭景区任性"扣留" / 002

案例 2　我的孩子这么小，也要买票吗 / 004

案例 3　景区检票，刷脸就过了 / 006

案例 4　孕妇能带全家走"绿色通道"吗 / 009

案例 5　我都没有玩，凭什么不退票 / 011

案例 6　下车走两步？！景区检票要求展示残疾部位 / 012

第 2 节　排队服务 / 014

案例 7　景区推出虚拟排队轻松游 / 014

案例 8　你们是景区的服务人员，怎么对"加塞儿"视而不见 / 016

案例 9　景区打造排队专属虚拟现实（AR）游戏 / 018

案例 10　这也算是绿色通道吗 / 021

案例 11　景区发布无障碍游玩攻略，残障人士免排队 / 024

第 2 章　游乐项目接待服务案例 / 027

第 1 节　项目须知提示服务 / 028

案例 12　请自觉遵守制度，别拿自己的生命开玩笑 / 028

案例 13　水中快乐诚可贵，身边孩子更无价 / 031

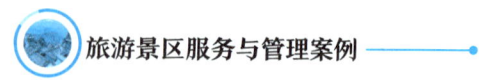

　　案例 14　项目解说也能自由随性，游玩双重享受 / 033

第 2 节　自带物品寄存服务 / 036

　　案例 15　自带物品受损，责任究竟谁负 / 036

　　案例 16　轻装上阵！景区推出智能自助寄存服务 / 038

第 3 节　票外收费提示服务 / 042

　　案例 17　雨衣也要收费，不是送的吗 / 042

　　案例 18　一票通玩，为什么还要买票 / 044

第 3 章　导游服务案例 / 047

第 1 节　导游讲解服务 / 048

　　案例 19　这样的讲解令人叹服 / 048

　　案例 20　导游员正在讲解，游客却在聊天 / 051

　　案例 21　导游员不能太油嘴滑舌 / 054

　　案例 22　我是非洲的白马王子 / 057

第 2 节　导游接待服务 / 060

　　案例 23　"经理级导游"并非美称 / 060

　　案例 24　什么都看不见也算景点，来了也白来 / 063

　　案例 25　让彭先生替我说话 / 065

　　案例 26　朝拜没能如愿，真是太失望了 / 069

第 3 节　特殊问题处理 / 072

　　案例 27　你事先没有提醒，责任在你不在我 / 072

　　案例 28　这样的导游员像亲人 / 075

　　案例 29　我给游客用药究竟是对还是错 / 077

　　案例 30　景点的售后服务很不错 / 079

第 4 章　商业服务案例 / 083

第 1 节　购物服务 / 084

　　案例 31　导游员该负赔偿责任吗 / 084

案例 32　向游客兜售或者购买物品，都是违规交易 / 085
案例 33　接受游客委托代买和托运要留心 / 087
案例 34　是游客自愿购买的，这事与我无关 / 089
案例 35　椰青切口太大了，我要退货 / 091

第 2 节　餐饮服务 / 093

案例 36　餐饮预订的客人迟到了 / 093
案例 37　我要靠近窗口的餐位 / 094
案例 38　点什么没什么，我们不吃了 / 096
案例 39　我们的菜怎么还不来 / 099
案例 40　浪漫的烛光晚餐 / 102
案例 41　机智地面对无礼的客人 / 104

第 3 节　住宿服务 / 107

案例 42　预订的房间被售出了，我们住哪里 / 107
案例 43　微笑服务征服了发怒的游客 / 110
案例 44　吹风机"掉"在沙发的缝隙里了 / 113
案例 45　同样的客人为什么折扣不一样 / 116
案例 46　客人住到了别家酒店，服务要善始善终 / 118
案例 47　园景房升级到海景房 / 120

第 5 章　咨询与投诉处理案例 / 123

第 1 节　咨询服务 / 124

案例 48　是接线员良好的服务态度吸引了我 / 124
案例 49　竭尽所能为您服务是我们的宗旨 / 127
案例 50　我们可是真的鸭鸭哦 / 129

第 2 节　投诉处理服务 / 131

案例 51　小投诉避免大隐患 / 131
案例 52　你就是少给了一件雨披 / 133
案例 53　跟踪服务打动了我们 / 137
案例 54　这里是"酒窝大道"，请您系好安全带 / 141

案例 55　游乐设施引起儿童乘客不适 / 142

第 6 章　危机事件处理与管理案例 / 145

第 1 节　重大公共危机事件的应对 / 146
案例 56　新冠疫情突发，旅游业的应急处理 / 146
案例 57　新冠疫情常态化下的景区服务与管理 / 149
案例 58　北京冬奥会的闭环管理 / 152

第 2 节　自然灾害引发的危机处理 / 158
案例 59　九寨沟地震 / 158
案例 60　勐远仙境景区遭遇洪水破坏 / 161
案例 61　张家界国家森林公园遭遇罕见雪灾 / 163

第 7 章　智慧服务与管理案例 / 167

第 1 节　景区智慧服务 / 168
案例 62　"无预约，不旅游"成为常态 / 168
案例 63　故宫博物院的网上预约 / 170
案例 64　布达拉宫的流量管控 / 173

第 2 节　景区数字化升级 / 175
案例 65　上海迪士尼乐园的 APP / 175
案例 66　国家博物馆的"云展览" / 177

第 3 节　景区新科技、新产品的服务与管理 / 180
案例 67　北京环球度假区未来水世界的游乐项目 / 180
案例 68　"剧本杀"的安全隐患 / 181

第 8 章　安全服务与管理案例 / 183

第 1 节　重大安全事故处理 / 184
案例 69　桂林漓江翻船事故 / 184

案例 70　上海外滩踩踏事件 / 185

案例 71　贵州省兴义市马岭河峡谷缆车坠落事件 / 188

第 2 节　游乐设施安全服务 / 194

案例 72　"天旋地转"操作失误事故 / 194

案例 73　"天旋地转"安全装置失灵 / 195

案例 74　"太空船"悬臂突然断裂 / 196

第 3 节　景区内突发事件应急处理 / 200

案例 75　夜游时突然停电了 / 200

案例 76　公园里的小孩落水了 / 201

案例 77　老人在景区突发心脏病 / 203

第 9 章　环境与资源管理案例 / 207

第 1 节　环境管理 / 208

案例 78　垃圾换早餐 / 208

案例 79　免费赠送的枇杷 / 210

案例 80　生态干净的公共厕所 / 212

第 2 节　资源保护 / 215

案例 81　尴尬的"一线天"游 / 215

案例 82　"休闲游"变成了"排队游" / 217

案例 83　九寨沟成长中的烦恼 / 219

案例 84　破坏文物古迹生态环境将严惩 / 222

主要参考文献 / 225

第1章
入门接待服务案例

案例 1　微信重复购票，要求退还遭景区任性"扣留"
案例 2　我的孩子这么小，也要买票吗
案例 3　景区检票，刷脸就过了
案例 4　孕妇能带全家走"绿色通道"吗
案例 5　我都没有玩，凭什么不退票
案例 6　下车走两步？！景区检票要求展示残疾部位
案例 7　景区推出虚拟排队轻松游
案例 8　你们是景区的服务人员，怎么对"加塞儿"视而不见
案例 9　景区打造排队专属虚拟现实（AR）游戏
案例 10　这也算是绿色通道吗
案例 11　景区发布无障碍游玩攻略，残障人士免排队

第1节　票务服务

案例 1　微信重复购票，要求退还遭景区任性"扣留"

【案情陈述】

央广网（2017年5月8日）报道：2017年4月25日，李先生和几个朋友去河南省新密伏羲山游玩，因微信支付重复购票要求景区退款，但售票人员让其自行找财务室退款，因而引起争执，几名自称新密公安局辅警人员要求李先生离开景区未果。后来景区工作人员虽然承认自己失误，退还了费用，却对于李先生要求道歉的诉求不予理会。此外，下山途中李先生还遭到二次扣留近半小时。

【案例分析】

案例中讲述的是售票工作中重复支付问题的处理，这一类问题是随着购票支付方式改变而出现的新现象。以往使用现金购票时，出现重复收取的概率相对较小。随着互联网信息技术的迅速发展，用户支付习惯发生颠覆性变化，借助微信、支付宝等便捷的线上支付平台完成商品交易成为主流，给人们的生活带来诸多便利，但同时也经常由于网络问题或者操作失误等原因，出现重复支付或重复扣款问题。在景区服务过程中，重复支付或重复扣款给售票工作带来极大困扰，成为售票工作的新难点。

之所以说它是难点，原因如下。首先，线上支付会受到网络、人员操作等诸多因素影响，容易出现到账延迟、付款结果更新不及时等现象，而一旦出现了实际付款未成功的现象，按规定须由当班人员进行赔偿。其次，重复支付问题一旦出现，极易引起景区工作人员与游客之间的争执，弄得双方都不愉快。此类问题的处理需注意以下两个方面。

一是售票人员服务方面。首先，当出现付款结果更新延迟、到账情况延迟等特殊情况，应保持冷静平和，可尝试通过收银系统刷新或与财务管理后台确认的方式进行情况核实，并请游客到旁边稍候；当确认票款已支付时，再售出门票。其次，如确实出现钱款支付未成功时，应耐心地向游客进行解释，请游客在手机终端进行情况确认，并礼貌引导游客再次尝试支付。在上述案例中，售票人员的处理过程存在以下问题：一是售票人员说找不到付款信息就让李先生重新支付，并未进行再次核实，导致出现重复付款问题；二是当游客要求退还其中一笔付款费用时，售票人员让其去找财务室，存在责任推诿；三是售票人员与游客发生长时间争执后承认失误，退还费用却拒绝道歉，且态度较为恶劣。之所以出现以上问题，很大程度因为售票人员未进行换位思考，游客并非恶意不支付票款，而是由于技术原因出现延迟，应给予耐心和包容，在处理过程中要始终贯彻"礼貌协商解决"的原则。

二是景区管理方面。首先是硬件方面。景区应加强内部网络支撑能力建设，优化信息网络基础设施，提升网络性能和效率，为多手段支付营造良好的网络环境，从技术层面降低故障发生频率。其次是人员管理方面。当因为支付问题出现售票人员与游客争执时，安全保卫人员应保持克制，了解事情全貌，并做好协调工作，及时安抚游客情绪，必要时将游客先行带离排队区，前往游客中心等休息区域，耐心解决问题。案例中的安保人员在处理售票人员与游客争执时，未对双方进行调停，而是强行要求游客单方离开，存在处理流程不规范的情形，而且在后来双方纠纷已经解决的情况下，还公然扣留游客，这种行为更是涉嫌违法。

【游客心理需求解剖】

如果你是游客，你在买票过程中的心理是怎样的？

（1）期待进入，迫不及待；

（2）有伴同行，主人的面子很重要。

预测游客需求，就是为了提供游客未提出但却需要的服务。

【实战修炼】

当游客说已经支付，但收款端未出现付款成功的相关信息提示时——

服务人员：不好意思，先生（女士），能否请您出示一下付款成功的凭证？系统尚未显示付款成功。

游客支付信息的确显示付款成功，但票务系统或财务系统未同步时——

服务人员：对不起，先生（女士），请您稍等一下，系统存在延迟，请允许我再核对一下。

经过与财务部门核实或刷新系统，显示付款成功后——

服务人员：让您久等了！这是您的门票，请您收好，祝您游玩愉快！再次对您的等待表示歉意。

【疑难提醒】

如果遇到确实未支付成功但不肯再次支付的游客，怎么办？
- 确认核实，出具证据。
- 礼貌劝解，态度合理。
- 及时报告上级主管和通知保安。

案例2　我的孩子这么小，也要买票吗

【案情陈述】

H景点入口售票处，一个三口之家高高兴兴地准备买票。父亲对售票窗口内的服务人员说："买两张成人票。"

售票服务人员目测了一下孩子的身高，对孩子的父母说："您好，我们景区实行优惠票制度，如果您的孩子身高在1.1米以下，您可以享受免票政策，请这位小朋友到这里来测量一下身高吧。"

母亲急忙说："我儿子不到1.1米，还差一些。"

服务人员微笑着指引方向，请小孩子去测量身高。小男孩蹦蹦跳跳到了测量处。仪器测量结果显示，小男孩的身高刚好过了1.1米线。

服务人员礼貌地对他的父母说："您的孩子已经超出1.1米了，需要购半价票，两张成人票一张儿童半价票，共350元。"

母亲似乎看起来很不情愿，说："你们这尺寸会不会不准。我的孩子这么小，也要买票吗？"

服务人员仍旧保持微笑解释说："我们的测量仪器定期检查，一定客观、标准，这点请您放心。"接着转头对着迫不及待想要冲进园区里去的小男孩说："这位小朋友看起来比同龄人都要高呢！"

小男孩也笑着回答说："是啊，我在班里是长得最高的呢！"

> 母亲尴尬地笑笑，小孩子的父亲在边上说："算了，快买吧，看儿子已经跃跃欲试了！"
>
> 于是三口之家顺利购买了门票，入园游玩去了。

【案例分析】

本案例讨论的是关于协调处理优惠票之争的问题。一般的景区都会对不同人群实行差别定价。虽然在售票窗口和验票处都会有测量身高的刻度，但每个售票人员可能都有过与游客争论高矮的经历。有部分工作人员因不愿与游客发生争执，便选择听之任之，把球踢给验票口。殊不知，这样做至少会带来三个后果：一是给验票人员的工作增加难度，影响景区闸口的畅通与效率。二是使其他游客心理不平衡，甚至也会提出享受同等待遇的要求，导致其他游客对景区产生不良印象。三是如果这些游客再回来补票，不仅增加售票的工作量，也会延长其他游客的购票等候时间。

因此，遇到类似的情况，景区售票人员应掌握以下原则：

（1）不要与游客发生争执，应热情、礼貌地向游客说明门票价格优惠制度，争取游客的理解。

（2）向游客解释时，应注意说话的方式，尽量站在游客的角度，选择合适的表达方式。比如，适当赞美游客的小孩，并善意提醒家长孩子知道他有多高，不要在孩子心里留下阴影。

（3）遇到个别特别固执的游客，也可以灵活处理，比如干脆请他做一次质量监督员，对景区服务的各个方面提出意见，作为回报，他可以免票入园。这样做皆大欢喜，游客心理得到了极大的满足，景区也得到了关于服务质量的第一手资料。

除上述案例中讲到的儿童优惠票以外，景区还有团体票、假日票，甚至导游票等。售票人员应灵活机动，具体问题具体分析。

【游客心理需求解剖】

此案例中的游客，可以从以下两方面加以分析：一是成人游客的心理需求，二是儿童游客的心理需求。成人游客在入门时的心理，一是期待进入，迫不及待，二是存在着侥幸心理，尤其是当孩子的身高在标准线上下无几时，侥幸心理是在所难免的。这时，服务人员需要利用各种规范和设施来打消游客的侥幸心理。

儿童游客的心理更值得研究，孩子们对于进入景区的迫切心态比父母更甚。同时，他们是不存在侥幸心态的。相反，儿童潜意识中都希望得到赞赏和表扬。因此，服务人员多用赞美的语言和语气，从而让家长心悦诚服地接受儿童确切身高已达到标准线的事实。

案例3　景区检票，刷脸就过了

【案情陈述】

2018年中秋小长假期间，武当山新的门票售验系统试运行。武当山人脸识别入园，给众多游客带来了全新体验，也标志着武当山景区正式开启智能刷脸进山新时代。武当山景区智能自助购票系统共有三种入园方式：第一种是通过刷脸入园。游客购票时，机器会采集人脸；检票时，会与采集的人脸进行比对，游客刷脸就可以通过。第二种是凭身份证入园。游客购票时需要提供身份证信息，购票后游客在

图1-1　湖北武当山景区

检票闸机上刷身份证入园。第三种就是二维码入园。购票完成，预留的手机号会收到系统发送的电子票短信凭证，打开里面的二维码链接，在闸机上可以刷码通过。

武当山景区是湖北省首家实行"刷脸进山"的景区。随着"刷脸进山"落地启用，景区高峰时可以满足每天10万人次购票入园的需要，不仅大大提升了景区服务水平和服务能力，同时也带动景区快步迈入"景区+互联网"的智慧旅游新时代。

资料来源：武当山开启刷脸入园智慧通道，入园只需三分钟（https：//baijiahao.baidu.com/s?id=1612465137958646117&wfr=spider&for=pc），人民湖北，2018年9月24日。

【案例分析】

随着互联网、大数据、人工智能等新技术在旅游领域的应用，人脸识别技术正越来越广泛地运用在旅游景区中，极大方便了景区的检票入园工作，提高了门票核验的效率。尤其是在新冠肺炎疫情防控的特殊时期，采用无接触的扫码识别和人脸识别作为门票核验手段，有效地减少了人员接触带来的交叉感染风险，还能帮助追溯病例身份和行踪，快速锁定传播范围。

需要注意的是，人脸识别技术的推广运用并不代表现阶段已经可以完全替代传统的检票方式，不再需要检票工作人员。实际上，由于游客群体的广泛性和地域发展水平的差异性，传统的检票服务目前依旧不可或缺。即使在全面采用人脸识别检票系统的景区内，同样需要工作人员协助完成各类人员的入园核验工作，并处理各类突发事件。

景区检票人员在服务过程中需注意以下要点：

（1）检票时，侧立站在检票位，精神饱满，面带微笑，使用礼貌问候语。

（2）游客通过闸口时，检票员应认真查验门票或监督、帮助游客通过人脸识别、扫码识别；当自动检票机出现故障时，应迅速开展人工检票工作，避免影响游客入园效率。

（3）对持各类有效证件入园的游客，认真核对证件，无误后放行；对需要补票的游客，礼貌引导其前往售票窗口。

（4）熟悉旅行团导游、领队带团入园的检验方法及相应的入园规定。团队入园参观时，需登记游客数量、旅行社等信息并进行清点核对，确保团队入园人数准确。

（5）对于残疾人、老人以及孕妇和婴幼儿等特殊群体提供必要的帮助；若游客提出问题应耐心解答，当游客需要帮助时应予以协助。

（6）维持出入口秩序，避免出现混乱现象。

【实战修炼】

当发现游客未预约，无法通过人脸识别闸口时，检票人员应礼貌告知：先生（女士），您好！进入景区需要提前进行预约，您可以通过某某方式进行预约，谢谢您的配合！

【相关链接】

欢乐谷集团倡导"三先"和"五会"服务

欢乐谷集团根据长期实践，明确了欢乐谷主题公园"三先"和"五会"的服务理念，为景区检票服务的开展提供了纲领和指南。

"三先"服务，即：先注视、先微笑、先问候（如图1-2所示）。

图1-2 检票服务人员积极服务态度的脸谱示意图

"先注视"，是服务的起点、自信的表现。当游客走近景区闸口时，检票人员应以注视的方式与游客进行远距离交流，以达到识别和初步了解游客需求的目的，让游客感觉受到重视、受到欢迎。员工眼神应该炯炯有神，避免无精打采，眼神过于严肃、呆滞和机械，争取先给游客一个美好的印象。

"先微笑"，是友谊的基点、魅力的展现。当游客走近景区闸口时，检票人员应以微笑的方式与游客进行交流，以达到进一步沟通交流的目的，让游客感觉受到欢迎。服务人员的微笑应表情自然，避免假笑和表情僵硬。在大多数情况下，注视和微笑是同时进行的。

"先问候"，是欢乐的源泉、真诚的体现。当游客走近景区闸口时，检票人员应该使用礼貌语言对游客进行问候或提醒，如"您好！欢迎来到欢乐谷景区，请您摘下帽子和眼镜以便进行人脸识别"，使游客在服务人员的关心、问候和关怀下感受到安全和舒适。服务人员应讲普通话，使用规范的礼貌用语向游客进行问候。一般不要使用方言。语音语调适中，语速快慢适宜。问候游客时，注意面部表情，要轻松自然，避免表情僵硬或过于严肃。

"五会"服务，即：会导览、会赞美、会表演、会细节、会合作。

"会导览"，要求能准确介绍景区地形、项目和活动等。景区检票人员是游客咨询的重点对象，因此，检票人员应认真倾听并正确回应游客咨询，准确地传达景区地形、项目、表演等相关信息；指引方位时，采用单手指引，为游客指出具体方位。

"会赞美"，是赢得友谊的点金石，也是成功服务的关键。景区检票人员要使用恰当语言适时赞美游客，尤其是对游客孩子的赞美更能获得游客认同。如当小朋友快速地完成人脸识别或者门票检验时，可以竖起大拇指赞美："小朋友，你真棒！"

"会表演"，是希望工作人员掌握更多的专长技能，向游客呈现个性化服务。景区检票人员不应只局限于检票验证工作，应掌握与游客互动的各种技巧，适当展现个人风采，提供个性化服务，如上海欢乐谷闸口检票人员在节假日会推出闸口检票人员迎宾舞，为游客传递欢乐文化。

"会细节"，主要是指通过一个微笑、一个规范服务动作等让游客感受到细节服务的魅力，以细致周到的人性化关怀与服务赢得更多游客的认可。景区检票人员应明晰工作环境，学会统筹兼顾，时刻以饱满的热情、充分的准备迎接游客到来。关注老人、小孩、孕妇及残障人士等特殊群体的需求，当其通过闸口不方便时，为他们提供周到的服务；当儿童游客到达检票口，需要提供服务时，检票人员应单腿蹲下，与小朋友眼睛平视，表示亲切和关注。

"会合作"，是指工作人员之间通力协作，创造融服务为一体的优秀团队。景区检票人员之间、检票人员与其他岗位工作人员之间应互相尊重，营造和谐氛围，遇到游客闹事、检票系统故障等复杂问题时不推诿、不回避，勇于承担责任。

案例4　孕妇能带全家走"绿色通道"吗

【案情陈述】

中国青年网（2019年7月1日）报道：2018年2月20日，张家界大峡谷玻璃桥检票口发生争执，怀孕5个月的王女士认为自己一家六口可以优先通行，但景区保安认为只有孕妇才可以走"绿色通道"。双方发生肢体冲突，事后，王女士将当时的玻璃桥景区的管理公司诉至法院。

张家界中院审理认为，王女士一家六人前往大峡谷景区游玩，因王女士系孕妇，认为可以全家都优先通行，但东线旅游公司工作人员认为孕妇可以走"绿色通道"优先通行，不能从普通游客检票口通行，更不能全家都优先通行，双方就此发生争执，未能理性沟通、协调，亦未能理性克制自己一方的情绪，继而推搡、殴打对方，双方均有一定过错。综合考虑双方的身份、事发时的特定环境、王女士怀有身孕的特殊情况、双方在争斗过程中的行为，一审酌定王女士承担40%的责任、东线旅游公司承担60%的责任。

【案例分析】

此案例表面看起来是一起因插队而引发的争执，实际上是一起因特殊群体检票优先权而引起的争执。在景区检票服务过程中，老年人、孕妇、儿童、伤残人士是需要重点关注和帮助的特殊群体，对于这些特殊游客，景区通常会采取"绿色通道""无障碍设施"等各类辅助措施，提高入园游览的便捷性，帮助其更好地开展景区游览活动。此案例中，王女士怀有身孕，可以享受"绿色通道"便捷入园服务，虽然王女士以自身有孕为由，试图带全家优先通过的做法并不合理，但作为景区工作人员不应与游客发生争执与冲突，应保持冷静克制，委婉劝导游客。此外，在此案例中，作为景区检票人员，应当主动为孕妇等特殊人群提供服务，识别游客需要，让游客感受到景区的关心与尊重，从而避免冲突的产生。

主动服务具有很多优点。如，可消除各类问题隐患，能让游客感觉到服务的周到，能使游客预先安排好行程等。主动服务就是要求多加一句善意的询问或提醒。很多景区服务人员忽略了主动服务的必要性和重要性，反而认为这很麻烦。案例中的景区工作人员如果能在看到怀着身孕的王女士排队时主动提示游客："女士，您好！您可以通过我们的绿色通道进入园区先行休息等待。"游客在服务人员的主动提示下会考虑是否先行通过绿色通道入园，也会对自己先行入园等待家人正常检票进入有一定的心理准备。

主动服务在很多场合都适用。比如，如果景区内有设施维护，售票人员应当在售票时予以提醒；如果游客入园时间接近闭园时间，检票人员应当主动提醒闭园时间并建议其安排好行程；如果景区可出售不同票种，应主动为游客介绍各类票种的购买和使用条件，并根据游客需求给予合理建议。

在对游客解释的同时，少不了服务人员真诚的微笑。当服务人员真正做到了识别游客需要，提供针对性、个性化服务，相信多数游客是会配合的。

【实战修炼】

当老年游客未达到景区规定的免票年龄要求，却在检票口等待验证进入景区时，检票人员应先行核验游客证件信息："先生（女士），您好！能否出示一下您的相关证件？"确认未达到免票要求时，礼貌告知："不好意思，先生（女士），按照景区规定，某某岁以上可以享受免票入园，请您前往售票处先行补票再入园可以吗？"如有必要，可为游客指引补票地点。

案例 5　我都没有玩，凭什么不退票

【案情陈述】

> 2021年国庆长假期间，一名游客在赣州市全南县问政平台留言投诉中国（全南）攀岩小镇景区。据该游客陈述，她携家中两名小孩前往景区游玩，但由于天气炎热，两名儿童并未游玩任何景区项目，且相关票据保存完整。因此，该名游客前往售票处要求景区给予退票，但工作人员不予办理，与游客发生争执。因而，游客将此事反馈到当地政府线上问政平台，寻求解决。全南县政府收到该游客投诉后，要求中国（全南）攀岩小镇景区加强全体员工的服务意识，强化服务理念，提升景区的服务水平和服务形象。
>
> 资料来源：反映景区不退票—网络问政（http://wenz.newskj.com/index/index/content/id/58495），问政赣州，2021年10月7日。

【案例分析】

此案例反映的是景区退票问题，这也是景区票务接待服务过程中的常见问题。一般而言，每个景区会根据实际情况制定退票政策及处理流程，大致有以下要点：

一是未使用过的门票。通常来说，未使用过的门票可以正常办理退票手续。其中，网络购买的未使用过的电子门票，直接在购买平台上申请退票；在景区售票处购买的未使用过的门票，游客需持有效门票、证件及完整的门票票据，到景区售票处办理退票。

二是已检票的门票。当门票已经过验证，景区一般不予退票，但可根据实际情况进行灵活处理。如游客刚检票入园，由于天气原因无法游玩或由于个人私事需立即离开，游客坚持办理退票时，票务岗位人员应首先安抚游客情绪，向游客承诺会妥善处理当前情况，避免引起游客不满，招致投诉；然后立即向上级领导反映当前遇到的情况，经领导同意后，做好相关游客的退票工作。在退票时，要注意做好门票的核验工作，确保人、票、款的一致。退票手续完成之后做好相关的登记工作。上述案例就属于此种情况，虽然游客已经进入园区，且完全由于自身原因而未进行游玩体验，但在游客坚持退票时，工作人员可进行灵活处理，切不可像案例中工作人员一样，坚持不退票并挑衅游客，这极有可能招致影响更为恶劣的投诉发生，对景区而言，实属因小失大。

【实战修炼】

如果游客进入景区后，发现景区多个游乐设施处于检修未开放状态，在游玩几个项目后觉得索然无味，愤然来到售票处要求退票，工作人员首先应耐心解释："先生（女士），出于安全管理需要，景区设施会开展定期检修，但景区内仍然有不少设施开放，您可以前往某某片区进行游玩。"游客如果依然要求退票，工作人员对游客说："您稍等一下，我请示一下领导。"领导同意后，工作人员对游客说："先生（女士），非常抱歉没有带给您完美的游玩体验，我将为您办理退票，希望您以后继续关注景区，下次再来游玩。"

案例 6　下车走两步？！景区检票要求展示残疾部位

【案情陈述】

中国青年报（2020年10月1日）报道：2020年8月，王先生来到西安华清宫景区游玩。因为王先生有肢体残疾，所以特意先去售票处咨询了买票具体流程，工作人员答复直接网上买票即可。买完票后，王先生在检票口进入景区时，检票人员表示要进行人脸比对。"我拿着身份证、残疾证配合工作人员进行核验，但被要求必须下车，告诉他哪里残疾，还让我展示残疾部位，让我走两步。"王先生觉得无法接受。不仅如此，华清宫检票处工作人员态度强硬，且没有穿工作服，当王先生要求工作人员出示工作证件时被拒绝。随后，王先生向华清宫景区进行了投诉。

【案例分析】

此案例反映的是景区检票问题，但主要针对的是享受票价优惠的残障人士的情况核实问题。根据《中华人民共和国残疾人保障法》第五章第四十三条规定，文化、体育、娱乐和其他公共活动场所，为残疾人提供方便和照顾。各地在实施《中华人民共和国残疾人保障法》时则大多予以明确：公园、公共博物馆、图书馆、旅游景点等场所对残疾人免费开放。在实际检票过程中，由于担心出现证件造假等问题，景区检票人员一般会对残障人士的相关证件进行核查，确保情况属实。但需注意的是，在证件核实过程中，检票人员不仅应具备一定的证件核验知识，更需充分尊重游客的隐私，具备服务意识。引起游客强烈不满的因素，通常是对于其身体缺陷的不尊重与不关心。残障人士由于身体存在缺陷，本就比普通游客更敏感，这就需要我们换位思考，体谅游客心情，礼貌地进行情况核实或证件查验，始终抱有同理心。案例中的检票人员在已经查验了游客身份证和残疾证的基础上，依然蛮横要求游客下车展示残疾部位，就属于典型的缺乏同情心，不尊重游客的表现，并且未着工服、未佩戴工牌上岗也属于服务不规范行为，拒绝游客要求查看工作证件的合理要求，并且态度蛮横，更是让游客无法接受。

【残障人士心理需求解剖】

换位思考：残障人士在景区检票验证过程中的心理是怎样的？
（1）存在自卑，不愿过多被关注；
（2）心理敏感，尤其在意他人看法；
（3）想尽快通过检票闸口。

【实战修炼】

如果你无法肉眼观察到游客的残疾情况，需要进一步核验残疾证件时，

服务人员：先生（女士），不好意思，能否请您出示一下相关的优惠证件？

游客出示后，仔细核对，如发现证件异常，可将证件编号输入残疾证查询系统进行核查。

确认证件无误后，双手将证件递还给游客，并谢谢游客的配合。

第 2 节　排队服务

案例 7　景区推出虚拟排队轻松游

【案情陈述】

> 中国旅游报（2020年5月5日）报道：五一小长假期间，上海欢乐谷一向火爆的"谷木游龙""绝顶雄风"等游乐项目前，并没有出现排队长龙。两个游乐项目的入口处各设置了八台自助一体机，只需要两分钟游客就可以完成虚拟排队操作。
>
> 工作人员为游客演示取票流程："机器使用非常简单，先点击开始，上方的摄像头会立即进行人脸识别图像采集，随后机器吐出一张票，上面打印着排队号码、前方进入排队区还需等待人数、预计进入排队区时间等字样，只要扫描票上二维码，根据提示绑定票号，并关注上海欢乐谷虚拟排队微信公众号，就可以放心先去体验其他游乐设施。"他还细心地提醒道："大家只要留意公众号实时推送的预估等候时长提醒，按时来到项目入口刷脸验票，便可入园尽兴游玩。"

【案例分析】

案例中讲述的是景区排队问题。随着旅游人数的不断增加，排队现象在景区内随处可见，最常见的排队现象主要出现在旅游旺季时的景区入口、售票处、热门景点、旅游厕所、餐饮场所等处。长时间的排队等待不仅会让游客满意度下降，也让游客困在排队队伍中，缺少足够时间进行消费，影响景区二次消费收入的提高。上述案例就是景区通过现代信息技术手段，利用"虚拟排队"系统减少游客等待时间，也让游客有更充裕的时间游玩其他景点，既提高了游客的满意度，也增加了二次消费的可能性，较好地化解了"排队之乱"。

从表面上看，排队叫号只是一种自助机器和排队系统的投入使用，但实质上是一种新的排队管理机制，能够为景区服务管理提供多种支撑，并达到如下效果：

一是将游客从队列里解放出来，可以随意游玩和消费，释放了购买力，提升了景区二次消费。

二是灵活的取号方式兼顾到了不同年龄段和人群的取票习惯。

三是多样化的叫号手段保障使分散开来的人群能够有效聚集到队列中。

四是避免排队高峰期"黄牛"倒卖排队号，影响景区形象。

五是避免了 VIP 游客要插队优先通行引起的对立和冲突。

六是能进行客流量统计。尤其是在黄金假期的时候，景区排队系统就能发挥非常重要的作用。很多景区的承载量都是有限的，而景区排队系统能够将进入景区的游客数量以及各个景点的游客数量反馈至景区管理层，从而让相关管理人员对景区有一个更好的把控和统筹调配。

【相关链接】

武功山景区分时预约的对比数据

2021 年 6 月，萍乡武功山景区实名制分时预约系统正式上线启用。根据分时预约规定，来武功山旅游的团队和散客在线上平台或线下提前进行预约购票，购票端实时动态显示购票信息和入园客流信息，及时发布相关预警信息，引导游客提前规划好路

图 1-3　江西萍乡武功山景区

线，合理安排入园时间，利用分时预约各项数据信息来实现园内客流管控。

根据对比数据分析，在通过分时预约系统高效分流后，游客高峰期排队时间从以往长达近3小时缩短到不超过1小时，各景点的游览路线相对顺畅了许多，长时间排队等候的现象也大为缓解，实现了游客对景区排队和分时预约零投诉。

案例8　你们是景区的服务人员，怎么对"加塞儿"视而不见

【案情陈述】

游客W小姐在黄金周长假期间，只身赴千岛湖旅游。来到景区入口时，她发现入口队伍很长，便只好排队等待。一段时间后，一对中年夫妇模样的游客从后面走上来，男游客F叫着"让一让，让一让"，闪过了许多游客，眨眼就从队伍的后面走到了前面。队伍开始骚动起来，部分游客仗义执言，与插队游客F发生争执。大多数游客也都表示出激愤的样子，七嘴八舌地抱怨。游客F觉得脸上挂不住，于是又准备继续向前挤，这时前面的游客都留意到了他们，很多人脸上已挂着不满的神态，坚决不让他们再走。

恰好此时保安人员经过W小姐身边，W小姐忙请保安去制止，但意外的是，保安人员看了一眼后，转过头不屑地说："这种事经常发生，哪能管得过来啊，算了，他们自己会解决的。"

W小姐着急地说："可你是景区的服务人员啊，对'加塞儿'的人你怎么能视而不见呢？"

保安又回了一句："我管得了那么多人吗？我劝你一句，你也不要再多管闲事了。"

W小姐望着扬长而去的保安和不远处还在继续争吵的那些游客，气得说不出话来。

【案例分析】

"加塞儿"即"插队"现象在旅游旺季时很容易出现，它看似是小事，但却事关游客对景区的认识，影响景区形象。因此，"插队"现象不容忽视。

本案例是在景区内发生的游客"加塞儿"现象引发的争端。个别游客无视公共秩

序，破坏大众游客都遵循的规则，引起了其他游客的不满。当矛盾出现甚至升级时，景区管理者和服务人员却视若无睹，不采取措施维护正常秩序，引起了 W 小姐的抱怨和投诉。

如何预防"加塞儿"现象？需要景区管理者和服务人员从制度上、服务上加强排队管理。

1. 制定排队规则

公正，对于每一位排队的游客来说都是非常重要的。景区必须制定一系列的排队规则，并严格加以执行，以维护排队中的公正性。一般排队等待要遵循以下几个优先：

（1）预订者优先。预订者已提前确定了其消费需求，应该优先获取服务。

（2）先到者优先。根据先来后到原则，理应对先到达的游客提供优先服务，杜绝强行"加塞儿"、熟人"加塞儿"等不良现象。

（3）团队优先。考虑到团队的规模消费、服务所需时间相对较短，更为重要的是，团队是由与景区有长远利益关系的中介机构发送的，因此，只要不与其他游客发生明显冲突，景区可以对其提供优先服务。如，许多景区餐饮场所实行团队餐的预订，对预订团队，景区应该优先照顾。

（4）特殊人群优先。对老人、幼儿、残疾人、军人等社会特殊人群，在排队中都应有不同程度的优先体现。

2. 加强排队管理

在日常工作中，景区要加强对排队的管理。

（1）要有敢于维护正义的精神与勇气。景区服务人员一旦遇到"加塞儿"现象，不能视若不见，听之任之。服务人员担负的不仅仅是此时此刻维持秩序的责任，更代表着景区在公众面前的形象。对不良现象视而不见，说明景区在游客管理上的低效和无能，说明景区服务质量存在极大的欠缺。对游客的直观感受就是"我没有得到服务人员的重视""我被忽视了"，这样的心理体验会影响游客的整个旅游过程。

（2）要有善于维持秩序的经验与技巧。游客中的绝大多数是公共秩序的遵守者，他们都愿意排队，所以服务人员要善于利用绝大多数游客的力量，去打击和杜绝极少数人的"加塞儿"现象。比如，当有游客挺身而出指责"加塞儿"现象时，服务人员可以适时出现，以委婉的语气劝解"加塞儿"者。这时的服务人员不仅代表景区，同时也代表了游客的立场，因此，一般情况下"加塞儿"者也能接受这样的劝说。

【游客心理需求解剖】

"加塞儿"者心态:
(1)羞耻心理;
(2)侥幸心理。
指正者心态:
(1)正义心理;
(2)渴望得到认同的心理。

案例9　景区打造排队专属虚拟现实(AR)游戏

【案情陈述】

漫长的排队等待几乎是每一个去迪士尼乐园玩,又舍不得花钱买尊享卡的游客必定要经历的烦闷过程。如何让游客在长达数小时的排队中不无聊?迪士尼乐园想出了一个新办法。

迪士尼推出了一款反向增强现实(Reverse AR)手机游戏,该应用名为Play Disney Parks。Play Disney Parks只能在迪士尼乐园里玩,并且几乎只有在排队的时候才能玩到。根据蓝牙信标的设置,玩家们不需走太远,只要在队伍之中借助手机摄像头来激活周遭隐藏的AR元素,就可看到隐藏的彩蛋。考虑到不同的游乐项目需花费的排队时间不同,Play Disney Parks会自行调整游戏时长,以免游客陷在其中出不来。通过位置跟踪和蓝牙信标等一系列组合技术,游戏能够分辨出玩家的位置和移动的速度,从而预测排队时长,调整游戏玩法。当队列移动很慢的时候,游戏玩法会扩展;当队列移动速度加快,游戏任务也会随之缩短。

资料来源:怕园区游客等太久会无聊,迪士尼做了个只能排队时玩的AR游戏(https://baijiahao.baidu.com/s?id=1606473302239729993&wfr=spider&for=pc),好奇心日报,2018年7月20日。

【案例分析】

该案例讨论的是有关景区排队管理方法的问题。

服务需求的波动是一件不可避免的事情。排队是绝对的，不排队是相对的，但景区可以通过使用主动和被动的方法来调节需求，降低服务需求周期性的变化。排队等待既然不可避免，就要研究排队管理的方法。

首先，应该培养服务人员的敬业精神。当服务需求大于服务供给时，服务人员的工作态度、敬业精神成为游客更为关注的对象。它不但能提高服务效率，更为重要的是，在安慰游客方面起到重要作用。试想游客在焦急的等待之中，而服务人员还在聊天或做一些与工作无关的事情，当然会引起游客的极大不满。例如，在一些乘骑类游乐项目等候处，有些服务人员只在验票时出来验票，其他时间则坐在工作室内，外面队伍的变化情况、游客情绪的变化情况似乎都与他没有任何关系似的。

当然，长时间尽职尽责地服务，容易使服务人员产生疲劳感，但这不应在游客面前有所流露，更不能借此发泄自己的不满与牢骚。作为管理者要尽量安排好服务人员的休息，保证服务人员在提供服务时有一个良好的精神面貌。

其次，在游客排队等待过程中，景区应提供一些必要的"等待服务"。

（1）提供良好的排队环境，以影响游客等待时的心理感觉。良好的排队环境包括舒适的座椅、具有吸引力的可视画面、优美的音乐、丰富的阅读材料、电视录像等，让游客在不知不觉中度过等待的时间。上述案例中的迪士尼乐园就是通过营造沉浸式的游戏体验，让游客度过愉快的等待时间，减少因长时间无趣等待而产生的不满与焦躁情绪。

（2）等候区的设置。每天都有排队的餐饮场所通常会专设等候区，放置一些舒适、小巧的沙发、椅子及几个烟灰缸，再附设一个小酒吧，既便于客人聊天，又可提供开胃酒、饮料，增加餐厅的收入。景区有其特殊性，大多数景区景点的等候区设在室外，因此，在设置等候区时应充分发挥室外宽敞、自如的优势，用鲜亮的色彩、抒情的音乐，营造令人心情舒畅的环境氛围；同时还可展示新项目，提供当天的报纸及企业自办的报纸供游客阅读，设置定期更换的企业宣传栏，公布游客来信，张贴优秀员工的照片和事迹，发布促销活动通知等。

（3）采用关怀服务。冬天送热饮、夏天送冷饮，为老人搬椅子、为小孩儿提供简单玩具，使游客知道：你知道他正在等待，并尽所能地安排其顺利游玩。享用了景区提供的免费服务的游客，基本没有中途离去的。

（4）提前开始服务。为等候的游客送上景区的宣传册，介绍正在举办的节目或者是正在举行的项目，待其排号一到，就可以立即选择自己喜欢的游乐项目或其他服务，缩短游客在其他服务上的等待时间。

（5）及时与游客沟通信息，告知真实情况，并鼓励游客去游玩其他景点，避开旅游高峰时段或延长票证的使用时间，让游客改天再来。

（6）为游客提供等待时的人员服务，组织做一些小游戏、讲一些故事或笑话、猜一些谜语，分散游客的注意力，消除游客的焦虑情绪。

（7）及时提醒等候时间，让游客对等待有充足的思想准备。

缩短游客等待的时间，提供快速的服务不仅是企业经营的潮流，同时也是一个企业市场竞争的优势。本节介绍的方法仅仅是排队管理的小技巧，是多数景区很容易做到或已经做到的。仔细分析游客在景区内的游玩过程，我们会发现：游客等候的时间是从排队等待买票开始的，到排队乘坐车辆离开景区而结束，其中等待的时间和内容各不相同，但都是等待。我们要努力提高景区服务的速度，缩短游客显性和隐性的等待时间。

【相关链接】

顾客排队等待心理 10 条原则

对顾客等待心理的实验研究，最早可以追溯到 1955 年。其中，David Maister 在 1984 年对排队心理作了比较全面的总结和研究。他提出了被广泛认可和采用的顾客等待心理 8 条原则：

（1）无所事事的等待比有事可干的等待感觉要长（Unoccupied waiting feels longer than occupied waiting）。

（2）过程前、过程后的等待时间比过程中等待的时间感觉要长（Pre-process and post-process waits feel longer than in-process waits）。

（3）焦虑使等待看起来比实际时间更长（Anxiety makes waits seem longer）。

（4）不确定的等待比已知的、有限的等待时间更长（Uncertain waits are longer than known, finite waits）。

（5）没有说明理由的等待比说明了理由的等待时间更长（Unexplained waits are longer than explained waits）。

（6）不公平的等待比平等的等待时间要长（Unfair waits are longer than equitable waits）。

（7）服务的价值越高，人们愿意等待的时间就越长（The more valuable the service, the longer people will wait）。

（8）单个人等待比许多人一起等待感觉时间要长（Solo waits feel longer than group waits）。

在此基础上 M. Davis 及 J. Heineke 在 1994 年和 P. Jones 及 E. Peppiatt 在 1996 年分别对顾客排队等待心理理论作了两条补充：

（9）令人身体不舒适的等待比舒适的等待感觉时间要长（Physically uncomfortable waits feel longer than comfortable waits）。

（10）不熟悉的等待比熟悉的等待时间要长（Unfamiliar waits seem longer than familiar ones）。

总的来说，这 10 条原则可以作为实施认知管理的理论依据。消费者的满意度取决于消费者的认知和消费者预期之间的关系。当消费者对现实情况的认知大于或等于原来的心理预期，消费者就会满意。因此，企业如果能通过采取措施来对消费者等待的认知产生正面影响，以超过或满足消费者原来的预期，这样目的就达到了。

案例 10　这也算是绿色通道吗

【案情陈述】

旅游旺季，某著名风景区内某景点出口处，游客们游览结束后，正在排队离开景点。这时，队伍中出现一位坐着轮椅的残疾老人，由其女儿 P 女士推着轮椅车缓慢走过来。P 女士发现，这里没有任何绿色通道的标志，两条通道都是为常规游客准备的。她疑惑地问出口处服务人员："请问我们从哪里出去？"

服务人员小周正站在出口处，目送游客排队离开景点，他头也没回地说："后面排队。"

P 女士又问："请问这位同志，我们该从哪里出去？"

小周有些不耐烦了，提高声音说："我不是说了吗？排队出去！没看见大家都在排队吗？"

这时，队伍中有游客发出声音："同志，你看看他，人家从这能出去吗？"游客们都注意到了，P 女士推着轮椅车。

小周这才留意到，原来是一位特殊的游客。他刚来景区不久，还从来没遇到过这样的事情，一时间不知该怎么办，便把同事老林叫来。

老林说："实在不行，就让他从哪儿进来，再从哪儿出去吧！"

P女士很诧异，表示景点内路线很长，而且天色已晚，她和父亲不可能再按原路返回。

小周说："这我就管不了了，反正这里是无论如何出不去的。"

这时游客聚得越来越多，关注的人也越来越多，小周口气变得更重："还有很多人等着出去呢，你们要不就回入口去，要不就想其他办法出去，别在这里耽误我们的工作，行吗？！"

这无异于火上浇油，P女士正准备和他们继续争论，其老父拉住她说："算了，别争下去了，很多人等着呢，别耽误了人家。"

眼见时间越拖越长，小周和老林还是没有采取积极主动的解决方式，老林对P女士说："你扶着你父亲从这通道走出去不就行了嘛！"

而后，残疾老人只好在女儿的搀扶下，拖着僵硬的双腿，一步一步缓慢移出了转动器隔离的通道。

一位游客对站在通道一侧的小周和老林直言说："迫使残疾人站起来，痛苦地'走'出景点，这也算是绿色通道吗？"

图1-4 旅游景区残障人士出口标志

【案例分析】

本案例讨论的是景区排队服务中对特殊群体的服务问题。案例中的现象是残酷的，不该出现在任何服务场所。

导致这种现象发生的原因有多方面。景区在规划设计时，应充分考虑到特殊游客群体的需要。景区通道一般都分为正常通道和绿色通道，但规模较小的景区（点）或传统的老景区（点）可能缺少残疾人通行的特殊通道。以往景区都采用人工检票制，入口和出口比较宽敞，轮椅车能顺利通过，但这些年，传统景区检票口都经过了改造，电脑验票系统被广泛采用。入口和出口通道都仅限一人通过，这样，残疾车就不能从正常通道通行了。如果景区在改造验票系统时没有充分考虑到特殊群体的需要，那就容易出现上述案例中的问题。

另外，案例中的小周和老林在服务态度和技巧方面存在着很多严重的缺陷。旅游旺季的游客很多，但这不是降低服务质量标准的理由。小周与老林在整个服务过程中的过错有以下几点：

1. 小周在与游客第一次接触时，就没有充分展现服务的五项技巧

第一，没有做到"看"。没有同游客对视，直接进行对话，对游客的尊重不够，也没能迅速捕捉到游客的特征。小周是在反复问答，且其他游客提醒后才留意到自己的服务对象是一位特殊的游客，这是不具备观察技巧的体现。

第二，没有认真"听"。仅仅是停留在最低的浅层次的听，远远没有做到用心去听、理解地去听的程度。

第三，没有"笑"着面对游客。

第四，虽然小周说话了，但他的"说"，只表达了意思，却完全没有注意表达的方式，是失败的"说"。

第五，缺乏有效的肢体语言。小周头也不抬就回答游客的问题，更不要说其他有效的指示性肢体语言了。

2. 小周和老林在遇到突发问题时，欠缺解决问题的技巧

小周和老林在对待此事的态度上就有问题：一是表现出不重视，二是表现出不尊重。当游客有问题咨询时，首先应该向游客作出回答，即使是不能立即解决的疑难问题，也该先给游客一个解释："对不起，这件事情我需要询问一下相关部门（或主管），请您稍等。"而"让他从哪儿进来，再从哪儿出去"则带有不礼貌和挑衅口气。

老林和小周在提出解决方法时，也不应该用消极的态度面对游客的问题。他们给

出的方法是从原路返回，这显然是不能令游客满意的。老林和小周此时如果无法解决难题，应当立即向主管领导反映、请示，以期在最短时间里通过各部门的协作，用最快的速度解决问题。

3. 老林与小周都没有真正做到不因游客的随和而放松对自己服务质量的要求

虽然残疾老人是一位特殊游客，有着和普通游客不一样的需求，但从案例中可以看出，他和他的女儿应当属于友善型游客。景区服务人员不能因为游客的随和而放松对自己服务质量的要求。老林与小周不仅没有采取积极主动的解决方式，还让残疾游客走出通道，且不提供任何帮助，最后连游客都看不下去，这是服务人员的严重失职。

排队过程中，会出现许多特殊情况。特殊游客需要特殊的服务。服务人员应主动提供周到的人性化、个性化的服务。

案例 11　景区发布无障碍游玩攻略，残障人士免排队

【案情陈述】

在世界残障日到来前，上海迪士尼度假区发布了残障游客的游玩攻略，并对园内专门设计的设施进行了展示。新民晚报记者了解到，残障人士提前7天可以预约免费的手语服务，此外还可以申请DAS卡无障碍游玩。上海迪士尼度假区运营部副总裁包兆天表示，在园区设计之初，就考虑到残障人士的需求，致力于打造适合所有人的无障碍乐园。

包兆天告诉记者，由于身体原因，残障人士无法长时间排队，所以迪士尼乐园推出了专门的DAS卡，该卡可凭残疾证明在游客服务中心登记申请。在游玩项目时，游客可以向演职人员登记想玩的项目，然后演职人员会告知多久回来，可走快速通道游玩。

此外，服务中心还提供盲文导览、iPod做的有声指南，这些都可以免费租用。

资料来源：上海迪士尼发布无障碍游玩攻略　残障人士可免排队（https://news.online.sh.cn/news/gb/content/2016-12/02/content_8157469.htm），上海热线新闻频道，2016年12月2日。

图 1-5　上海迪士尼乐园

【案例分析】

本案例讨论的是，景区排队服务中的残障人士排队服务问题。正如上海迪士尼度假区运营部副总裁包兆天所说，由于身体原因，残障人士一般无法长时间排队，尤其是对于行动不便的游客而言，漫长的排队等待是对身体和心理的双重折磨。上海迪士尼度假区出于人文关怀推出了 DAS 卡，让有需要的游客能够享受免排队的特殊服务，让更多残障人士能够畅游度假区，共同享受无障碍沉浸式游玩体验。同时，为了避免健康游客利用政策漏洞，占用免排队的服务资源，上海迪士尼在推出 DAS 卡的同时，也规定有需要的游客需要凭残疾证明在游客服务中心登记申请，进一步保障了残障人士的权益。

在景区设计和实施排队管理措施时，应该尽量从游客的角度来考虑问题，充分了解游客的诉求，这样才能做到有的放矢。

一般而言，我们应考虑以下几个方面的因素：

第一，公平性原则。即确保游客排队等待的公平性，杜绝在相同条件下个别优先或后来者却先享受服务的现象发生。

第二,重要性原则。即如果游客是老主顾,或者游客地位比较特殊,可以考虑开辟专门区域来供他们使用。

第三,紧迫性原则。即如果游客有最迫切的需要,可以考虑先享受服务。

第四,所需服务时间长短原则。如果为游客提供的服务时间很短,可为所需服务时间较长的游客开辟专门为他们服务的区域以减少游客的等待时间。例如,超市里为"一篮子"的顾客提供专门的结账付款柜台等。

第 2 章
游乐项目接待服务案例

案例 12　请自觉遵守制度，别拿自己的生命开玩笑

案例 13　水中快乐诚可贵，身边孩子更无价

案例 14　项目解说也能自由随性，游玩双重享受

案例 15　自带物品受损，责任究竟谁负

案例 16　轻装上阵！景区推出智能自助寄存服务

案例 17　雨衣也要收费，不是送的吗

案例 18　一票通玩，为什么还要买票

第1节　项目须知提示服务

案例 12　请自觉遵守制度，别拿自己的生命开玩笑

【案情陈述】

几位游客结伴去某游乐园游玩。当玩到某大型游乐项目时，其他伙伴跃跃欲试，但游客Q神色犹豫。因为该项目前悬挂的公告牌显示："心脏病、高血压、脊椎炎、颈椎炎、癫痫病、头晕症、习惯性流鼻血、恐高症患者及任何带病者请勿乘坐。"游客Q有心脏病史，这一点他自己非常清楚，但朋友们的怂恿与鼓动又使他产生了侥幸心理。最后，他还是决定，隐瞒自己的身体状况，和朋友们共同踏上这惊险的刺激之旅。在项目开始之前，服务人员再次强调和提醒，但他置若罔闻。风驰电掣之后，朋友们发现Q神色异常，脸色发青，刚走下器械，就晕倒在路边。朋友们惊慌失措，立刻叫来景点服务人员，及时把Q送往医院。诊断结果表明，由于运动过于激烈，心脏超负荷导致心脏病突发。幸好救护及时，否则会酿成悲剧。

【案例分析】

本案例描述的是景区机械类游乐项目服务接待中容易出现的，因顾客不遵守项目有关规定而导致的意外事件的处理。

游乐型景区主要经营的项目常常以机械类项目为主，典型项目有过山车、摩天轮、飞荡转椅、自由落体等。这类项目的共同特征是机械运转幅度大、运转时间短暂，坐在设备上或设备内的人，几乎完全处于失重或超重状态，紧张得呼吸似乎都要停止了，心脏也好像要跳出胸口。这种项目带给人的刺激是强烈的，尽管有人在玩的时候吓得脸色惨白，但是仍然要再次体验，足见其具有很强的吸引力。

为了保障游客参与项目过程中的人身安全，所有娱乐参与项目都规定了一系列准入标准，如高空坠落类项目的《游客须知》规定："本项目具有一定的刺激性，患有高血压、心脏病、脑血管病、神经紊乱、哮喘病，有过癫痫史、骨折史以及吸毒、孕妇、酒醉人士不得入场。15岁以下的未成年人、60岁以上的老人以及体重90公斤以上的人士谢绝参与。"有些项目还会提醒游客禁止有脊椎炎、颈椎炎、头晕症、习惯性流鼻血、恐高症患者及任何带病者、带石膏者及孕妇乘坐,或者"请勿在服食药物和饮酒的情况下乘坐,请勿携带随身物品,请将长发盘起"等提醒内容。

但很多游客往往会忽视景区的这些善意提醒,贸然参与相关项目,这样不但会给景区服务人员造成麻烦,更会对游客自身造成不可弥补的伤害。案例中的游客Q,显然就是忽视了自身身体状况,参与相关项目而违反景区项目规定的。景区在作出警示后很难真正做到对每个游客的身体状况都能了如指掌,并分辨哪些游客可以游玩,哪些游客不符合游玩条件。这就决定了游客自己具有绝对的主动权。如果游客有意要隐瞒实情,景区方是很难作出准确判断的。但是,一旦游客隐瞒实情,并在游玩项目中或游玩后发生了不幸,景区是很难逃避责任的;即使不承担任何责任,也会大大损害景区的形象。所以,怎样在制度之外加强服务人员的服务技巧,是很有必要探讨的话题。

机械类项目中的接待服务人员,首先要注重素质培养。娱乐项目服务人员应具备良好的职业道德、文明素质、娴熟的技能技术和良好的心理素质。由于娱乐项目某些岗位工作时间较长,工作内容较为单一,容易产生厌倦与烦躁感,还要接受一切来自游客的要求,忍受一定的委屈,这就要求员工要具备很强的心理承受能力。良好的服务态度会使游客产生亲切感、宾至如归感,娴熟的服务技能会给游客带来精神和物质享受,敏捷、快速的服务效率可以节约游客的时间,众多的服务项目可以满足游客的多方面需求,设备、设施的良好运转能保证游客的舒适和安全,清洁、卫生的环境可使游客心情愉快。这些都从不同角度构成了娱乐优质服务的内容。

其次,要注重机械类游乐项目服务程序及技巧。机械类游乐项目的服务程序及规范如下:

(1)服务人员应比规定的时间提前到岗,换好工作服后在考勤登记册上签到。

(2)搞好游乐项目所在场地的卫生和设备卫生,打扫场地,擦拭设备。

(3)检查所负责项目的设备情况,对电源部分、动力部分、传动部分、出入口等部位要逐一检查,确认设备情况完全正常后方可转入下一工作程序。

(4)营业时间一到,打开围栏门。当游客来消费时,服务人员应主动问好并请游客出示票券,在票券上打上印记后请游客进入设备。

(5)需要游客入座的设备,服务人员应引导入座,并提示游客系好安全带,然后服务人员要认真检查一遍,确认游客的安全带系好后再关上舱门并锁好安全锁。对于不要求游客入座的项目(蹦极等),应帮助游客系好保险绳等安全设备,经检查确认无问题后再进入下一程序。

（6）服务人员离开即将运行的设备，控制人员启动设备。

（7）设备开始运行后，服务人员应注意观察，一方面观察设备运行情况；另一方面观察游客的反应，如有异常，应立即按动紧急制动钮。若有游客出现明显的不适应，如剧烈呕吐、休克等现象，应该主动搀扶游客，并送到医务室诊治。

（8）设备运行结束后，服务人员应主动为游客打开舱门，解下安全装备，引导游客离开项目活动场地。

（9）游客临走时，服务人员应主动与游客告别。

（10）营业结束时，应再次清理卫生并检查和保养设备，为下一日的营业做好准备。

【游客心理需求解剖】

（1）侥幸心理。

（2）恐惧心理。

（3）补偿心理。

【实战修炼】

服务人员：（对孩子）"小朋友，对不起，你的身高不够，为了你的安全，你不能参加这个娱乐项目了，请谅解。"

服务人员：（对家长）"如果您对这个娱乐项目有兴趣，我可以帮您照看孩子。"

服务人员："我们景区内除这个项目外还有很多适合小朋友玩的项目，旁边就有星球大战、小飞鱼等，都适合小朋友玩。很多像他这样的小朋友都去那里，玩得可高兴了。如果您感兴趣，我告诉您具体怎么走。"

【疑难提醒】

当游客在游玩娱乐项目后出现不适时，景区应当立刻采取措施。服务人员应当配合医务人员、安保人员及管理者及时进行救护工作。

首先，游客如果发生问题，或由本人，或由最先发现的服务人员告知服务中心，立即派医护人员和专车将游客送往医院进行检查。

其次，马上通知景区相关部门领导。

再次，想方设法立刻联系游客家人，在第一时间将游客病情告知他们。

最后，做好游客突发身体状况后的紧急预案，以防止意外情况出现后，景区的管理与服务陷入混乱和无序状态。

案例 13　水中快乐诚可贵，身边孩子更无价

【案情陈述】

夏季的某海滨浴场，游客甲带着儿子一起在浅水区游泳。游客甲的儿子只有5岁，特别喜欢戏水。游客甲一直陪着儿子在浅水区游玩。后来游客甲见深水区水平静而且宽阔，于是便让孩子继续在原地游玩，自己前往深水区游泳。

站在沙滩上的小王注意到了这一点，他立刻慢慢向浅水区走去，接近那个孩子。游客甲游回来后，看到儿子身边站着一个身穿工作制服的浴场员工，孩子在他怀里惊魂未定。游客甲询问后才知道孩子险些发生意外，游客甲赶忙一边抚慰儿子，一面感谢小王。小王礼貌地表示，这是他应该做的："海里的游客很多，情况复杂，一不小心就可能出现意外。水中快乐诚可贵，身边孩子更无价啊！"游客甲连连称是，再次向小王表示感谢。

【案例分析】

本案例描述的是，景区内亲水类游乐项目服务接待中容易出现的，因游客不遵守项目有关规定而导致的意外情况的处理。

亲水型娱乐项目发生安全问题的原因主要如下：一是因为游客自身安全意识淡薄，忽视了景区给予的安全警告，如有些游客无视严禁区外游泳的禁令，固执己见。二是由于景区安全标志不明显，造成游客游离于安全区域外。三是儿童在亲水类项目中的安全问题。一般儿童的游玩都是由家长跟随的，但如果家长疏忽或儿童顽皮，也有可能造成安全隐患。

为游客提供最可靠的安全保证，景区须建立一支高效率的安全保障队伍。

第一，所有救生员需要经过地方体育局严格的专业培训，考核挂牌上岗，并持有国际游泳救生资格证，具备多年的实际救生工作经验。景区须定期对救生人员进行体

能、救生技能考核，并经常组织海上模拟救生演习，让救生人员始终保持最佳的精神状态和工作效率。

第二，应建立由退伍军人组成的，具备极强应变处理能力的保安队。在人流密集时，他们不但要疏导人流，维护正常的安全秩序，还要便衣巡查，及时防范偷盗、扒窃行为。

第三，应组建一支具备专业资格和多年实际抢救经验的医务人员队伍，对可能出现的各种意外受伤进行及时的治疗处理。

第四，要有通达的景区广播服务，不仅免费帮助客人广播寻人，还应定时广播告知游客各项安全注意事项，及时警告、提醒那些在水中违规游泳的客人。

第五，还需要在全景区范围内安装先进的摄像监控设备，以便随时随地防范、发现安全事故。

景区需要制定完善、周密的各项安全工作制度、管理规定与应急处理程序，救生人员在规定时间在沙滩上定点监控，保安人员24小时在景区值班巡逻，医务人员24小时守候值班，随时随地预防、处理安全事故。景区内各主要通道都应设立"游泳注意事项标牌""风浪警示牌""海水水质情况预报表"，高音喇叭时常播放"请游客朋友注意水上安全"等警示用语，及时有效地提醒客人不忘安全防范。

案例中救生员小王的服务态度和服务技巧值得亲水类项目服务人员学习。首先，他能时刻留心观察游客的动向，尤其是特殊人群的动向。游客甲单独带孩子来游泳，如果只身离开，年幼的孩子就会存在安全隐患。小王首先观察到了这点，才会给予更多关注。其次，他能率先一步预测到事态的发展，当游客甲向深水区游去时，小王就去主动靠近孩子，以防不测发生时来不及救援。最后，小王与游客甲交流的方式也很恰当。当意外或有可能有意外发生时，不能斥责游客，而应该是善意地提醒和有效劝服。

【游客心理需求解剖】

景区亲水项目有游客须知或提示，游客仍然有越轨之举，往往是带有如下心理：

（1）提示是死的，人是活的，危险并不一定降临在我头上。

（2）即使有可能发生危险，我也能够自保。

（3）别让保安员逮着我！

在这样的心理下，保安人员或救生人员一定要注意既不能伤害游客的自尊，又不能无视游客的安全。

案例 14　项目解说也能自由随性，游玩双重享受

【案情陈述】

18 岁的姜桃是欢乐谷景区游乐设施解说员。"各位朋友，感谢乘坐，有问题请举手。头上黑色安全带请手动系上，稍后会有工作人员为您进行检查。""左手右手，掌声有没有。"姜桃笑着提醒道。2017 年，他自由随性地为游客讲解注意事项的视频，引发网友热议：小哥哥简直太有才，要是说得再押韵一些，简直就是一次双重享受了。

图 2-1　四川成都欢乐谷景区夜景

欢乐谷景区游乐设施的解说语中欢迎语、安全提示、欢送语和祝福语的内容，都是事先规定好的。当游客在体验游乐设施时，解说员也需要在旁解说，而解说内容全靠解说员进行发挥。多年前欢乐谷景区就已经开始试行说唱解说。一场说唱一般会持续 10 分钟左右，由几个解说员轮流进行。

资料来源：成都游乐场解说员 freestyle 进行解说，网友点赞：一次付费，双重享受（https：//www.sohu.com/a/204765834_330146），成都晚报新闻客户端，2017 年 11 月 16 日。

【案例分析】

案例中讲述的是景区游乐项目的讲解服务。游乐设施项目接待的工作人员通过说唱方式进行景区特色化讲解，营造游乐项目接待岗位特色化的互动氛围，使游客在游玩体验的过程中感受到工作人员的热情。

对于景区而言，解说系统具有不可或缺的作用和重要意义：可以通过不同的形式，实现游客和景区的对话，促进游客和广大公众对自然的认识和对文化的体验，从而实现旅游景区的教育功能、服务功能和使用功能。

一般来说，景区解说系统根据内容构成及为游客提供信息服务方式的不同，主要分为向导式解说服务和自导（助）式解说服务两种类型。

一是向导式解说服务。指专门的景区人员通过导览和讲解向游客提供主动的、动态的信息传导服务，属于能动式服务。它最大的特点是双向沟通，能够回答游客提出的各种各样的问题，可以因人而异提供个性化服务。同时景区讲解人员还可以通过巧妙运用语言艺术、情感互动、讲解技巧激发游客的参观游览兴趣，从而使游客以愉快的心情和投入的心态去欣赏自然和人文美，获得体验的快乐。案例中的欢乐谷景区员工就是通过说唱的特色形式对游乐设施进行解说，很好地调动了游客的情绪。

二是自导（助）式解说服务。由书面材料、公共信息图形符号、电子语音解说等无生命设施设备，向游客提供静态的、被动的、非人员解说的信息服务。主要包括引导标志、信息资料、便携式语音解说方式及智慧导览系统。

在景区解说过程中，最基础也最重要的环节就是讲解词的编写。景区讲解词的撰写可以把握以下技巧：

一是强调知识性和文化性。优秀的讲解词必须有丰富的内容，并有机融入各类知识，融会贯通，引人入胜。讲解词不能只满足于一般性介绍，还要注重深层次的内容，如同类事物的鉴赏诗词、历史典故等。此外，讲解词的内容必须准确无误，令人信服。

二是讲究口语化。导游讲解语言是一种具有丰富表达力、生动形象的口头语言。在讲解词创作过程中，要注意多用日常词汇和浅显易懂的书面语词汇，避免艰涩和拗口的词汇。多用短句，以便讲起来顺口，听起来轻松。但需要注意的是，强调口语化，并不意味着忽视语言的规范化。撰写讲解词时必须注意语言的品味。

三是突出趣味性。上述案例中欢乐谷景区讲解人员的讲解词就是充分体现了趣味性，非常符合主题园区的品牌调性。在讲解词撰写过程中，为了强化趣味性，可从以下几个方面着手：

（1）编织故事情节。讲解一个景点，可以尝试穿插部分趣味盎然的传说和民间故事，以激起游客的兴趣和好奇心理。当然，选用的故事必须是健康向上的。

（2）语言生动形象，用词丰富多变。生动形象的语言能将游客带入情境之中，给他们留下深刻的印象。

（3）恰当地运用修辞方法。恰当地运用比喻、比拟、夸张、象征等手法，可使静止的景观深化为生动鲜活的画面，使游客沉浸陶醉。

四是重点突出。每个景区都有代表性的景观，每个景观又都从不同角度反映出景区的特色内容。讲解词应在照顾全面的情况下突出重点。

五是要有针对性。讲解词不是以一代百、千篇一律，应该根据不同的游客以及当时的情绪和周围的环境进行调整。

第 2 节　自带物品寄存服务

案例 15　自带物品受损，责任究竟谁负

【案情陈述】

过山车项目前，人潮拥挤。小李和小张是项目入口的服务人员，职责是有序疏导游客进入，并帮助游客检查身上所带物品是否合适，劝说游客将随身物品放入储物柜。

一天，游客 M 在寄存手提包时，爽快地将最大的旅行包放入了储存柜，但在整理手中小包时，犹豫半天，还是把相机和手机拿了出来。小李是一名具有丰富经验的景点服务员，她一见此种情况，就揣摩到了游客 M 的心思：一定是对储物柜的安全不信任。于是她走上前去，礼貌劝说游客将物品全部寄存，但游客依然不愿意，劝说几次之后，游客 M 有些急躁了，声称自己的物品自己会保管好，不信任景区储物柜。双方开始争执。

见到这种情况，小李的同事小张赶紧跑上来，拉住小李，并对游客致歉，见游客还是不能理解，于是颇有经验的小张开始做进一步的解释：

"游客来这里游玩，都想把美好记忆留住，所以您想带相机上去，我们很理解！其他人也曾经有过这样的要求，觉得自己多注意，带相机上去不一定会出差错。不过经过说明后，他们发觉，我们这么做是为了保护他们的利益。以前就发生过有的游客偷偷把手机、相机带上去，结果下来就摔碎了。您看，如果真发生这样的情况，您和我们都是很痛心的。如果您真想拍照，我们景区还有环园小火车，您可以在观赏全园景致时痛快地拍照，既安全又惬意，多好啊！如果您需要乘坐这个项目时的照片，我们景区早就为您准备好了，您看到那间操作室里的显示屏了吗？它在过山车运行过程中可随时为您拍照，这是专门为这种高速度运转的设备准备的，照片很清晰，普通相机根本达不到这种效果。如果您想把自己在开心一瞬间的记忆保留下来的话，等会儿项目停运后，到那里购买就行啦！"

这一番话说到游客心坎里去了。其实游客 M 心里也一直有隐忧，万一真把相

机摔下来,他也是舍不得的,所以听了小张的解释后,他愉快地接受了建议。

图 2-2 过山车

【案例分析】

本案例讨论的是,景区在游乐项目中经常遇到的因寄存物品引发的问题。

在游乐项目中,有些项目是不允许把相机、手机、手表、钥匙等随身物品带到项目中去的,这样做出于两种考虑:一是物品安全。由于项目的特殊性,即项目多为高速度做圆周运动的项目,这些物品很容易从游客身上脱落,从高空落到地面,必定会造成损失。二是人身安全。如果物品在下坠过程中伤及其他游客,那么对游客双方和对景区来说,都是件麻烦事。

虽然景区这样规定是出于对游客的人身及财产安全考虑,但并不是所有游客都能体谅的。游客不愿配合寄存物品的规定,是有原因的。有些是因为不放心财产的安全。比如,案例中提到的照相机属于贵重物品,在景区寄存柜中是否能保证安全,这是游客担忧的问题。另外,有些游客是不重视随身物品在游乐项目运行中的安全的,或认为自己小心谨慎就能防止物品的失落。这类物品多如钥匙、手机之类。游客往往提供这样的理由:"钥匙挂在我身上,绝对不会掉下去的。""手机放在了口袋里,不可能掉出去。"对这些不予配合的理由,可以采取针对性措施。

针对第一种理由,即游客更关注贵重财产的心理,景区服务人员需要提醒他,随身携带这些物品的风险,远远要比寄存物品的风险更大!这样,既可以委婉否定游客提出的理由,又能让游客从内心认同你的观点,心甘情愿地主动来寄存其物品。

针对第二种理由，即游客认为以自己的能力能避免不幸事情的发生，景区服务人员需要对项目本身的特殊性多作解释，让游客充分认识到游乐过程中的不可抗因素。

在劝说游客的过程中，要特别注意用词和态度。案例中小李和小张给予游客的建议是一样的，可是小李的方式却不能为游客所接受，甚至小李差点和游客产生冲突，而小张就很擅长用温和的态度、从游客角度出发的语言来劝服游客。所以，服务人员一定要牢记，要从游客的角度想问题，而不能施以"我们景区有规定"这样简单粗暴的说教方式。

【游客心理需求解剖】

（1）侥幸心态。
（2）担心心理。担心物品寄存不安全，担心物品在游玩时会丢失。
（3）隐秘心理。因为在规定与行动之间有误差，所以把隐藏物品的行为看得很隐秘，生怕人家会知道。

【实战修炼】

你可以用3F法去体谅对方的情绪：
- 我理解你怎么会有这样的感受（feel）；
- 其他人也曾经有过这样的感受（felt）；
- 经过说明后，让游客感到（found）我们这么做是为了保护他们的利益。

3F法能帮助服务人员很快得到游客的认同。这是在很多场合中争取对方理解的万能方式，要好好利用啊！

案例16　轻装上阵！景区推出智能自助寄存服务

【案情陈述】

场景一：

为优化景区配套服务，给游客提供便捷、智能的行李寄存服务，让游客能够轻装出行，提升游客游览体验，黄果树景区在新城游客服务中心投放了7组寄存柜。

收费标准实行大箱15元/10小时、中箱10元/10小时、小箱5元/10小时（不足10小时，按10小时收费）；储存时预收20元押金，取件时根据储存时间扣除费用，剩余押金原路退回，押金不足支付的需补足费用后方可取件；储存计费最高200元封顶。

此外，每个点的行李寄存柜还配备有共享免押租用充电宝，供游客自助扫码租用。

资料来源：让你轻装出行！黄果树景区推出智能自助行李寄存柜（https://baijiahao.baidu.com/s?id=1679084662470843516&wfr=spider&for=pc），潇湘晨报，2020年9月28日。

场景二：

2018年7月，张家界黄龙洞景区在售票大厅门口开通了72个深550毫米、宽335毫米、高278毫米的小号行李柜自助行李寄存服务项目。游客只要通过手机进行扫码支付，就会很快完成整个寄存过程。此举受到了中外游客的交口称赞。

资料来源：湖南日报·新湖南客户端，2018年7月26日。

场景三：

在上海迪士尼乐园开园前夕，国内最大第三方支付机构银联商务助力园区顺利开通行李寄存自助支付服务。游客在进入乐园或一些主题场馆前，可以通过自助寄存终端存放随身携带的多余行李，取东西时只需根据存放时间长短，在自助终端上的银联商务POS机上刷卡支付，就可以轻装上阵畅快体验迪士尼梦幻之旅。

自助寄存终端与超市里常见的自助储物柜类似，游客点击终端屏幕上的"寄存"键，即打印出一张带有密码的小票，这就是柜门的"钥匙"。取东西时，游客点击终端屏幕上的"取物"键并按提示输入小票上的密码，就可以根据弹出的支付信息在银联商务POS机上刷卡支付，支付完成后相应的储物柜门即自动打开。除支持传统银行卡支付外，自助寄存终端上的银联商务POS机还支持Apple Pay、Samsung Pay等时下流行的手机非接支付。此举不仅为游客免去现金支付的烦琐，也为迪士尼乐园减少了大量人力成本。

仅开园后的短短三天，自助寄存终端就已为游客提供600余次寄存支付服务。

资料来源：自助寄存可刷卡支付，银联商务助力畅游上海迪士尼乐园_网易新闻（https://www.163.com/ad/article/BRUPQSNQ0001125P.html），2016年7月14日。

✅【案例分析】

以上三个案例介绍的都是景区为便于游客出行，提高寄存效率，减少景区人力成本而运用自助寄存终端系统的情况。游客前往景区游玩，往往会携带较多东西，如食物、饮用水、相机、钱包、雨伞等大小物件，可实际到景区的时候，过多的行李反而成了游玩过程中的负担，这个时候就必须把自己的东西寄存，以便轻松地游玩。以往，景区的储物服务基本都是人工管理的，通常还需要向游客收取一定的押金，但这种方式对于游客来讲就会很不方便，如游客想中途取一些自己的物品，可能会遇上工作人员不在或繁忙的情况，且提取行李的时候经常遇到排队等待的问题。而智能自助寄存服务能够充分保障游客的自主性，存取都可以简单完成，方便快捷，而且可以保障游客的物品安全，避免丢失，减轻景点管理人员的压力。

但需要强调的是，并非景区设置了智能自助寄存设施就能一劳永逸，景区工作人员仍需要做好以下工作：

一是提供寄存协助，如老人、残障人士等特殊群体，在寄存物品时可能会遇到困难，作为工作人员应及时提供帮助，协助完成寄存服务。

二是做好设施检查和维护。要定期检查寄存柜是否能正常使用，有问题要赶快维修，或在柜子上示以明显标记，如"此柜破损，请勿使用"；要配备监控系统，对各个寄存柜的情况和来往人员施以监控。

三是要善于引导游客和观察游客，对形迹可疑的人暗中予以关注，但千万要避免过分监视游客，以免令游客不满或投诉。

总之，景区一些项目中的寄存服务，应以保障游客财产安全为第一要旨，尽量不出现侵犯游客财产安全的问题。如果一旦出现了，景区也应当摆正姿态，不能一味推卸，而应负担起相应的责任来。

📢【疑难提醒】

当游客自助寄存却误操作时。游客在自助寄存时有可能会发生误操作现象，如物品未存放误关上了柜门或物品未放完就关上了柜门。由于是自助存取，此时再打开柜门即视为交易完成，游客若想继续寄存需重新支付，因此通常会向工作人员求助。工作人员接到游客求助后，应首先通过验证游客支付记录等方式确认情况是否属实；确认属实后，请游客填写"应急开箱登记表"，之后由工作人员用钥匙手动开箱，并协助游客完成物品寄存。

自助寄存后票据丢失时。部分景区可能采用微信扫码的方式自助存取，无须任何票据；但部分景区可能会采用条码纸验证开箱的寄存方式（类似超市寄存），游客便有可能发生票据丢失无法取物的情况。工作人员接到这类情况的协助请求后，先请游客填写"应急开箱登记表"，然后用钥匙手动开箱后，请游客描述箱内物品信息（开箱时避免让游客直接看到箱内物品）；游客描述准确无误后，请游客在登记表上签字确认，协助其将物品取出。

第 3 节 票外收费提示服务

案例 17　雨衣也要收费，不是送的吗

【案情陈述】

W 景区实行一票通游玩制，游客只需购买 140 元门票，即可在景区内各个游乐点尽情游玩。其中，水上项目——金矿漂流是最受游客欢迎的游乐项目之一。景区为游客贴心地准备了雨衣，是有偿消费。但这个额外的付费项目会给服务人员带来一定难度。以下是在金矿漂流的入口雨衣售卖处由两个服务员提供的截然不同的服务场景。

场景一：

当游客离服务员甲 1 米远时，服务员甲面无表情地问候道："你好！欢迎光临，雨衣 3 元一件，需要几件？"

"雨衣也要收费？不是送的吗？"游客反问道。

"可以不买，随你自愿！"售票服务员冷冷地说。

"你要几件？"售票服务员甲又问。

"你这人怎么这种态度？"游客终于按捺不住了。

接下来，服务员甲只管自己理东西，不再回答。

场景二：

同样的场景下，服务员乙是这样服务的："您好！先生，您玩的这个项目是免费的。因为这是水上项目，会溅湿衣服，为了方便大家，乐园特别准备了雨衣和鞋套，不过这里收的是雨衣的成本费。买与不买都是自愿的，你们可以自由选择。"

服务员乙看游客有些犹豫，微笑着说道："大家出来玩，就要玩得尽兴，对吧！衣服溅湿了容易影响下面几个项目的游兴。"游客听了认为挺有道理，便掏钱购买。

【案例分析】

本案例反映的是景区内有关票外付费的问题。

通常景区内需要票外付费的项目如下：一类是游览参观点内提供的特殊服务项目的费用，如索道、观光车、游艇等项目；另一类是出售游乐用工具的费用，如海滨浴场提供沙滩排球、游泳圈等，主题乐园的涉水项目需要购买雨具等。

票外付费争端的原因，有以下几种：

1. 景区客观因素

未对票外付费项目进行事先申明，景区服务人员缺乏必要的服务意识和耐心细致的服务技巧。

2. 游客主观因素

采用通票的景区，游客往往会持有一旦入园即不再收取任何费用的想法，而未了解票外付费是属于合理收费的范畴，并拥有可付可不付的选择权。

针对这些额外收取但属于合理范围的费用，服务人员如何就付费的问题与游客进行交流和沟通呢？

首先，加强服务意识。票外付费也是一种服务，而且是需要更多解释的服务，应该将此看作工作中的一个难点和重点，不可忽视。

其次，使用合理的语言。从维护游客自身利益出发，对游客进行解释。例如，索道、观光车等游艺类项目，是为了满足游客需要，更便捷、更高效地游览园区景观；海滨浴场的游泳圈和阳伞是为了游客更安全地游玩和更舒适地休息；主题公园中冲浪类项目购买雨具是为了让游客不影响下一项目的游玩……这样的解释符合游客自身的需要，更容易博取他们的信任而愿意付费。

案例中的服务员甲显然没有意识到自己工作中欠缺服务意识，更未做到优质服务。当游客对加收票有意见时，应该像服务员乙一样告知游客，付的是什么钱，为什么要付，付了有什么好处。正是因为服务人员的温馨提醒，游客才不会介意再额外支付一些钱购买雨衣。因此，面对那些对票外付费心存疑虑的游客时，服务人员需要耐心、热心，以及热情的目光和态度。

【实战修炼】

服务人员在语言表达上可采用委婉建议型。例如：亲爱的游客，您完全可以免费游玩这个项目。不过，我们要善意地提醒您，如果您想更悠闲自在地观赏美景但又担心自己会疲劳的话，您最好选择搭乘我们的缆车。这是个额外收费的项目，然而，乘与不乘都随您的意愿，可以自由选择。祝您旅游愉快！

又如：来海滨浴场休闲，您可以任意选择一样自己喜欢玩的东西，这里的娱乐项目当然是免费提供的。不过，我要给您一个温馨提示：游乐工具是需要租借的，您喜欢什么，请往这边来选择吧！

案例 18　一票通玩，为什么还要买票

【案情陈述】

2006年10月1日，欢乐谷景区当代大型都市剧《欢乐无极》震撼上演。该节目属于新推出的大型表演项目，要另外收费。景区在门口也醒目地予以提示，但很多游客并未注意。

游客P是第一次来景区游玩，到了《欢乐无极》表演现场，工作人员告知说，需要买票。"还要买票？不是说一票通玩吗？"游客P诧异地问。

"一票通玩是可以的，但它只包括游乐项目，景区内其他的表演类观赏项目，都是需要买票的。"

听到这样的解释，游客P将信将疑，但还是掏钱买了票。

另外一位游客D，就没那么好解释了。他对这项收费很不认可，认为景区是在欺骗消费者，不管员工如何解释，依然不能接受额外付费。最后，他当然没有掏钱买票入场观看，而且似乎有一肚子的抱怨要发作。

【案例分析】

本案例讨论的是有关表演项目额外收费引发的纷争问题。

很多大型游乐景区为了长期保持丰富的客源，采用各种营销方式吸引游客注意。例如，华侨城认为，景区经营中存在一个等式，即"景点＋节庆＋表演＝市场"。最初，华侨城重视静态展示，依靠展示对象的文化内涵，通过精彩的工艺和环境，营造吸引游客的氛围。慢慢地，通过艺术表演来演绎中国和世界历史文化的精华，成为华侨城促销的重要手段。现在的华侨城景区，每天都有若干台精湛的艺术表演，民俗文

化村的《东方霓裳》《龙凤舞中华》,世界之窗的《创世纪》,欢乐谷的《欢乐水世界》,600 余位演职人员成为华侨城欢乐之旅的不竭源泉。这样的大型表演项目,是要靠投入巨资才能够设计的,光是舞台的搭建就需要花费上亿元。近年来,华侨城各主题公园对景区内的景点、村寨表演、大型广场演出,以及各类节庆活动等都作了大量的改善和创新。这样的投入,必须要依靠门票才能收回成本。而华侨城很多景区是实行"一票制"的,"一票制"针对的是传统的娱乐项目;但游客对"一票制"已经根深蒂固,认为"一票制"就是只需要花一次钱,其他所有消费都是不合理的。所以才会发生以上那样的不愉快。

图 2-3　广东深圳华侨城俯瞰

针对大型表演需要另收费的现象,景区应该做好入场前的提示工作、入场后的耐心解释工作。

首先,在游客观看表演活动以前,景区就要开展宣传和提示活动。方法很多,譬如,在媒体上进行集中宣传,并公示价格;在景区入口处要用醒目的广告提示牌或大型电子屏进行活动宣传,对活动收费要进行细致说明。这种说明务必要做到为游客所接受。案例中的景区门口也有提示,但提示并不足以引起游客的注意,效果不明显。一票制景区可以考虑在门口售票时同时预售演出活动门票,售票人员应向游客主动提示。

其次,在游客到达表演项目场地时,应设有专门的表演项目售票处,并做明显提示,将表演时间、表演场地、表演内容、座位安排及相应票价一一注明。当游客产生疑问时，服务人员应当耐心解释收费政策，并由游客决定是否购买门票观看演出，不能强行要求游客购买，或对游客的疑问置若罔闻。

如果游客对另收费提出异议，服务人员可从以下几个方面进行解释：一是大多数游乐型景区的一票制，指的是游乐项目，而不包含表演类项目；二是表演类项目成本巨大，必须经过收票才能保证正常运转，而且是得到物价局批准的合理收费；三是景区画龙点睛的项目，希望能增加游客的游兴并留下深刻记忆。

第 3 章
导游服务案例

案例 19　这样的讲解令人叹服

案例 20　导游员正在讲解，游客却在聊天

案例 21　导游员不能太油嘴滑舌

案例 22　我是非洲的白马王子

案例 23　"经理级导游"并非美称

案例 24　什么都看不见也算景点，来了也白来

案例 25　让彭先生替我说话

案例 26　朝拜没能如愿，真是太失望了

案例 27　你事先没有提醒，责任在你不在我

案例 28　这样的导游员像亲人

案例 29　我给游客用药究竟是对还是错

案例 30　景点的售后服务很不错

第1节 导游讲解服务

案例19　这样的讲解令人叹服

【案情陈述】

一天,某导游员带领一海外旅游团参观某茶场。导游员向游客介绍了茶的种植、采摘及不同品种茶叶的加工和饮用方法。突然一游客问道:"为什么中国人待客,总要沏一杯茶?"该导游员没想到游客会提出这样的问题,忙答道:"我们中国人喜欢喝茶,所以就给客人也沏一杯茶呗!"游客笑了,说:"你这不是把因果等同起来了吗?你们中国人也喜欢喝酒呀,干嘛不给客人斟一杯茅台酒呢?"该导游员语塞了,一时更不知如何作答。

此时,正好团队的全陪在场,接过话头说:"先生,您知道,中国是茶的故乡。中国人喝茶,可以追溯到3000年以前。中国人以茶待客是很有讲究的。茶树是靠茶子繁殖的,据说茶子一经种下,落地生根,是不能够移栽的。一旦移栽,就不再发芽。因此,在中国古代,茶树又称'不迁''不移'。根据这个特性,自唐代以来,男方聘妇,必在聘礼中附上茶叶,以示从一而终和白头偕老之意。女方接受聘礼,也称'受茶'。唐贞观十五年(公元641年),文成公主嫁给吐蕃赞普松赞干布时,便带去了茶叶,由此开创了藏区的饮茶之风,也都含有这个意思。在中国古典小说《红楼梦》中,凤姐跟林黛玉开玩笑说:'你既吃了我们家的茶,怎么还不给我们家作媳妇?'这也是把'受茶'的含义加以引申。至今,在中国江南水乡和一些少数民族地区都还保存着这一风俗。茶树对生它、养它的那块土地,有一种深沉的、执着的、不可动摇的爱,这和中华民族的爱国情结极其相似。因此,茶叶作为中国的国饮,就是理所当然的事情了。这样,中国人以茶待客的第一层含义就出来了。这是在用含蓄的'外交语言'表明,热爱祖国是各国人民的共同美德,中国人民希望在爱国的前提下与世界各国人民友好相处。

"中国的茶叶种类繁多,绿茶、红茶、花茶、白茶、乌龙茶、沱茶、砖茶……无论什么茶,一入口都多少有点苦涩,但回味却又是清醇的,既沁人心脾,又齿颊留香。岂止喝茶如此，学习、生活、工作、事业，乃至人生，又何尝不是如此。将欲取之，必先与之；不经一番冰霜苦，哪得梅花放清香？因此，以茶待客的第二层含义，就是让客人通过品茶进一步品味生活、品味事业、品味人生！

"最后，茶有祛病延年之功、除烦静心之效。一杯香茗表达了主人祝愿客人心神舒爽、健康长寿的浓情厚谊。中国人说，君子之交淡如水，其实讲的就是君子之交应如茶：纯洁、清正、中和、表里如一、始终如一。有这三层含义，当然就要给客人沏一杯茶了……"

可想而知，游客对谁的回答更满意了。

【案例分析】

在旅游过程中，游客经常会提出一些难度较高或导游人员没有把握的问题。比如，楹联上的某些字、景点中的小建筑，以及游客听导游员讲解后所引发的深层次的问题等。游客的提问反映出他们的求知欲、好奇心。游客提问得越多，越能说明导游员与游客之间关系的融洽。所以，当游客提出的问题导游员一时回答不出来，那也不必难为情，但必须采取一些导游方法和技巧来妥善解决。这个案例中，导游员的回答显然不能令游客满意，游客的反问更让这位导游员处于一种尴尬境地，而全陪的回答却很机敏，说的话既有道理，又有丰富的文化内涵，听后令人折服。

由于游客来自不同的国家和地区、不同的社会阶层，他们对旅游目的地的某些风土民情比较感兴趣，还常把本国、本地区的风俗文化同目的地的风俗文化进行比较。因此，在旅游过程中，游客就随时可能见到或听到的目的地的某些社会现象，要求导游员给予相应的解释。案例中游客的提问，就是对中国人喝茶习俗的一种好奇和不解，若是像第一位导游员那样，缺乏灵敏的反应和广博的知识，是不能令游客满意的。再加上语言逻辑性不强——"因为喜欢喝茶所以让客人喝茶……"是很难让游客满意的。而案例中全陪的有理、有据、有深度的回答，让游客非常地折服。他从茶"不移"的特性谈到中国"受茶"的风俗，从茶的种类和特色谈到品茶如同品味人生的道理，从茶的功用谈到中国人的好客情怀等。把中国人为什么会用茶待客这一风俗习惯讲得如此清晰、准确，既有深度又通俗易懂。如果导游员胸无点墨，是不可能在与游客的交流中做到这样对答如流、侃侃而谈的。

因此，要成为一名优秀的导游员，了解和熟悉本国、本地区、本民族的历史、地理、文化、风土民情、宗教信仰、礼俗禁忌、思维方式等，是更好地为游客提供服务的基础。

【游客心理需求解剖】

游客来自五湖四海,每个游客的需求存在差异,特别是对知识的需求不尽相同。作为一名景点导游员应具备怎样的知识素养?

(1)景点导游员知识结构的"广"与"专"。

(2)语言知识。

(3)心理学知识。

(4)美学知识。

(5)史地文化知识。

(6)政策法规知识。

(7)政治、经济及其他知识。

预测游客需求,就是为了提供游客未提出但却需要的服务。

【实战修炼】

讲解中为了让游客心服口服,需要做到言之有理。导游员该怎么讲?

人们常说:"调动游客两条腿,全凭导游一张嘴。"导游员在带团过程中,讲解、介绍以历史史实为依据,才能使游客心服口服;说话办事在理,才能使游客感到满意。在与游客打交道的过程中,导游员要理让三分,使游客觉得可亲。这些均须建立在导游员言之有理的基础上。如何做到言之有理呢?

首先,导游员讲解的内容、景点和事物等,都要以事实为依据,要以理服人,不要言过其实和弄虚作假,更不要信口开河。那种违背事实的讲解,一旦游客得知事实真相,即刻会感觉自己受到了嘲弄和欺骗,导游员的形象在游客的心目中也会一落千丈。

其次,言之有理还有"理让"之意。导游员的讲解不可能每个方面都很深很广,游客中间势必也有专业知识较丰富的人。这些游客的插话、解释及提问,对导游员来说有益而无害;同时,导游员在此时也能增长知识,为以后的带团充实内容,更重要的是活跃团队游览气氛,给游客有个参与的机会,还能显示导游员的宽容大度。当然,导游员应该充分把握好游客和自己的位置,防止游客过于喧宾夺主。

最后,在说理过程中,要运用好借用故事的方法。巧妙地借用幽默风趣的故事,以生动形象的素材,加之优美的动作和体态语,引出一番耐人寻味的道理,这样更能启发游客。另外，还应该注意，这些都要建立在"有理"的基础上。

【疑难提醒】

游客提出的问题一时回答不出，导游员该怎么办？

作为导游员，首先不要紧张，更不可流露出尴尬的神态，也不要望文生义或胡编滥造地瞎说一气，而应实事求是地向游客解释清楚，并可请教其他游客是否能解答这个问题，拜能者为师，态度要诚恳谦虚。其次，导游员也可请教在景点的工作人员及正在带团的其他导游员。实在不方便的话，则可把所提问题及游客的姓名、联系方式或是住房号码抄下来，当天旅游活动结束后（或在游客自由活动时间），赶紧与资深导游员取得联系，或查阅资料，将所获答案及时告知游客。若是旅游团已离开本景区，那么，导游员就应设法利用各种方式将问题答案告知游客。请注意！此项工作千万不可不做，千万不可忘记给游客一个满意的答复。

案例20　导游员正在讲解，游客却在聊天

【案情陈述】

> 小王是位刚工作不久的景区讲解员，这次他给来自某地的旅游团进行游湖讲解。游客上船后，与前几次带团一样，小王就认真地讲解了起来。他介绍这个湖泊景区的名称由来、科学成因、历史沿革、名人逸事及湖周边的各个景点等。然而，游客对他认真的讲解似乎并无多大兴趣，不但没有报以掌声，坐在游船后面两排的几个游客反而津津乐道于自己的话题，相互间谈得非常起劲。虽然也有个别的游客回过头去朝那几位讲话的看一眼暗示一下，但那几个游客好像压根儿没有意识到似的，依然我行我素。看着后面聊天的几个游客，再看看一些在认真听自己讲解的游客，小王竭力保持自己的情绪不受后面几位聊天者的影响。但是他不知道怎样做才能阻止那几位游客的聊天，他颇感尴尬，不知如何是好。

【案例分析】

案例中的小王是一位新导游，当他发现团队中有游客非但不听自己的讲解，而且

还大声自顾自地聊着天,不仅打扰了他的讲解,也影响着其他游客听讲解,这让小王很是烦恼,不知如何是好。案例中的小王的处境是很多新导游都会面临的,因为毕竟是新导游,经验不足,控场能力也不好,那这该怎么办呢?

在一个旅游团中,讲解员不能期望所有的游客都依照你的愿望去行事,都像小学生似的专心致志地听你讲解。作为讲解员,当发觉旅游团中有游客不爱听自己的讲解时,首先应该反省:是自己讲解的内容游客听不懂,还是自己的讲解缺乏吸引力?……

如果说,自己在讲解的语言、内容、趣味性、技巧上都无懈可击,而仍有个别游客在其中干扰的话,则应该拿出良好的对策,而不该视而不见。因为放任这种干扰,且任其蔓延,将会影响到整个旅游团的旅游气氛。

用什么办法呢?你不能当着全团游客的面用指责性的语气说:"请后面的几位先生别再讲话,以免影响其他游客的听讲。"类似的命令性的口吻或其他强制性措施不但无助于问题的解决,反而会令那些游客觉得你让他们在其他游客面前丢了面子而对你表示不满甚至愤怒;你只能用友好的、委婉的、商量的语气,加大嗓门跟那几位讲:"对不起,刚才可能我讲话的声音太小,所以使得后面的游客不能听清楚。接下来,我把声音讲大一些,请问后面的游客能听到吗?"你也可以边微笑边说:"对不起,可能刚才我的讲解有些游客不感兴趣,这样吧,接下来,我讲一些大家都感兴趣的内容。"顿一顿再加大嗓门说:"哎,后面的几位游客,希望我讲些什么内容呢?"这样的发话,一箭双雕,既没有伤游客的面子,又可以阻止他们在船舱里谈天说地。

【游客心理需求解剖】

导游员要想使游客听你讲解,得分析游客心理,了解和掌握吸引游客注意力的要领和技巧,因为:

(1)游客是各种各样的,他们之间存在许多差异,因而要使讲解成功,带团顺利,就得考虑自己所讲解的内容是否能吸引游客的注意力和提高他们的兴趣。

(2)游客是否对你的讲解产生兴趣和注意力,与讲解内容是否把景点的特色和文化内涵通过简洁的语言充分地介绍清楚了有关。

(3)景点与景点之间有相同之处,比如园林与园林、名山与名山之间等,如果游客已经游览过前一座园林或名山等,讲解员要讲出与众不同的特色以及新颖的观点,使得相同内容变得不枯燥,从而引起游客的注意力。

(4)能否吸引游客的注意力,方法和技巧很重要。不要以为讲解内容十分翔实、充分，就不需要考虑讲解方法和效果了。若导游员不去管游客情绪如何，我讲解我的，听不听由你，这样肯定收不到良好的讲解效果。如果游客处在未集中注意力的状态时，讲解员应该采取积极主动的态度，以风趣幽默、精彩动情的语言去征服游客。

【实战修炼】

有时在带领游客游览时，部分游客不愿听讲解，这时导游员该怎么办？

游客不愿听导游员的讲解，其原因很多。有的是过于疲劳不愿听导游员讲解，也有的是导游员讲解水平很一般，提不起游客的兴趣，还有的是导游员给游客交流的时间太少，以及游客忙于自己的事情或在考虑问题，等等。

游客不愿听讲解，导游员首先要控制住自己的情绪，并分析其原因，然后再根据具体情况对症下药。比如，游客感到太累，导游员应给予游客一定的休息时间，有时在旅途中也要提倡游客抓紧时间注意休息，同时，自己也不必讲解过多。若是对导游员有意见，那导游员要及时调整讲解内容，既突出重点，又不啰啰唆唆，努力把导游词讲出新意和特色，以此来诱发游客的联想和兴趣。若是游客认为交流时间太少，那么导游员在安排游览项目时，就要稍微放宽松一些，给他们适当的交流时间。若游客正在忙于个人的事务或考虑自己的问题（这些情况一般发生在旅游即将结束时），导游员最好不要去打扰他们。

【疑难提醒】

游客打扰你的讲解，导游员该怎么办？

导游员在景点讲解时，有个别游客会打扰导游员的讲解，此种现象的出现无非有以下几种原因：一是个别游客喜欢在众人面前炫耀自己的学问，二是游客对导游员所讲的内容持有不同意见或观点，三是导游员所讲内容和知识确实存在问题，四是游客知道的内容要比导游员讲的更丰富。

如果导游员在介绍景点时遇到个别游客打扰你的讲解，导游员最好冷静想一想或认真分析一下情况，若来不及细想和分析，不妨采用"先人后己"的办法，即可以先让那位游客暂时作为一名"讲解员"。游客讲解得不好，那也没关系，在他讲完后，由导游员给予补充。当然，要尽量肯定和赞赏游客讲得好、讲得合理、讲得有特色。如果游客的讲解确实精彩和有水平，那么，导游员就得放下架子好好地向人家学习。

必须注意的是：导游员切记不能让游客反客为主，自己要牢牢把握住整个旅游团队的主动权。让游客临时讲解一下景点内容，目的是缓和一下尴尬的场面，而决不能被个别游客牵着鼻子走，更不能让他来控制整个团队。若是导游员所讲内容游客持有不同意见和观点，也不必与之争论，更不要翻脸，而是在求同存异的基础上，个别地、友好地与之交流、探讨，相互取长补短。要知道旅游团队的核心和灵魂是导游员，如果导游员失去了应有的作用，那么旅游团队就会失控，出现各种各样的问题。

案例 21　导游员不能太油嘴滑舌

【案情陈述】

"作家蒋子龙等到香港参加一个笔会，会前先参加了由旅行社组织的一次香港观光活动。观光结束后，蒋作家感慨极多，写一文章发表于《中国旅游报》上，以下是文章中的一部分：

"到香港新机场迎接我们的汉子，相貌粗莽，肌肉结实，说话却撮鼓着双唇，细声细气，尽力做文雅状——他是设想周到的主人提前为我们请好的导游。待大家都上了大轿车，他开始自报家门：鄙姓刘，大家可以叫我刘导、老刘、大刘、小刘，请不要叫我下刘（流）。他说话有个习惯，每到一个句号就把最后一个句子重复一遍或两遍：请不要叫我下流。

"他自称是 60 年代初从福建来到香港，曾投身演艺界，报酬比后来大红大紫的郑少秋还要高。当时两个人都在追求以后被称为'肥肥'的沈殿霞，沈是'旺夫相'，嫁给谁谁走运。沈殿霞最后是挑选了郑少秋，否则他今天就用不着当导游了……"

【案例分析】

看了这段文章，作为导游员，你的感受是什么？

本案例中提到的这位导游，油嘴滑舌，说话低俗，自我介绍说了两遍"不要叫我下流"，自以为是幽默，其实这样低俗的话语会让客人产生反感。后面介绍自己又在自吹自擂，将自己与明星郑少秋相提并论，拿娱乐明星开过界玩笑，不仅俗气、没素质，还很不文明。他以为自己这样的讲解很幽默，游客会喜欢听，事实却相反。同时，这位导游没有考虑到这批游客的层次，团队里有作家名人，更应该慎言慎行，注意文明。由于导游言行不慎，致使作家在《中国旅游报》报道此事，最终使导游及旅行社形象因此都受到很大影响。

导游工作的成功与否似乎在于能否让游客在精神上获得享受，或我们常说的所谓"取悦"于游客。但同时我们必须明白：取悦游客靠的是诚恳的态度、周到的服务、高明的技巧、恰当的言语。如果仅仅靠俗气的噱头、低俗的语言或是其他类似方式来博得客人一笑，且不说会影响自己的形象，对我们提倡的"文明导游"也有害无益。

油嘴滑舌不是风趣幽默，油嘴滑舌会让人觉得不可信、低俗，容易引起游客的反感，而幽默风趣的语言能化解困境带来的不快，创造出和谐的氛围。因此，导游带团应多些真诚、少些油嘴滑舌。

【游客心理需求解剖】

一个好的导游，就能吸引游客的兴趣，让游客爱上这个景区，然后相互推荐。相反，一个导游，如果讲解得不好，就会给游客带来不好的体验感。因此，导游的语言能力非常重要，做导游一定要训练自己的语言艺术。那么，当导游怎样讲解才能吸引游客呢？

（1）要对景区了如指掌。导游要想吸引游客，首先要对你所在的景区了若指掌，对景区的历史文化，甚至是一草一木都能如数家珍，做到游客问什么，都能准确地解答。

（2）要做到声音甜美。当导游，一定要普通话标准，而且声音还要甜美。男导游声音要浑厚，让人听了要很舒服，千万不要吐字不清楚。

（3）要做到条理清晰。给游客讲解的时候，不能东说一下西说一下，毫无条理，甚至是语无伦次；一定要做到条理非常清晰，层次非常分明，让游客能记住一些关键点。

（4）要有点幽默感。给游客讲解的时候，一定不要太严肃，同样的话，有时候要换个说法，可以用比喻、拟人的修辞手法，让游客感到听你讲很有意思。

（5）要通俗易懂。给游客讲解的时候，不要使用一些可能听不懂的词，如果有的地方确实需要使用，一定要解释清楚，尽量使用一些短句，不要喋喋不休。

（6）要善于制造一些悬念。给游客讲的时候，尽量不要平铺直叙，可以先设置一些疑问，先不把话说清楚，以引起大家的一些好奇，一步步引人入胜。

总结：一定要练好基本功，说好普通话，以及要熟记景区的历史文化和自然风景；

一定要保持良好的精神状态；始终保持和蔼可亲的笑容，让游客感到亲切；一定要注意生动性，让自己的语言惟妙惟肖，充分调动游客的兴趣；要注意自己的形象。

【实战修炼】

带团过程中，为融洽与游客的关系，增进相互了解，该如何与游客谈天呢？

带团过程中，导游与游客进行自由的、无拘无束的交谈，可以拉近导游与游客的距离，收到意想不到的效果。但开展谈天活动，要特别注意以下几点：

（1）要谈健康的、双方都感兴趣的话题，在交谈中注意求同存异；

（2）谈天要注意适度，掌握分寸，谈笑有度，恰到好处，不可太漫无边际、开过分的玩笑；

（3）切忌一本正经、装腔作势，要幽默、风趣才好；

（4）如有不同见解，不要争得面红耳赤，不要力图说服对方，要求同存异，要使游客感到愉快；

（5）不谈年龄、工资、婚否、饰物价格、住房大小等一些属隐私的话题，可多谈天气、园艺、足球、习俗等大家都感兴趣的话题。

（资料来源：蒋文中.导游语言艺术一本通［M］.北京：旅游教育出版社，2007.）

【疑难提醒】

游客提出要听"段子"，导游员该怎么办？

"段子"即黄色笑话，这是导游员应该坚决回避的。我们的工作是向游客讲解景区的自然风光、人文历史，做相关的旅游服务，而不是迎合某些游客的低级趣味。如果讲"段子"，不仅降低了导游的身份，而且游客在笑过之后还会用异样的眼光相看，到头来是搬起石头砸自己的脚。如果需要调节气氛，导游员可以准备几个经典的笑话，让游客在乐过之后仍然回味无穷，或者可以表演一两个自己拿手的绝活，还可以与游客进行互动游戏等。总之，要做一个让游客尊重和欣赏的景点导游员。

案例 22　我是非洲的白马王子

【案情陈述】

罗先生是苏州的名导,凡是他带过的游客没有不竖大拇指的,"三八"妇女节的那次带团又被传为佳话。那是一个去苏州旅游的 38 人的女教师团。经过几个小时的奔波,团队终于到达苏州某园林。已经恭候许久的罗先生镇定地来到旅游团前。罗先生其貌不扬,穿着朴素,让这个团的女同志们都有些失望,但是一段出彩的开场白顿时让大家对他另眼相看:"各位尊敬的女士们,你们好!首先预祝你们节日快乐!因为在座的都是女士,所以公司今天特别安排了一位男导游员,这就是我。我长得不帅,还有点黑,肯定令各位大失所望,不过我可是非洲的白马王子哦!本人三十有八,在旅游行业已打拼十年。本着尽职尽责、视游客如亲人的原则,我将在接下来的游览中讲解好、服务好。为了表示鼓励,给点掌声好不好?"说到这里,女老师们个个已经笑得合不拢嘴,一下子感觉与这位"白马王子"的距离拉近了很多。更值得一提的是,在这个园林的讲解中,由于罗导讲得过于投入,几次差点被石头绊倒,却又很好地自我解嘲,惹得游客们步步紧跟罗导,生怕落下一句。罗先生的讲解生动、幽默,将园林的建筑历史、设计风格介绍得淋漓尽致。渐渐地,甚至其他同行团队的游客也不由自主地被吸引过来,使得其他导游员异常尴尬。

资料来源:赵冉冉.导游应急处理一本通[M].北京:旅游教育出版社,2008.

【案例分析】

本案例中的罗导虽然其貌不扬,长得还有点黑,游客第一印象不是很满意,甚至有些失望,但他幽默风趣的自我调侃和讲解却给大家带来了欢乐和愉悦,瞬间拉近了与游客的距离。十年的导游员生涯造就了罗导集敬业、老练、幽默于一身的优秀素质,罗导能如此成功地抓住游客的赏景心理,堪称导游界的楷模。有的导游员觉得自己工作的年限久了,可能会放松要求,甚至越做越油,这是不可取的。如果像罗导那样干一行,爱一行,在职一天就要做好一天,精心带好每一个团队,认真准备好每一次讲解,那么你必然会得到游客的认可和赞赏。

一位著名的表演艺术家曾经说过,有文化的滑稽是幽默,没文化的幽默是"滑稽"。幽默是导游员应该具备的语言风格之一，正如莎士比亚所说，"幽默和风趣是智慧的闪现"。本案例中罗导的这段开场白既风趣又幽默，既生动又活泼。听了这段开场白，游客们都会被他的风趣幽默所感染，他们都会信任和喜欢这名导游员。所以，幽默能增强语言的力量，同时，幽默也能创造出和谐的氛围，让旅游变得更美好。

【游客心理需求解剖】

炎热的夏季，一位导游员带领一群兴致勃勃的游客参观游览上海的龙华古寺。在宝塔下，他滔滔不绝地讲解。开始时，游客们还津津有味地听着，但10分钟后，便走掉了三分之一；15分钟后，游客又走掉了一大半；当他讲解到20分钟时，身旁的游客已是寥寥无几。这时，有几位游客在一旁的遮阳处大声叫喊起来："导游先生，差不多就算了，有人要中暑了。"

显而易见，听讲解的游客之所以会越来越少，并非是这位导游员的讲解不够精彩，而是他缺乏与游客之间的互动，再加上天气炎热，游客受不了太阳曝晒。所以，虽然导游的目的是希望通过自己丰富而又全面的讲解，让游客获得更多的知识，但结果却事与愿违。

该案例提醒我们，介绍和讲解时一定要注意观察游客的反应，任何长篇大论和不切实际的做法都不会得到预想的效果。导游员对某一景点的讲解最佳时间应控制在15分钟之内，如果天气异常冷（热），那么讲解时间还要缩短。换言之，导游员要善于控制讲解的时间，尽可能做到精练简洁和恰到好处。

【实战修炼】

在游览过程中，导游员时常会碰到旅游景点游人非常拥挤的场面。这时导游该如何作讲解呢？

面对这种情况，导游员如果继续讲解，不但自己很累，而且游客也容易产生焦虑情绪和注意力分散，个别游客还可能会走散。因此，此刻的环境就需要导游员在尽可能短的时间内把内容介绍完，讲解既要控制时间，又要内容精练、语言风趣而幽默。

例如，有位导游员，原准备了一套非常美妙动听的导游词，打算在上海豫园门口露一手，谁知带团到了豫园门口一看，真是人山人海，热闹非凡，于是导游员放开嗓门讲了几句话："刚才我介绍上海的豫园是如何的美，可有人还心存疑虑，现在的场面，豫园的美我就不提啦。"在场的游客听他这么一说，再目睹眼前的情景，都觉得导游员虽没有讲什么动听的导游词,但对导游员灵活幽默的讲解赞赏不已。

【疑难提醒】

游客经常就所讲解的内容与导游争辩,怎么办?

这些游客是相当不礼貌的。与导游争辩,不仅影响导游员的讲解情绪,更扰乱了其他成员的听讲,因此导游员应很好地稳住气氛,"控制"好此类游客,可以这样来回应:"首先,非常感谢大家对我所介绍的内容如此关注,更欢迎大家提出不同的观点供探讨,但是我们参观游览的时间毕竟有限,大家不妨先允许我将所有自己知晓的信息提供给你们,如果大家有什么不同看法,等我们参观结束后再找时间慢慢交流,互相学习,好吗?"当然,导游员一定要利用业余时间多看资料、多收集信息,确保自己的讲解准确无误。

第 2 节　导游接待服务

案例 23　"经理级导游"并非美称

【案情陈述】

今天是小明第一次独立带团，带的是门市散客。他想：今天是星期天，景点的游客一定很多，我要把客人组织好、管理好，让他们在游览中不出事，玩得开心。当他把客人召集齐后，在景区游览车上宣布了旅游纪律。介绍完某个景点，让游客自由活动之前，小明宣布："二十分钟之后在这里集合，请大家不要迟到。"到了集合的时间，只有不到一半的客人回来。等客人到齐之后，小明又对大家说："希望大家遵守时间。时间是大家的，你一分钟、我一分钟，加起来可就是一个很大的浪费！"这一次，小明发现游客自顾自地交谈，并不理会小明的告诫。在第二个游览点的自由活动开始之前，小明说："现在给大家三十分钟的自由活动时间，十点钟准时在这里集合。谁迟到，谁就要在车上唱歌。"谁知道，到了十点半，游客才姗姗而来。在车上，他再一次要求大家遵守时间。

就这样，小明不断地提醒客人要遵守时间，而客人对他越来越不耐烦。终于，在去最后一个游览点的途中，冲突爆发了。当小明介绍完景点的概况，又一次提出要遵守时间时，游客中立刻发出一片谴责声。"看你年纪不大，倒像老太婆，这一整天都在听你唠叨来，唠叨去！""你一会儿这，一会儿那，一会儿要罚唱歌，一会儿要罚请客，究竟是你为我们服务，还是要让我们为您服务啊？"

小明委屈地说："遵守时间对大家都有好处，我也是为你们着想嘛！"马上就有一位客人气愤地说："我们的心情都让你搞坏了，一点都不开心！这是为我们着想吗？"坐在靠近车门口的一位客人阴沉沉地说："我看你还是应该回学校再培训培训，你到现在都还没有搞清楚服务是什么意思啊！懂吗？服务就是你在这段时间里要失去一定的自由，而让我们有支配你的自由！也就是说，从我们踏上你的这辆旅游车开始，你就不应该管我们。当然了，如果我们违法乱纪，你可以去打 110 啊！"接着是一阵哄笑。

一天的带团结束了，小明回到休息室。一进门，经理就一脸严肃地对他说："今天你带团出了什么事？刚才有客人打电话来，问我们为什么派了一位'经理级导游'！"听到经理这样说，小明的眼泪忍不住地往下掉。

资料来源：导游多维心理分析案例046："经理级导游"并非美称—中华考试网（https://www.examw.com/dy/fuwu/zhidao/2006-8/200611638.html），2006年8月14日。

【案例分析】

本案例讨论的是导游员的服务与组织管理两大角色的冲突。导游员的职业规定了"服务角色"是他的主要角色。在旅游者向景区付款的时候，就购买了"服务"这一产品。从某种意义上说，是旅游者获得了在一定时间里支配导游员这个劳动力的自由，而不是导游员获得了支配旅游者的自由。旅游团的导游员是为一群旅游者提供服务。为了让有差异的旅游者能够在一起共同完成旅游计划，导游员就必须对旅游者进行管理，就必须组织他们的游览活动。导游员的组织管理角色是由导游员为旅游者群体服务的社会性需要所赋予的。从某种意义上说，管理就是要以限制旅游者个体自由为代价，来获取整个旅游团的自由。服务角色和组织管理角色是一对矛盾，片面地强调哪一种角色都做不好导游服务工作。

要实现两种角色之间的平衡，就必须对服务有一个正确的界定。在本案例中，一些旅游者错误地认为，他们购买了服务，就等于购买了小明这个劳动力的一切。并且认为，小明应该同时满足所有旅游者的差异性需要。没有认识到，参加了旅游团就不可避免地要为群体自由而失去部分个体自由；没有认识到，只有服从导游员的组织和管理，群体的自由才有保障。所以，当小明作为"组织管理角色"出现时，一些旅游者因此不满，认为小明没有扮演好"服务角色"。小明的失误是他没有从正面引导旅游者遵守时间，过于突出自己的"组织管理角色"，不断地向旅游者施加压力，企图迫使他们遵守时间。这就使旅游者在认知他的管理行为时产生一种主观放大，认为小明颠倒了"服务"与"被服务"的关系。

避免导游员的"服务角色"与"组织管理角色"的失衡，要注意两方面：一是导游员在端正服务态度的基础上着重提高组织管理旅游团和与旅游者的交往技巧，二是要让旅游者在旅游之前就对服务的内容有正确的认识。

【实战修炼】

游客向你投诉，导游员该怎么办？

导游员带团，游客要投诉某一件事情或问题是难免的，其原因也较为复杂，但归纳起来大致可分为两大类：一类是人为因素造成的投诉，另一类是非人为因素造成的投诉。妥善合理地处理好游客的各种投诉是十分重要的，因为有投诉就说明旅游过程中存在隐患。隐患不排除，旅游活动就难以顺利开展。

一旦有游客投诉，导游员要立即采取个别接触的方式，最好把游客请到远离旅游团队的地方，然后，头脑冷静、不带任何情绪地倾听游客投诉的内容，认真做好笔记，分析游客投诉的性质，找出其核心问题，最后再向游客作出耐心解释。若是游客投诉景区其他部门，那导游员就要做好协调工作，并由双方妥善解决。若是游客投诉的是导游员本人，导游员就应冷静、理智地考虑问题出在哪里？怎样才能消除游客对自己的投诉？从实际情况看，唯一的方法就是加倍努力，把服务重点放在游客投诉的问题上来。若是游客投诉无理，导游员也应本着"有则改之，无则加勉"的态度，一如既往地为游客热情服务。如果有些投诉确实难以解决，导游员则应把当时的情况实事求是地记录下来，并请游客及相关人员签字留名，做好留证工作，以便向景区领导汇报，并为解决投诉提供资料依据。

【疑难提醒】

俗话说："金无足赤，人无完人。"导游员也有犯错的时候，如果是自己错了，该怎么办呢？

导游员是人而不是神。在整个带团过程中，导游员接触面广，人际关系复杂，工作节奏快，有时会遇到突发事件和意想不到的情况。在这种特殊的环境中工作，难免会说错话和做错事。导游员的出错会给游客带来伤害和损失，造成内心不悦和精神上的痛苦，也有可能给旅游接待计划带来不良的印象和后果。

导游员一旦发现自己的言行有错误时，首先要端正态度，改变观念，消除那些"有损形象、导游难做、生怕投诉"等畏难情绪，要及时而又真诚地向游客道歉，勇于检讨自己在言行方面的失误和过错。态度上要和气，语言上要使用敬语，如请原谅、对不起、很抱歉。

其次，在行动上既可用手势向游客打招呼或鞠躬、敬礼，也可写一张字条、赠送一束鲜花等。值得一提的是，导游员在向游客表示道歉时，应注意把握尺度，同时也要分清自己出错的大小、性质及产生后果的程度，把握好道歉与表示遗憾的实质区别。

案例 24　什么都看不见也算景点，来了也白来

【案情陈述】

> 一天，导游员小张接待一个来自福建的老年团，准备带领该团去某著名山岳景区游览。出发前，旅游团成员兴致勃勃，非常开心。当团队爬上山顶时，只见四周都是大雾，白茫茫的一片，游客什么景色都看不见。这时，团队中有游客向小张抱怨说："什么都看不见还算什么景点！"团队其他游客的情绪也一下都跌入谷底，连那些平时寡言的游客也纷纷说："是啊！来了也白来，等于没来。"当游览结束后，团队客人给旅游质监部门写了一份投诉信，说是某某景点没去，要求退还该景点的门票费。
>
> 资料来源：蒋炳辉.景点导游教程［M］.北京：中国旅游出版社，2006.

【案例分析】

旅游是一项特殊的审美活动，气候等外界因素都会影响游客对游览点美的把握，进而影响到游客的整个心态。"什么都看不见还算什么景点！""是啊！来了也白来，等于没来。"从上述案例中游客的话意上分析，这样的抱怨也有道理。旅游团到达山顶后，因天气原因造成大雾，没有看到景色，因此游客有白跑了一趟的感觉。虽然这并不能成为要求索赔的依据，因为大雾属于不可抗力因素，对游客这方面的损失，景点可以不承担责任。

但作为导游人员，能否准确把握游览点在不同外界因素影响下所表现出来的不同特征，并用生动形象的语言讲解给游客听，这是非常重要的。同时，游客的心理活动又是随时处于变化之中的，导游员如能把握其心理活动的变化，用适当的语言加以诱导，就能变不利因素为有利因素，使自己永远处于主动地位。何况游客的情绪总是受导游员支配的，如果导游员能使游客从困难不利的一面看到有趣的一面，或是能启发游客自己去发现美的一面，游客也不至于去投诉。另外，作为景区导游员的小张，原本就该考虑到这种天气下可能看不清景色，如果上山前就向游客说明可能出现的状况，

游客事先有一定心理准备，也不至于到达山顶后大失所望。即使出现不可抗力的情况，旅游者也会给予理解和谅解的，因为这是双方都不愿看到的事情。

图 3-1　山顶四周云雾茫茫

【实战修炼】

旅游团遭遇不可抗力的影响，导游员该怎么办？

不可抗力的影响是客观存在的，谁都回避不了。导游员在带团过程中偶尔也会碰上。不可抗力影响在旅途中一般有：天气原因（大雪封路、台风阻航等）、交通受阻（山体滑坡堵塞交通，洪水冲垮铁路、大桥等）。面对突如其来的不可抗力因素，导游员应该做好哪些工作呢？

不可抗力往往会给旅游团带来十分严重的后果。虽然责任不在导游员，但游客的内心是非常焦急的。这时，导游员首先要立即向景区有关部门汇报，根据景区领导的要求迅速做好下一步的打算与安排；然后要安抚游客，耐心地做好解释工作，争取游客的理解和支持；最后，再将打算与安排向游客宣布。在此期间，安排落实好弥补措施至关重要。

【疑难提醒】

旅游接待中如何预防与处理预料之外的问题？

在旅游服务中，任何问题一旦发生都是不愉快的。出现问题，一方面会给游客带来烦恼和痛苦，另一方面会给导游人员的工作增添许多麻烦和困难，而且还会直接影响旅游景区的声誉。不出或少出问题，是保证并提高旅游服务质量的基本条件。那么，如何预防和处理接待过程中出现的问题和麻烦呢？

首先，在带团过程中，导游人员要尽力做好服务工作，任何细节都要考虑周全，为预防问题的发生而积极采取相应措施。

其次，不管遇到或发生什么问题和麻烦，导游人员都必须全力以赴，认真对待，及时、果断、合情合理地进行处理。有时，问题的发生并不是导游员的责任，但导游员是独立工作在旅游接待第一线的工作人员，有帮助解决问题和协助处理事故的责任。另外，妥善处理导游过程中出现的问题，也是对导游人员工作能力和独立解决问题能力的重大考验，处理得好，旅游者满意，导游员的威信会因此提高；反之，不仅旅游者不满意，还可能留下隐患，使旅游活动不能顺利进行。

案例 25　让彭先生替我说话

【案情陈述】

小杨听说小张这次带团的经历非常精彩，便请他谈谈。小张说："其实，我不过是把扶植中心人物的方法用到了这个团。这个团入境后，我发现客人比较散，说话喜欢直来直去，他们是临上飞机时才相互认识的。"我想，像这样一个团，如果自发地产生出"中心人物"，会有很大麻烦。我也曾经想自己来当"中心人物"。再一想还是不行。现在是旅游旺季，突发事件多，服务差错多，我经验不多，控制这些没有绝对的把握。思考再三，我决定在团里扶植一位能替我说话的"中心人物"。

"要说具体的做法呢，首先是要选人。一开始，我选了刘先生、周太太、彭先生三个人。他们在团里都比较活跃，跟谁都说得来，也都有一些旅游经验。后来我发现，周太太大概是到了更年期，脾气不太好，在游览点的门口，为一点小事就和验票员吵个不亦乐乎。我想，这种性格的人不能选。即便她不跟我吵，像这样的吵法，她跟别的服务人员吵起来会破坏我们与合作方的协作关系。于是我就在剩下的两人中选择。我从名单上了解到，刘先生是一个初中生，彭先生是个大学生。闲谈中又了解到彭先生曾经被公司外派到澳大利亚做过办事处主任。我想，从彭先生的学历和工作经历来看，他应该能够比较理性地看问题，也不大会人云亦云。这样，我就选择了彭先生。

接下来，我得'拉拢'彭先生。方法很简单，就是和他聊天，天南地北地聊。表面上我是无目的地和他闲聊，实际上我是想知道他有没有来过大陆。后来我知道了，他五年前曾经到过北京，但是丝绸之路没来过。于是，我就着重和他聊我上一个团在丝绸之路遇到的种种奇闻逸事，把我们这一次怎么走、住哪里、吃什么、玩什么、买什么纪念品合算，以及那些地方现在可能会有什么变化等，全都穿插进去。这样一来，他对这一路的风土人情、注意事项，还有什么葡萄沟里摘葡萄的乐趣、挨打的无花果最甜等都预先知道了。这样他可以在和其他客人聊天的时候吸引他们。我还让彭先生谈谈他想怎么样玩、怎么样吃、怎么样购物等，把一些既不影响团队的计划又能让全团的客人'马上就能见到好处'的好主意在车上告诉客人。比如，游览车途经瓜地时，停车二十分钟，让客人自己到瓜地里摘瓜吃。我说，彭先生提出了非常好的建议。结果，大家都同意，更重要的是的确玩得很开心。这样一来，彭先生的威信就大大提高了，一部分年轻游客总是跟着他，他非常得意。彭先生清楚我是帮了他的大忙的，所以，他经常来找我聊天了。这样，我就有了一个相当靠得住的'中心人物'了。遇到我不便直接对客人说的事，我就借他的嘴去说。那天，当我得知景区游船班次会有问题，我就先告诉彭先生那是怎么一回事，并就我的处置方案向他征求意见。后来，他把这件事告诉了大家，大家看彭先生这样见多识广、经验丰富的人都没有提出什么异议，也就都没有什么异议了。当我正式地把这件事提出来的时候，大家举手，一致通过了我早已策划好的方案。哈哈！当时我心里美得直想大叫啊！"

资料来源：导游多维心理分析案例 079：让彭先生替我说话—百度文库（https://wenku.baidu.com/view/ab5017db10661ed9ac51f369.html），2016 年 3 月 31 日。

✓【案例分析】

本案讨论的是扶植"中心人物"，可以说是利用"中心人物"所能达到的最高境界。"中心人物"虽然也可以由导游员兼任，但是这样的一身二任对导游员的素质有很高的要求，如果旅游计划正是由于导游员自己的失误而被破坏的，那么，导游员既要为自己的失误承担责任，又要代表全团旅游者来追究自己的责任，如此剧烈的角色冲突是非常不容易处理好的。"中心人物"的角色会从导游员"飘移"到旅游者身上，这时新的"中心人物"会有强烈地把矛头对准导游员的倾向。经验不足的导游员最好不要去尝试一身二任，而扶植一个"中心人物"更好。扶植"中心人物"的工作分以下两步走。

第一步是选人，这是成功的关键。考查对象应该是旅游团人际关系节点上的旅游者，就是在旅游团的活动中，其他旅游者喜欢和他在一起的那个旅游者。在本案例中，刘先生、周太太、彭先生便是。挑选标准主要有三条：

（1）要有较强的交往能力。交往能力强的旅游者能根据交往对象来选择交往的内容、交往形式和信息传递强度，并给对方以积极的反馈。本案例中导游员小张先挑选出刘先生、周太太和彭先生，皆因为他们有较强的交往能力。

（2）要有稳定的性格特征。在旅游团特有的性质条件下，旅游者常常根据交往对象的性格是否稳定，来决定是否继续与之交往。只有性格稳定，其他旅游者才愿意持续地与之交往，也才能成为"中心人物"。本案例中的周太太就是因为性格不稳定而被小张排除的。

（3）要有较强的认知能力。扶植"中心人物"时，必须向扶植对象提供有关旅游目的地的信息，因而扶植对象必须有较强的信息接收、分析、综合的能力。认知能力的强弱可以从考查对象的学历、社会阅历和言谈中得知。本案例中的周先生就是因为认知能力弱于彭先生而被小张排除的。

第二步促使扶植对象对担任"中心人物"的角色持肯定态度。如果导游员开诚布公地去劝说扶植对象担当"中心人物"，那很可能会让扶植对象认为自己将被利用，这种方法不可取的。从带团实践来看，利用心理学的"促使行为发生以改变态度"的原理是让扶植对象转变态度的有效方法，要点是以下两个：

（1）调整扶植对象旅游目的地的知识和经验结构。在摸清扶植对象知识和经验结构的基础上，根据"缺什么补什么"和"重点补充有关旅游目的地的知识经验"的原则，给他补课。这项工作必须在私下进行，一旦公开化，其他旅游者就会认为扶植对象不过是导游员的传声筒而不予信任。

（2）树立扶植对象的"中心人物"形象。导游员应该诱导扶植对象对今后的旅游活动发表意见和建议。对于其中那些既不影响旅游计划的完成，又能很快使旅游者受益的意见和建议，不仅要采纳，而且要像本案例中的小张那样，让大家都知道"这都是彭先生想出来的好主意"。

做到了以上这两点以后，全团旅游者不仅认为彭先生见多识广、经验丰富，而且的确是一个能够为大家谋利益的热心肠，自然就会对他表示格外的尊重。而这种尊重，又能强化彭先生为全团旅游者谋利益的行为，使他对大家的事变得更加热心。同时，其他旅游者有关旅游活动的事也自然会去找彭先生商量。这种尊重和商量的行为实际上已经把彭先生推向"中心人物"的地位，引发彭先生的"中心人物"行为，进而使彭先生从像普通旅游者一样只关心本人切身利益的态度，向关心旅游团整体利益的态度转变。

导游员扶植起来的"中心人物"，不仅对导游员比较信任，而且对导游员有一定的依赖性，他们往往会成为导游员最为得力的助手。

【游客心理需求解剖】

在景区游览过程中，游客遇到问题会找谁？他们一般会有怎样的心理需求？

（1）在人生地不熟的景点游览，游客很大程度上觉得导游员才是可以依赖的人。因此，游客的要求和意见一般只能向导游员提出，并期待得到导游员的帮助或照顾。

（2）游客一般都有求全心理，希望自己的旅游既愉快又圆满，对旅游活动的一切要求都甚高。游客这种求全心理和过高愿望与客观实际有时是相矛盾的。因此，游客有时也会提出一些不尽合理的要求。

【实战修炼】

在景区导游接待过程中，游客有时会向导游员提出种种要求，如果你是导游员，该怎么办？

导游员在带团时，游客会向导游员提出种种要求，这些要求是各式各样、五花八门的。主要有以下几种情况：一是合理而有可能办到的，二是合理而不可能办到的，三是根本就不合理的。导游员在接受游客的要求之前，务必要充分考虑到这些因素。在没有绝对把握满足游客的请求时，应婉言拒绝；一旦答应游客的要求，导游员务必要做到言而有信、言行一致，切忌言而不行，失信于游客，这会给导游员带来不良影响。

一般来说，对待游客的要求，不可用"我肯定可以为您办好这件事"或者"我办事您绝对可以放心"等语言。万一导游员在处理游客要求的过程中出现问题，或者办不成，就会陷入尴尬的局面。这会使人感觉你轻率地答应游客，又轻率地失信于游客，容易引起误会，也会伤害游客的感情。接受游客的请求时，最好采用"我没把握，但我可以试试看"或者"我尽力而为吧"的语气。导游员答应了游客的某些要求后，就要真心诚意地办；若万一因种种原因而无法办到时，导游员要及时告知游客，让他们有个心理准备，并诚恳地向游客表示歉意。另外，导游员在自己失约之后，切忌以种种理由来为自己辩护，也不要编造谎言去欺骗游客，否则，游客是不会谅解的。为此，导游员要像珍惜自己的人格形象一样去珍惜自己的承诺，只有这样才能受到游客的尊重和爱戴。

【疑难提醒】

游客与导游员发生争执时，导游员该怎么办？

导游员与游客发生争执是不应该的，也是绝对不允许的（除原则性的问题之外）。解剖争执的原因，往往是导游员与游客在交流中不注意求同存异的原则；导游员气量小，缺少修养，容不得游客有半点意见或不同看法。另外，导游员不区分是一般性问题还是重大原则问题，就与游客争执，结果弄得大家面红耳赤，就太不值得了。

一旦发现自己在与游客争执时，导游员首先要自我克制，然后冷静地找出自己与游客观点一致的方面，最好限于某一个点或一个侧面，这样或许能得到双方的共识和赞许，也就不会陷入僵局，更不会无话可谈。其次，不管与游客在意见和观点上有多大距离，也不应展现出无法协调的态度，而是要展现一种可以商量或相信可以解决、交流大门始终敞开的姿态。在与游客交谈中，导游员既要有友好表情和幽默感，又要努力创造一种和谐的交流氛围，把自己内心的阳光洒向游客的心田，这样游客就不会与导游员发生争执了。

案例 26　朝拜没能如愿，真是太失望了

【案情陈述】

一个周日，B 寺庙的导游员小丁接待了一个来自我国台湾地区的旅游团。该团出现在景区门口时，即引得众多游人纷纷围观，原因是他们每人胸前都挂着一个济公像，全为清一色的济公信徒。当他们进入景区后，该团领队便向导游员小丁说了他们此行的目的，希望能在该寺庙举行一个可能所需时间较长的朝拜济公的仪式。

可当小丁与寺庙有关负责人反映时，却遭到了拒绝。原因是寺庙事先没有接到有关方面的通知，再加上周日寺庙游客众多，如果搞什么仪式，将会影响寺庙的正常秩序。该团领队要求导游员小丁帮忙同寺庙负责人商量，经过小丁的再三恳求，寺庙最后只是允许台湾旅游团把济公像摆上大雄宝殿释迦牟尼须弥座供香客朝拜。因为事先没有接到这样的特殊要求，朝拜仪式最终没能如愿，游客们深感失望："朝拜没能如愿，真是太失望了！"最终只好闷闷不乐地离开了寺庙。

【案例分析】

不同国家、地区有不同的宗教信仰和宗教仪式。中国政府历来重视宗教问题，实行宗教信仰自由政策的，对境内地区之间与境外国家和地区之间的宗教交流也是十分支持的。举行宗教仪式，只要不干涉人们的正常生活、不影响社会秩序都是许可的。导游员小丁所带的旅游团，因人数较多，举行仪式的时间较长，而寺庙场地也不宽敞，又因刚好是周日，游客如云，所以寺庙有关方面没有同意举行仪式，是为了维护寺庙秩序。当然，如果该团的台湾地区组团社能事先向内地接团社通报情况，并要求与该寺庙管理部门接洽、协商，相信及时举行宗教仪式是没有问题的。

那么，本案例中导致台湾地区游客没能在寺庙如愿举行济公朝拜仪式的原因是什么呢？首先，接待前未接到该团有这一特殊要求的通知，是台湾地区组团社或内地地接社的失误；其次，导游员小丁在知道该团此行的主要目的后，没有采取相应的措施，没有提供"超常规服务"，也是导致游客愿望未能实现的原因之一。

积极的做法应该是，当小丁知道了旅游团的要求后，在与寺庙管理人员沟通未果时，应主动做好以下三方面的工作：

（1）向游客宣传我国内地的宗教政策，并解释不能如愿的原因。

（2）艺术地与寺庙管理员协商，如建议将仪式改在游客较少时，如下午四点以后举行。

（3）如果这也行不通的话，小丁应建议游客做一些变通，改在与济公关系密切的其他地方举行仪式。

【实战修炼】

当你带着旅游团进入寺院后，发现大雄宝殿内的香客特别多，这时作为导游员的你该怎么办？

逢年过节或每月的初一、十五及其他的佛教节日，寺院里总是人山人海、人流如潮。导游员带领旅游团进入寺院后，发现大雄宝殿内的游客特别多，为了保证导游服务质量及旅游接待计划不受影响，导游员应采取灵活多变的接待方法。

首先，导游员在带团前要根据接待计划，尽量避开寺院的人流高峰时段。一般地说，寺院内有佛事活动，人流量高峰在早晨，下午到傍晚要相对好一些。若是导游员事先不明情况已经把旅游团带去凑热闹，那也没关系。因为寺院内的香客和游人如潮，有高有低，导游员可以等大雄宝殿内的香客和游人退出以后再安排游客进去参观游览。其次，导游员不妨在大雄宝殿门前向游客介绍讲解，也可先参观游览其他殿堂，最后再带领游客进入大雄宝殿。总之，导游员应灵活多变，但要掌握一个原则，即游览程序可变动，景点讲解不可缺少。

【疑难提醒】

在参观寺庙时，如果有游客问你是否信佛教，导游员该怎样回答？

游客提出此类问题，一般都是出于好奇，也有可能是游客听了导游员讲解寺庙和佛教知识后，十分佩服导游员的知识丰富有感而发，更有可能游客估计导游员是信佛教的，或是属善男信女……游客提出的问题应该说是没有恶意的，导游员为此感到高兴才对。

导游员若是信佛，落落大方地承认也没关系；若不信佛，告诉游客也无妨。作为导游员要宣传我国有关宗教方面的政策，如可以讲中国公民有在同一宗教中选择不同教派的自由等政策，宣传"民族宗教无小事"的理念，使游客正确理解我国的宗教政策。当然，导游员在带团讲解中不要特意宣传、鼓励游客去信教，这是绝对不允许的。

值得一提的是，导游员要实事求是地告诉游客，特别是外国游客，中国的佛教徒是爱国的，以及佛教劝人"与人为善，诸恶莫做"等。至于佛教的教理以及对世界的认识，完全可以有自己个人的看法，可以研究与探讨。

第 3 节 特殊问题处理

案例 27　你事先没有提醒，责任在你不在我

【案情陈述】

图 3-2　景区"请勿吸烟"告示牌

小章是 C 文物景区的导游员。一天，他接待了一个 30 人的旅游团。旅游团中有位吸烟特别厉害的"瘾君子"，走过他的身边就有很重的烟味。正当大家在兴致勃勃地听小章讲解的时候，突然传来了那位"瘾君子"与景点管理员争吵的声音。小章走过去一了解，原来是那位"瘾君子"的烟瘾犯了，在禁止吸烟的地方吸烟，并把烟蒂随手扔在一个角落里，被管理人员抓住了。管理员要罚他款，他争辩说，他没看到"请勿吸烟"的告示牌，乱扔的烟蒂他已捡起来，至于罚款，他坚决拒付。但管理员也不买他的账，一定要罚。当小章上前劝解时，那游客不但置之不理，反而责怪小章："你事先没有提醒，责任在你不在我。"这样一来，不但使小章很尴尬，而且大煞了其他游客的游兴。最后小章觉得这样吵下去不能解决问题，就自己掏了 20 元钱，了结此事。

【案例分析】

业内有句话，说是干导游的"心要细，胆要大"。本案例中此类不愉快事件的发生，一定程度上反映出导游员工作不够细致，该提醒的没有提醒。在接待中，的确会碰到这样的"瘾君子"。有入境随俗者，也有习惯较差者，还有明知故犯者。来自不同

国家、不同文化背景的游客对罚款的心态均有不同，可谓"千人千面"。因吸烟被罚款的案例也使我们联想到"不许拍照，违者罚款"等类似的处罚。处理起来似乎只能因时、因地、因人而异。坦白地说，那位游客称不知道"不得乱扔烟蒂"实为托词，似乎很少有不懂"不得乱扔果皮纸屑"的游客。但作为景区导游员进入景区参观前的注意事项提醒工作切记务必要做，避免像案例中的游客那样反过来抱怨导游员，是你没有事先提醒他。最后导游员替游客缴罚款的做法可说是"退一步海阔天空"。这样的举动最后也一定能得到游客的认同，"违法者"最后也一定会知趣的。

【游客心理需求解剖】

旅游活动各阶段游客的心理变化分析：

整个旅游活动中，旅游者始终怀有群体心理、求安全心理、求新求奇心理和懒散心态，但在各个阶段，某些心理特征较为突出。

旅游活动初期阶段：求安全心理、求新心理。旅游者求安全的心理表现得非常突出，导游员要努力使旅游者获得旅游的"解放感"和"轻松感"，让他们轻松愉快地旅游，尽情地享受旅游给予他们的乐趣。在这个阶段，旅游者的另一个突出心理特征是"探新求奇"。为满足旅游者的这一需求，导游员要科学地、有针对性地多组织些轻松愉快的参观游览活动并作生动精彩的讲解，耐心回答他们的问题。在该阶段，旅游者最怕的是遇上一个"哑巴"导游员。

旅游活动中后期阶段，即个性表露阶段：求全心理，懒散心态。随着时间的延长、接触增多，旅游团成员之间、客导之间越来越熟悉，旅游者的神经越来越放松，行为越来越随便，每个人的弱点越来越暴露。在这个阶段，旅游者对导游服务更加挑剔，一旦要求得不到满足，就可能产生强烈的反应，甚至会出现过火的言行。在这个阶段，导游员的工作最难。因此，要求导游员精神高度集中，对任何事不得掉以轻心。这一阶段，旅游者的时间概念更差，群体观念更弱，活动过程中更加自由散漫，丢三落四的现象越来越严重，旅游团内部的矛盾逐渐暴露……这些均属于"旅游病"的症状。

旅游活动结束阶段：忙于个人事务，无心听你的讲解。导游员要向旅游者提供更加热情周到的服务；做好送行工作，力争锦上添花，让旅游者留下深刻印象；做好弥补工作，尽量解决遗留的问题，对有意见的游客，要设法让其发泄出来后离开。总之，导游员要尽力挽回消极影响。

旅游者的上述心理活动实际上存在于旅游活动的全过程中，只是在不同阶段有所侧重而已，而且上述心理活动虽有普遍性，但不同生活情趣的人在旅游活动各阶段的心理特征不尽相同,这就加大了导游员向游客提供心理服务的难度。这就要求导游员做个有心人,切实了解游客的心理状况,努力使导游服务更具针对性,以获得更好的效果。

【实战修炼】

游客与他人发生争吵,导游员该怎么办?

在游览接待中,游客与景区其他人员发生争吵的事情虽属极少数,但一旦发生时导游员如果处理不及时、不得法,或许会酿成较为严重的后果。因此,导游员在人多较杂的地方,要留心注意游客及周围环境的情况,防止游客与人发生矛盾和争吵。导游员在接待中要经常提醒游客讲究文明、注意安全,同时也要及时把景区的相关情况告知游客,倡导文明旅游。

如果发生游客与他人争吵的事情,导游员要赶紧上前制止。此时,最好请景区工作人员或游客一起来劝架,免得引起不必要的误会。在劝架时,要以正面劝说为主,同时也要设法给争吵者一个下台阶的理由。除此之外,劝架时间要短,可把争吵者的距离拉开。导游员处理此类事情"宜粗不宜细"。还有游客在景区商摊购物时,个别摊主故意缺斤少两,损害消费者的利益,游客势必要与摊主理论,有的还可能发生争吵。此时,导游员要设法通过有关部门,让摊主向游客赔礼道歉,并赔偿一定的经济损失。导游员这样做或许也是避免游客与人争吵的一个不错的选择。总之,导游员在处理此类事情时速度要快,问题解决差不多时就应把旅游团迅速转移,以免发生新一轮的争吵。事后要做好争吵游客的思想工作,确保游览活动继续顺利、健康地进行下去。

【疑难提醒】

对待自由散漫型的游客,导游员该怎么办?

自由散漫型的游客在旅游团队中占有相当的比例。一般地说,该类游客可分几种情况:一是不遵守团队纪律和时间,有的还严重影响其他游客的参观游览;二是个别游客为了自我减压,在行动上表现出松弛和自由;三是部分游客对计划外的景点和内容颇感兴趣。为此,在旅途中,他们不是掉队,就是找不到人影。除此之外,一些游客在旅游中需要进一步熟悉和了解某些景点或知识,在一定程度上也会有自由散漫的现象。

对待自由散漫型的游客,导游员应是有礼貌地耐心说服,但在服务技能使用上,要区别对待并采用"三牢"方法，即"盯牢、看牢和带牢"。对待第一种游客，导游员要自始至终地牢牢盯住，防止他们走散，同时告诉他们下一个景点的位置和路线，以免出现不愉快的事情。对待第二种游客，导游员只需稍加注意就行，只不过在景点转移时要提醒他们。对待第三种游客，需把他们带在自己的身边或故意亲近，时常讲解一些他们感兴趣的事情，在适当的时候提供一些机会和时间来满足他们的好奇心和求知欲。总之，游客出现自由散漫的情况是正常的现象。在游览期间，导游员要以精彩的讲解和富有成效的组织工作，吸引和带领团队，防止因游客自由散漫而影响整个旅游团队的行程。

案例 28　这样的导游员像亲人

【案情陈述】

　　江苏省某旅行社优秀导游员许某，2000 年接待了一个台湾地区旅游团。团中一对夫妇带着一个 11 岁的儿子。坐船参观千岛湖猴岛时，小男孩儿不小心被猴子咬伤了大腿内侧。听到男孩的呼救声，许导游员急忙冲上去赶走了猴子，自己后背也被抓了长长的一道。意外发生后，他紧急安排将孩子送往医院救治，并垫付了医药费。孩子父母想结束游程返台，全团客人的情绪也受到影响。他考虑到他们来祖国内地一趟非常不容易，在征询医生意见后，建议大家继续旅游，孩子由他抱着参观景点。

　　在黄山，他硬是把孩子抱上山去参观了狮子峰、始信峰，又一步一步地将孩子抱下来。就这样，孩子在他的陪伴照料下游览了黄山、南京、厦门，客人们的游兴也越来越浓。散团时，台胞们送了 500 美元小费让他收下，他婉言谢绝了。那对夫妇含着热泪对他说："江苏某旅行社的导游员真是太好了，待我们就像亲人一样……"

　　资料来源：中国旅游报[N].2001-05-28.

【案例分析】

　　这是一起游客被猴咬伤的意外事故。导游员在带领游客参观猴岛或野生动物园等景点时，由于动物与游客是近距离接触，有时难免会发生一些意外事故。这些意外事故如果处理不当或处理不及时，很可能会给游客行程带来麻烦，严重时甚至会危及游客的生命安全。本案例中，当团队小男孩不小心被猴子咬伤时，导游员许某在第一时间冲上前去解救孩子，并及时将小孩送医院救治，避免了事故的发展；同时为解救小孩自己的后背被抓伤，还在医院为小孩先垫付了医药费。当孩子父母没心情继续游览、全团游客的情绪也为之受到影响时，他在征询医生意见后，努力说服孩子的父母继续旅游；最可贵的是他不管山有多高、路有多险，坚持抱着孩子上山下山，还一直陪伴和照料着小孩游览了所有的景点。

景区安全是旅游的生命，维护景区安全、及时处理景区内发生的一切安全事故，不仅是景区管理人员的责任，也是景区导游员的义务。因此，游览前的注意事项提醒显得尤为重要。本案例中，如果导游员在游览前提醒游客注意安全，尤其是提醒做父母的要保护好自己的孩子，或许就不会发生意外事故了。景区安全事故的发生，不仅会给游客造成直接损失，而且还会严重地损害景区的形象，使旅游陷入巨大的舆论压力和危机之中。因此，事故发生后，正确掌握事故的处理原则和程序就显得极为重要。对于导游员来说，一旦发生意外事故，要掌握以下基本原则：

（1）处事不慌，及时救护。
（2）立即报告，协助处理。
（3）尽心尽责，安抚游客。
（4）总结经验，吸取教训。

【实战修炼】

图 3-3　蜂巢

当游客被昆虫叮咬或蜇伤时，作为导游员的你应该怎么做？

春、夏、秋季节在景区游览，难免会发生被昆虫叮咬或蜇伤的意外事故。导游员应随时提醒游客加强自我保护意识，不要随便进入草丛和树林，特别是非常潮湿的草丛地带。发现有游客被昆虫等蜇伤，应及时采取救护措施，千万不能麻痹大意。救护方法有：被昆虫叮咬或蜇伤时，可先用干净水反复冲洗伤口，保持伤口清洁，并适当擦涂一些消炎药。如果是被野蜂或蜜蜂蜇伤了，应立即用经过消毒的器具拔出毒刺，然后再涂抹氨水；如果没有氨水，可用肥皂水或牛奶代替，以中和蜂刺的毒液。

【疑难提醒】

旅行团乘汽车进入景区游览，遇到重大交通事故并有半数以上客人受伤时怎么办？处理步骤如下：

（1）立即组织现场人员抢救伤员，特别是重伤员。

（2）保护现场，尽快报告公安交通管理部门，查清事故原因，分清责任。

（3）就近将伤员送往医院，并立即向景区领导报告、请示。

（4）除领队和伤员亲友及己方一名导游员留医院外，应尽可能使其他客人按原定日程继续活动。

（5）做好善后工作。由有关部门及景区领导出面，请医院出具诊断治疗证明；请公安交通部门出具交通事故证明，供客人及旅行社方面向保险公司索赔。

（6）事后导游员应写出事故报告。内容包括：出事时间、地点、原因、程度、处理经过及所涉及人员情况等。

案例29　我给游客用药究竟是对还是错

【案情陈述】

某景点领导一天接到好几位游客的电话，有的表扬旅游团导游员小薛，有的批评小薛，还有的投诉小薛。他们各说各的道理，使得景点领导很为难。小薛也委屈满腹地说："我给游客用药究竟是对还是错？"

事情经过是这样的：导游员小薛带领一批游客在南方某景区进行旅游活动，在旅游途中有两位游客不同程度地出现了"拉肚子"和中暑的情况。这时导游员小薛立即对他们进行现场处理，拿自己准备的药给拉肚子的游客服用，用酒精替中暑游客擦身。过了一会儿，这两位游客觉得好多了。此刻，不少游客纷纷称赞导游员为游客想得真周到。两位患者也很感激小薛。但也有不少游客在背地里批评导游员。旅游团行程结束后，便发生了以上所说的那一幕。

资料来源：蒋炳辉.景点导游教程［M］.北京：中国旅游出版社，2006.

【案例分析】

该起投诉主要是由于导游员小薛擅自给游客用药所引起的。旅游团队中有两位游客突然患病，导游员将自己的药给患者服用，使得游客恢复了健康，这本该是件好事，但为什么有些游客要投诉导游员呢？看来游客对导游员的规范操作是了解的。游客的投诉意见是中肯的、正确的。导游员不能擅自给游客用药。当然，这里的用药包括内服药和外用药。按照有关要求，旅途中游客突然患病，作为导游员要尽早劝他们治疗，视情况可陪同患者去医院看病，同时还要照顾患病游客，多一些关心。特别是突患重病者，一定要及时送往医院进行抢救，切忌导游员擅自给游客用药。

如今的导游队伍卧虎藏龙，其中不乏医生和懂医务的专业人士。对突然患病的游客，他们能十分有经验地进行现场处理。但是，绝大多数的导游员不是专业人士。再说，游客患病的情况十分复杂，每人的病情、病史或发病的原因等也不一样，因此，向医院求救是最科学、最合理的办法。导游员擅自给游客用药，不是没有教训的。有的凭想象给游客用药，结果加重了患者的病情，拖延了救治的时间，甚至有的则出现了更加危险的症状。因此，《导游服务规范》中有这样一条规定："旅游者意外受伤或患病时，导游员应及时探视，如有需要，导游员应陪同患者前往医院就诊，并报告组团社和接待社。严禁导游员擅自给患者用药。"由此可见，角色变了，人也要服从角色的变化。导游员不能擅自给游客用药，这是一条铁的纪律，也是导游员服务规范的要求。

【实战修炼】

某旅游团在某景区游览时，突然团内一位老人心脏病发作，其女儿焦急万分，不知所措。面对突发心脏病的老人，你认为导游员应采取哪些措施？

当发现游客心脏病突发时，导游员切忌急于将患者抬或背着去医院，应让其就地平躺，头略抬高，由患者女儿从其口袋中寻找备用药物让其服用；同时，还应主动迅速联系附近医院或急救中心，让医生前来救护，病情稍稳定后再送医院。

【疑难提醒】

在接待旅游团队游览过程中，游客死亡了，导游员该怎么办？

游客在游览过程中死亡,其性质有两种:一是正常死亡;二是非正常死亡。导游员必须分清游客死亡的性质,区别对待,做好善后事宜。

旅游团中出现游客死亡的情况极为少见。一旦发生游客死亡的情况,导游员应立即向接待社和组团社报告,由当地接待社按照国家有关规定做好善后工作,同时导游员应稳定其他旅游者的情绪,并继续做好旅游团的接待工作。

若是游客属非正常死亡,导游员应注意保护现场,并及时报告当地有关部门。

案例 30　景点的售后服务很不错

【案情陈述】

一天,某景点接待 48 名老年人组成的旅游团。为了使这些老年游客高兴而来、满意而归,景点特意为该团安排了两位导游员做向导和讲解服务。在旅游过程中,两位导游员工作认真、热情,并且不断地提醒游客注意安全。最后,整个旅游活动在轻松愉快的氛围中结束了。当两位导游员热情欢送旅游团走出大门时,不巧,团队中一名老先生在走出大门 3~4 米远时不小心摔倒了,当时手腕有些红肿。导游员见状后,立即将他扶起来,并表示要送他去医院,同时向景点领导作了汇报。可是老先生却说没关系,表示不愿去医院。这时,导游员采取了紧急措施。他们拿来了纱布和小夹板,把老先生的手固定并包扎好。同时又请周围的游客签名证实,老先生自己承认是因高兴和别人说笑时不慎摔倒的。回到家中,老先生感到受伤的手突然疼痛起来,于是赶紧上医院治疗,经拍片和医生诊断,确定是手腕骨折,医药费花了近 600 元。过了几天,老先生的老伴儿到景点提出老先生受伤是景点的责任,并要求赔偿医疗费、护理费、营养费及精神损失费等。而景点领导认为这是个人意外所致,景点不应承担责任,而且这也不属于景点的责任保险范围。为此双方产生了分歧。事后,景点领导派两位导游员到老先生家中探望,了解到游客已投保人身意外险,保险公司也根据相关规定支付了老先生的费用。出于人道主义,景点也拿出 300 元作为补偿金表示心意。老先生夫妇对此结果满意地说:"景点的售后服务很不错!"

资料来源:蒋炳辉.景点导游教程[M].北京:中国旅游出版社,2006.

✅【案例分析】

在此案例中，景点领导和两位导游员在游客受伤后所采取的态度是积极的。他们的行为符合《导游服务规范》的有关要求。本案中，游客在景点大门外不慎摔倒，导游员见状立即将他扶起，并表示要送他去医院，同时向景点领导作了汇报。可游客说没关系，表示不去医院。此时，导游员采取了紧急措施，拿来纱布和小夹板把游客的手固定并包扎好，同时又请周围的游客签名，证明游客自己承认是因高兴和别人说笑时不慎摔倒的……对于这两位导游员的规范行为以及采取的有效措施应该给予充分肯定，尤其是让周围游客和受伤游客的签名证实做得更为及时有效，要知道这为以后旅游纠纷的解决提供了有力证据。

游客自己承认因高兴和别人说笑时不慎摔倒，这属于意外事故，况且旅游活动已经结束，游客也已离开了旅游目的地。而两位导游员在旅途中经常告诫旅游者要注意安全，而且在旅游者受伤后积极采取措施。这说明两位导游员也已尽到责任，所以说导游没有责任，景点也没有责任，此起旅游安全事故也不属于景点责任保险范围。

对于游客家属提出的过分维权请求，景点领导作出了有理、有利、有节的耐心说明，并证实景点没有责任，同时还派导游员上门探望，并且送去补偿金300元以表心意。这说明景点在"售后服务"方面的工作做得很到位，应该予以提倡和肯定。

【游客心理需求解剖】

旅游者提出投诉的原因是多种多样的，其心理活动也是复杂多样的。一般来说，游客的投诉心理有三种情况：一是要求尊重，二是要求补偿，三是要求发泄。导游员应了解旅游者的投诉心理，即使自己成为被投诉者，也应该积极配合有关部门合情、合理、合法地处理好旅游者的投诉。

【实战修炼】

当游客在景区内不慎扭伤，导游员该怎么办？

游客在景区内登高攀爬或路不好走时，容易发生此类事故。关节扭伤时如有出血，应立即用干净手帕或毛巾压迫止血，伤口要及时做消炎处理。对于扭伤的关节部位，切忌用手揉搓按摩，否则会使症状更加严重。对扭伤部位还要及时做冷敷处理：冷敷时可用冷水或冰块，持续时间为 15 分钟左右；冷敷后要进行包扎，包扎时应用绷带或干净的布条，可将一些活血、散瘀、消肿的中药外敷于扭伤部位。

图 3-4　户外旅行中扭伤后及时冷敷

【疑难提醒】

在游览景点结束后，发现有游客走失了，景区导游员该怎么办？

通常情况下，在各景区游览时，导游员会在讲解之后给游客安排自由活动、拍照时间，然后在预定的时间和地点集合。往往到了最后集合的时候会发生游客走失的情况。如发生游客走失情况，导游应该做到：

第一，询问其他团友走失人的手机号，或团队微信群，以便及时取得联系。

第二，如果对方没带手机或联系不上，可与领队及全陪商量分头去寻找。

第三，迅速向景区和有关部门报告。这一点十分必要，特别是那些范围大、进出口多的游览景点，会给寻找工作带来较大的麻烦和困难，迅速与景区相关部门取得联系，通过广播及人员寻找。必要时，导游须向该地派出所或管理部门报告，请求协助寻找。

第四，走失者找到后，要查清责任，并做好善后工作。如属我方责任，须向对方赔礼道歉，并征求其弥补意见。如责任在对方，应对此表示遗憾，并友好提醒对方以后防止类似事情的发生。事后，要向领导书面汇报走失者及寻找情况，以及各方面的反映。

游客走失的原因很多。有可能是导游员工作不够细致，注意事项没有交代清楚，或是行程安排不紧凑，也有可能是游客时间观念差，自由散漫，但无论何种原因，最终都多少会影响团队行程及其他游客的情绪，而且会给导游员增添不必要的麻烦。因此，导游员在游览过程中务必将注意事项再三强调，提醒所有旅游者添加微信群，以备必要时随时联系。

第 4 章
商业服务案例

案例 31　导游员该负赔偿责任吗
案例 32　向游客兜售或者购买物品，都是违规交易
案例 33　接受游客委托代买和托运要留心
案例 34　是游客自愿购买的，这事与我无关
案例 35　椰青切口太大了，我要退货
案例 36　餐饮预订的客人迟到了
案例 37　我要靠近窗口的餐位
案例 38　点什么没什么，我们不吃了
案例 39　我们的菜怎么还不来
案例 40　浪漫的烛光晚餐
案例 41　机智地面对无礼的客人
案例 42　预订的房间被售出了，我们住哪里
案例 43　微笑服务征服了发怒的游客
案例 44　吹风机"掉"在沙发的缝隙里了
案例 45　同样的客人为什么折扣不一样
案例 46　客人住到了别家酒店，服务要善始善终
案例 47　园景房升级到海景房

第 1 节　购物服务

案例 31　导游员该负赔偿责任吗

【案情陈述】

旅游团在某景点一家定点商店购物。游客老王想为女儿买一只精致漂亮的手镯，好不容易挑选到了一只，但他不放心，于是便请导游员帮忙仔细看看是否货真价实。导游员接过手镯认真地看了起来，过了一会儿说："手镯可以，如能便宜一点更好！"此时，商店售货员也同意将手镯降价100元。老王满意地掏钱买了手镯。正在这时，导游员手提包中的手机响了。他急于要接电话，将手镯随意一放。谁知那只手镯没放好，一下子掉到地上摔成几段。此时，游客老王的钱已经交过，大家顿时变得很尴尬。等到整个旅游结束后，游客老王找到景点领导，要求导游员赔偿全部经济损失。但导游员辩称，是游客请他去帮忙"参谋"的，况且又便宜了100元，要他赔偿全部经济损失是没有道理的。为此，双方发生了争执。

【案例分析】

该起案例首先要搞清楚"无偿助人行为造成受益人的损害，是否应承担民事责任"，同时"无偿助人者应负什么责任"的问题。当时在景点内部存在两种不同的意见：一种认为帮助游客挑选商品是导游员的工作，至于造成不愉快的结果，导游员有责任赔偿游客经济损失，但不是全部赔偿。另一种认为如今法律没有明确规定无偿助人者造成受益人的损失要负经济赔偿责任。因此，导游员可以不负经济责任。最后，景点通过法律咨询部门得到结论：导游员虽应游客的邀请无偿帮助挑选商品（这也是导游员的工作和义务），但是由于其疏忽大意，造成商品的损失，应负过失责任；鉴于其是无偿为游客服务，又争取到了"实惠"，可减轻其赔偿责任。建议导游员负责赔偿75%的经济损失，余下25%的经济损失由游客承担。

该起案例虽然在调解中得到了解决，但由此而引发的问题值得我们特别是导游员深思。帮助游客解决困难和问题是导游员义不容辞的职责，但同时我们也应看到"出发点和效果"的统一性。导游员仅仅有良好的愿望和出发点是远远不够的，还必须把工作做细做周到，这样才能使得游客真正得到帮助和实惠，否则或许好事也能导致坏的结果。

【游客心理需求解剖】

如果你是游客，在怎样的导游员带领下才会产生购物需求？

（1）在带团过程中能提供一流服务的、能赢得游客信任的导游员，游客才能对他促销的商品感兴趣。

（2）对商品介绍颇具专业水准，购物时机选择恰当的导游员。

（3）能热心为游客当好购物参谋，了解游客购买需求、能力和兴趣的导游员。

（4）讲求诚信，购物前能向游客介绍防止上当受骗的方法，会为游客利益考虑的导游员。

【实战修炼】

在某书画店，一位日本客人想买幅中国字画，却又拿不定主意。如果求助于导游员，导游员该怎么办？

（1）实事求是地向客人介绍中国字画的价值。

（2）根据自己对字画的理解程度如实评价。

（3）让客人根据自己的理解程度和欣赏水平去选择并最终作出决定。

案例 32　向游客兜售或者购买物品，都是违规交易

【案情陈述】

> 2021 年 5 月，景点导游员李某接受景区的委派，为一个大型日本旅游团担任讲解任务。在整个旅游过程中，李某结识了一位日本游客，俩人相处得很好。不久，李某见游客随身携带的一台佳能摄像机十分精巧诱人，很是喜欢。经了解该种型号的摄像机要比国内市场上便宜很多。通过多次与游客协商，最后该游客将摄像

机以九折价卖给了李某。在送旅游团离开景区时，李某还偷偷地把一张遗失证明交给了该游客。事后，由于该旅游团领队的投诉，李某的行为受到了旅游行政管理部门和景点企业的双重行政处罚。处罚依据是："向游客兜售或者购买物品，都是违规交易。"李某不服，表示要向上一级旅游行政管理部门申请复议。

【案例分析】

该起旅游投诉主要是由于景点导游员李某擅自向游客购买摄像机而遭到旅游团领队投诉所引起的。同时，李某为了掩盖事实真相，还谎称游客丢失贵重物品，骗得景点开具的遗失物品证明。李某这些行为受到了旅游行政管理部门和景点的双重处罚，但他不服，表示要向上一级旅游行政管理部门申请复议。当然，景点导游员有权向有关旅游行政部门申请复议。我国《行政复议法》也明文规定：公民对行政行为不服时，可以依法申请行政复议。因此，在本案例中，李某若是对旅游行政管理部门及景点的处罚决定不服，完全可以依法申请复议。但是，问题的关键是，李某在带团过程中的行为是否应该受到行政处罚？其处罚的"度"是否合情、合理、合法？其次，对景点导游员的处罚是否可以按照《导游人员管理条例》执行？

其实，景点导游员就是导游人员。在本案中，导游员李某确实违反了《导游人员管理条例》第十五条的相关规定，即"导游人员进行导游活动，不得向旅游者兜售物品或者购买旅游者的物品"。第二十三条也有明文规定："导游人员进行导游活动，向旅游者兜售物品的……由旅游行政部门责令改正，处1000元以上3万元以下的罚款；有违法所得的，并处没收违法所得；情节严重的，由省、自治区、直辖市人民政府旅游行政管理部门吊销导游证并予以公告……"导游员李某既违反了《导游人员管理条例》，又以谎称游客丢失物品骗得遗失证明，其行为受到双重处罚，应该是在情理之中的。

"导游人员进行导游活动，不得向旅游者兜售物品或者购买旅游者的物品"，被列为导游人员执业时的禁止行为。作为导游人员应明白，导游人员的职责是向旅游者提供向导、讲解及有关旅游服务。向旅游者兜售物品或者购买物品，既是违反规定，也不属其职责范围，更与导游员身份极不相称。向旅游者兜售物品或者购买物品，一是有损于导游员的职业形象；二是在客观上容易造成事实上的不公正和不平等现象；三是会侵害旅游者的合法权益，容易造成纠纷。

如果你是导游员,应该杜绝哪些购物上的不良行为?

景点导游员在带团期间,要严格遵守各项规章制度及要求,自觉抵制不良思想的侵袭和影响,特别是在购物的"敏感"问题上要把好金钱关,为确实需要的游客提供真实可靠的旅游购物信息,并积极宣传介绍货真价实的商品及土特产品,同时也要为游客购物提供方便。导游员应做到以下几点:

(1)不向游客兜售旅游商品。

(2)不带领游客去非法商店购物。

(3)不擅自增加购物次数。

(4)不私拿回扣。

(5)不以任何方式索要小费。

(6)不准巧立名目赚取和侵占游客的钱物等。

案例33　接受游客委托代买和托运要留心

【案情陈述】

美国 ABC 旅游团一行 18 人参观某地毯厂后乘车返回饭店。途中,旅游团成员格林先生对地陪小王说:"我刚才看中一条地毯,但没拿定主意,跟太太商量后,现在决定购买。你能让司机送我们回去吗?"小王欣然应允,并立即让司机驱车返回地毯厂。

在地毯厂,格林夫妇以 1000 美元买下地毯,但当厂方为其包装时,格林夫人发现地毯有瑕疵,于是决定不买了。

两天后,该团离开 H 市之前,格林夫妇委托小王代为订购同样款式的地毯一条,并留下 1500 美元作为购买和托运等费用。小王本着"宾客至上"的原则,当即允诺下来。格林夫人十分感激,并说:"朋友送我们一幅古画,但画轴太长,不便携带。你能替我们将画和地毯一起托运吗?"小王建议:"画放在地毯里托运容易弄脏和损坏,还是随身携带比较好。"格林夫人认为此话很有道理,称赞他考虑周到、服务热情。送走该团后,小王即与地毯厂联系并办理了购买和托运地毯的事宜，并将发票、托运单、350美元托运手续费收据寄给了格林夫妇。

【案例分析】

案例中导游员小王看似为游客做了件好事，但有许多不妥之处。原因在于小王在处理游客委托事宜时，没有依照规范去做。依照导游工作规范，当游客欲购买某一商品而当时无货，要请导游员代为购买并托运时，作为导游人员，对待游客的这类要求，一般应婉言拒绝。而本案例中格林夫妇委托小王代购代托，小王当即就答应了，这是不妥的。他不应私自为游客办理此类事项，以免好心办坏事。游客临走前留下了1500美元作为代购、代托费用，代买地毯和托运共花了1350美元，还应余150美元，而小王最后办理完委托事宜后并没有将余额寄给格林夫妇，这也是不妥的。何况格林夫妇先前并没有说起余额是给小王的小费，所以，小王是不能私吞这笔钱的。最后在将发票、托运单及收据等寄给格林夫妇前，应留下复印件交单位保存，以备事后查验。

【实战修炼】

一位美国游客想购买一件文物复制品，但直到出境时也未能买到。他委托导游员代为购买，并代办托运事宜，如果你是导游员该怎么办？

首先，婉言拒绝，推托不掉时请示领导。

其次，若同意接受委托，则按要求认真办理委托事宜，收取足够的钱款（余额在事后由单位退还美国游客），得知货到后及时购买，并办好相关手续，然后把发票、托运单及托运费收据寄给美国游客，单位保存复印件以备查验。

【疑难提醒】

如果游客要求导游员帮忙托运大件物品时，该怎么办？

（1）游客购买大件物品后，导游员可告知游客商店一般都可办理托运业务，购物后当场即可办理。

（2）若商店无托运业务，导游员要协助游客到有关部门办理托运手续。

案例 34　是游客自愿购买的，这事与我无关

【案情陈述】

D景区导游员小陈带一旅游团游览景点后，去了景区的旅游纪念品商店。在导游员和商场营业员的热情介绍下，游客李先生买了一对价格不菲的玉镯。晚上，李先生等人去逛百货商店，在商店里请坐堂的地矿局质检师用仪器作鉴定，结果发现该玉镯等级与价格严重不符。回饭店后，李先生左思右想很窝火。第二天一早又来到景区找到导游员小陈，希望通过他把玉镯退还给商店。但导游员小陈认为当初是李先生自愿掏钱买玉镯，此事与他无关。李先生又到买玉镯的商店交涉，要求退货，该商店营业员态度极差，指着墙角一条不起眼的告示对李先生说："你看，告示上说得清清楚楚，本商店的商品，一经出售恕不退换。"商店坚决不予退货。李先生非常气愤，立即到旅游质监所投诉，要求讨回公道。旅游质监所在受理投诉后，经过调查核实作出了严肃处理。

图 4-1　玉镯

【案例分析】

购物是旅游活动的六要素之一，也是一个旅游景区收入的重要组成部分。但是作为景区导游员，在带领游客购物时，除了当好购物参谋，还应尽心尽责地为游客服务。

本案例中的导游员小陈没有尽到导游员的职责。因为导游员的主要职责包括帮助游客处理旅途中遇到的问题。当游客李先生买了质价不符的商品，请求导游员小陈帮忙时，小陈以游客自愿购买、与己无关等话做托词，拒绝帮助李先生向景区旅游纪念品商店讨回公道，以维护游客的正当权益。所以旅游质监部门对导游员小陈的行为进行了批评教育。

本案中景区旅游纪念品商店的做法也是不对的。《中华人民共和国消费者权益保护法》第二十六条规定："经营者不得以格式条款、通知、声明、店堂告示等方式，作出排除或者限制消费者权利、减轻或者免除经营者责任、加重消费者责任等对消费者不公平、不合理的规定，不得利用格式条款并借助技术手段强制交易。格式条款、通知、声明、店堂告示等含有前款所列内容的，其内容无效。"因此，依据上述法律规定，店主以墙上的告示为理由拒绝游客李先生的要求，是对消费者作出不公平、不合理的规定，是违法的。《中华人民共和国消费者权益保护法》第五十二条规定："经营者提供商品或者服务，造成消费者财产损害的，应当依照法律规定或者当事人约定承担修理、重做、更换、退货、补足商品数量、退还货款和服务费用或者赔偿损失等民事责任。"根据本案例中的具体情况，李先生买的玉镯，经地矿局质检部门检查，价格与等级严重不符，李先生要求退货，店主应该满足李先生的要求，作出退货处理。

【游客心理需求解剖】

为什么有的游客买了东西又想退？

游客买了东西又想退，其原因是多方面的，主要有以下几点：

（1）发现所买商品有假或有毛病。

（2）觉得商品价格与价值不符。

（3）购物前考虑欠妥。

（4）经受不住其他游客的劝说等。

【实战修炼】

一位游客在景点某商店买到一件贵重工艺品，后经人指点方知是一件赝品。他找到导游员要求协助退货，如果你是导游员，该怎么处理？

游客买了东西又想退，导游员首先要问清原因，同时又要给予积极的协助，设法解决。这位游客发现这件商品是赝品，导游员得知情况后正确的做法是：

（1）不得敷衍搪塞，更不能以"商品售出，概不退换"之类的话来推托。

（2）积极协助，必要时陪同前往。比如，提醒游客退货时要带好发票；帮助安排好出租车；写好一张便条，上面标明商店名称、地址，并请求商店给予协助和解决等。导游员不应以任何借口作为拒绝的理由，必要时要陪同游客一起前往。

案例 35　椰青切口太大了，我要退货

【案情陈述】

> 游客何先生在景区内某销售点购买了4个椰青，当员工A为其切开其中2个后，何先生认为切口太大可能不卫生，因此要求将尚未切开的2个椰青退掉。员工A虽然同意退，但是其服务态度使何先生感到不悦。何先生情绪激动并责骂员工A，员工A亦出言反击，双方发生了言语冲突。何先生随后致电游客服务中心投诉员工A服务态度差，要求公司对其进行处理。
>
> 游客服务中心人员接到投诉电话后，积极向游客致歉，表示对其反馈的问题高度重视，一定会调查处理，加强员工服务技能的培训，感谢游客对服务质量的监督。游客服务中心人员再次向游客表示歉意后，游客表示接受道歉并决定不予追究。

【案例分析】

上述案例中，游客在景区游览过程中对所购买的商品感到不满意，认为在商品原封未动的情况下要求退货是合理的；游客认为其作为消费者，应当享受到优质的服务，作为员工不应该与顾客发生冲突；员工当时为游客服务时可能反应不够及时，使游客误以为员工不情愿退款，造成游客不悦；员工当时面对游客的责骂，可能未能控制好自己的情绪，缺乏服务技巧以致事件升级，进而被游客投诉。

【实战修炼】

游客在某景区某商铺买了一罐听装可乐饮料，当他打开后发现可乐没有平时的气多，他认为可乐是假冒伪劣商品，于是提出要退货。作为工作人员你该怎么做呢？

首先，面对客人对商品提出的质疑，不要被游客的情绪所带动，面对游客始终保持理性。其次，对于游客提出商品的真伪问题，不应立即进行反驳，可以先从游客角度去思考，遵循处理有情绪的顾客时先安抚心情，再处理事情的原则，与游客进行沟通。

工作人员：您好，您是觉得这瓶可乐质量有问题是吗？让我来看看。

游客：你们的饮料和之前喝到的口感不一样，泡沫也很少。

工作人员接过可乐瓶，边查看边说：确实是泡沫不多，让我们来看看商品的商标和保质期。和游客一起查看。

工作人员：我们的商品都是正规商家进货的，您看这个商标，您经常喝应该是很熟悉商标的。商品也是在保质期之内。

游客：那为什么我喝着还是不一样呢？

工作人员：确实很奇怪啊！

此时如果帮游客查看了商标和生产日期之后，有些游客就想算了，然后自己带着商品离开了，但是也有一些游客会坚持自己的观点。这时工作人员可以告诉游客：公司规定产品已经使用了，无质量问题是无法退货的，请游客理解。有一些游客还是会坚持自己的观点或无理取闹，此时可以请示领导，给予换货的处理。

【疑难提醒】

当遇到游客对于采购的商品提出退款要求时，工作人员在不违反规定的情况下，应当及时为游客提供退款服务；如果工作较忙无暇分身时，应向游客积极致歉并说明原因，请求游客稍候，以获得游客的谅解。

当遇到游客提出有违相关规定的要求时，工作人员可以婉言拒绝，但是前提是必须使用规范的服务语言和标准的服务礼仪，避免因服务态度被游客投诉。

当游客情绪升级，甚至出言不逊时，身为工作人员必须控制好自己的情绪，不能出现与游客顶撞争吵的行为，应设法安抚游客的情绪，并立即向上级领导或游客服务中心反映，使事件及时得到解决。

第 2 节 餐饮服务

案例 36　餐饮预订的客人迟到了

【案情陈述】

刘小姐是某景区餐厅的前台预订员,每天都有很多旅游团或个人来这里订餐。一天她接到某旅行社的电话预订,要求安排 100 位外国客人的晚餐。每人餐费标准 40 元,酒水 5 元;其中有 5 人吃素。时间定在当日 18:00,付账方式是由导游员签账单(某些饭店与一些旅行社有合同,可收取旅行社的餐饮结算单,定期结账)。刘小姐将预订人姓名、联系电话、客人人数、旅游团代号、导游员姓名、宾客的特殊要求等一一记录在预订簿上。

17:50,该旅游团没有到达。此前刘小姐曾与旅行社联系确认过,但都没有更改预订的迹象。因此,刘小姐谢绝了其他预订。18:20,该团仍无踪影。19:00 还是不见该团的踪迹。望着一桌桌已上凉菜的餐桌,大家都着急了。过去也曾出现过订餐游客迟到的现象,但迟到的时间都不会很久,或都会电话通知。于是餐厅经理急忙作出决定,一方面让刘小姐继续与旅行社联系,一方面允许没有预订的已经上门的散客使用部分该团预订的餐桌,同时与其他餐厅联系,准备当旅游团到达时使用其他撤台的餐桌。经联系,旅行社值班人员讲,预订没有改变,可能是由于游客在景区内游玩时耽误了时间,在赶往餐厅的路上又遭遇堵车,因此造成团队不能准时到达餐厅。

19:15,旅游团才风风火火地来到餐厅。导游员告诉餐厅,有 20 人因其他事由不能来用餐了。还有 80 人用餐,其中有 3 人吃素。经理急忙让服务员安排,并回复导游员,按规定要扣除这 20 人的预订超时和餐食备餐成本费用,比例是餐费的 50%。

由于团队到达时间晚,有些预订餐桌已被占用,有些没有动,餐厅内散客的撤台率较快,加上旅游团少来了 20 人,所以 80 个客人到达后马上得到安排。看着这些饥肠辘辘的旅游者,大家终于松了口气。

【案例分析】

团队预订是景区餐厅经常碰到的情况，预订看起来是件很简单且容易处理的事情，但也有一定的技巧。因为餐厅预订中发生意外的情况较多，如预订迟到、取消预订或临时预订等。发生意外情况时，餐厅应有处理紧急情况的临时预案，同时也要有完善的制度或措施来应对迟到或取消预订的情况。

在预订服务过程中要注意以下几点：

（1）将预订人姓名、联系电话、客人人数、宾客的特殊要求等记录在预订簿上；如果是旅行社预订的，还应记录下旅游团的代号、带团导游员姓名和联系方式。

（2）根据预订人的要求与各部门沟通。例如，通知厨房需要采购的物品，以及标注宾客的特殊要求。

（3）在接待5桌以上的团队餐预订时，在预订时间15分钟之前，与预订人取得联系，确定到达的时间。如果预订人员能在半个小时之内赶到，可以为他们准备或等待。如果迟到的时间很久，那可以考虑安排一些散客，以免耽误营业。

（4）如果客人未按照预订人数到来，要按照餐厅的规定扣除相应的餐食备餐成本费用。如上述餐厅是按照预订餐费的50%来扣除的。

案例37　我要靠近窗口的餐位

【案情陈述】

小李是景区度假村餐厅的领位员。由于最近旅游旺季游客比较多，所以餐厅比较繁忙。这天午饭期间，小李刚带几位客人入座回来，就见一位先生走了进来。

"中午好，先生，请问您贵姓？"小李微笑着问道。

"你好，小姐。你不必知道我的名字，我就住在你们酒店。"这位先生漫不经心地回答。

"欢迎您光顾这里。不知您愿意坐在吸烟区还是非吸烟区？"小李礼貌地问道。

"我不吸烟。不知你们这里的冷盘和特色菜有些什么？"先生问道。

"我们的头盘有沙拉、肉碟、熏鱼等，特色菜有小猪排、本鸡煲、海鲜等。您若感兴趣可以坐下看看菜单。您现在是否准备入座？如果准备好了，请跟我去找一个餐位。"小李说道。

这位先生看着小李的倩影和整洁、漂亮的衣饰，欣然同意，跟随她走向餐桌。

"不，不，我不想坐在这里。我想坐在靠窗的座位，这样可以欣赏街景。"先生指着窗口的座位对小李说。

"请您先在这里坐一下，等窗口有空位了我再请您过去，好吗？"小李礼貌地说。

在征得这位先生的同意后，小李又问他要不要些开胃品。这位先生点头表示赞同。小李对一位服务员交代了几句，便离开了这里。

当小李再次出现在先生面前告诉他窗口有空位时，先生正与同桌的一位年轻女士聊得热火朝天，并示意不换座位了，要赶紧点菜。小李微笑着走开了。

【案例分析】

案例中，领位服务员小李在服务过程中，主动接触客人，为客人提供菜名并将客人引到座位上。在接待客人的时候，领位员要做到礼貌服务和友好服务，小李已经基本上做到了以上两点，但是礼貌服务也要把握一个度。例如，小李在看到一位先生进了餐厅后问道："中午好，先生，请问您贵姓？"此时顾客说："你好，小姐。你不必知道我的名字，我就住在你们酒店。"这位先生漫不经心的回答，说明他对于小李所提的问题不太乐意回答，或许小李自以为这是对客人的礼貌，但却适得其反。因此，没有特殊原因不需要问客人的姓名。

本案例中，客人只是想问问该餐厅的特色菜是什么，但听了服务员的详细解释，看到小李的良好态度后，便跟着服务员去找座位了。虽然对座位不太满意，但是客人也很清楚当时的情况，因此，当服务员提出等有了靠窗的位置后可以为其调换，客人欣然接受；而等出现空位后，客人已经不需要调换座位了。服务员做到了友好服务和超值服务。

在餐厅服务中，迎宾和领位服务员扮演着重要的角色。迎宾和领位程序由主动接触客人、引客入座两部分组成，两者相辅相成。但是这种服务需要职业道德意识作为其运行的基础。这种职业意识反映在程序中的具体规范就是礼貌服务、友好服务、超值服务等。首先是礼貌服务。迎宾和领位中的礼貌服务，表现在服务的语言和行为上。礼貌服务的基础则是职业道德意识。没有良好的职业道德意识，没有良好的文化素质与修养，在服务中就做不到礼貌服务。其次是友好服务。友好服务也应体现在领位服务的全过程中。最后一点是超值服务。在迎宾和领位服务中，往往会遇到客人在超过营业时间、客满或未预订的时候到来的情况。此时，服务程序中一般没有硬性规定领位员要再尽义务，在这种情况下需要采取的服务形式就是超值服务。

【游客心理需求解剖】

如果你是游客，在进入餐厅前你会想到什么？

（1）这家餐厅的主要特色是什么？

（2）找个靠窗边的风景好、视线好的位置。

预测游客需求，就是为了提供游客未提出却需要的服务。

【实战修炼】

一位女士走进餐厅……

服务员："您好！请问有预订吗？"

女士："没有预订不让进吗？"

服务员："不是的，小姐。您如果预订了，我把您带到您的位置上；如果没有预订，我给您找个空位。"

女士："没有预订，我要坐在窗边，风景好的位置。"

服务员："好的，但是小姐，现在客人比较多，窗边的位置没有了。"

女士："人这么多，那我不吃了。"

服务员："小姐，您看现在窗边有几位客人已经快吃完了，要不您先在别的位置上等等，先把菜点上，等到窗边有了位置您再移过去？"

女士（思忖片刻）："好的。"

案例38　点什么没什么，我们不吃了

【案情陈述】

周末晚上八点多，某旅游度假村特色风味餐厅在经过一番忙碌后，客人已慢慢散去。几位客人走进餐厅，服务人员热情接待了他们。领位入座后，客人马上就说："来几个你们店里的特色菜，神仙素斋、飘香鸡、东坡肉。"服务员看了一下

菜单，礼貌地对客人说："实在对不起，因为今天客人很多，飘香鸡和东坡肉都没有了。"

"现在才八点多，怎么这些特色菜就没有了呢？我们可是慕名而来的。"客人不满地说。

"先生，实在对不起，因为今天是周末，客人特别多，这两个菜没有了，您可以换个别的。"

"那好，换成秘制老鸭煲、家乡肉丸。"客人说道。

"先生，实在对不起，秘制老鸭煲也没有了。"服务员也觉得不太好意思了。

"怎么点什么没什么，算了我们不吃了……"客人生气地说着，并起身就要走人。

其实，晚上八点并不是很晚；但这家度假村主要针对一些前来度假的客人，还有一些专门驱车前来的客人，因为是周末，而且没有预订，厨房已经超出了预算。偏偏客人是慕名携朋友而来，点的几样特色菜都没了，客人觉得在朋友面前失了面子，脸上挂不住，心里当然不好受。

服务员也是很理解客人的心情，赶紧说："先生，您先不要急，对于今天的情况我们实在抱歉，您点的这几个菜没有了，但是我们还有其他几样招牌菜，很受顾客欢迎，您不妨换个口味，试试看。"

"说来听听。"客人觉得有道理。

服务员赶紧说："一个是国药鸡三宝，一个是荔茸炸大肠。很多客人对这两个菜都很满意。"

"好的，那就赶紧上。如果再没有，我们就去投诉你们了。"客人黑着脸说。

看来，客人是在下最后的"死命令"了，如果其中有个菜没有，那就免不了一场暴风骤雨了。

幸好服务员比较仔细，她刚才在厨房看到有这几个菜的材料，所以才大胆地向客人推荐。

在之后的服务中，服务员不厌其烦、细致耐心，她所促销的一道道菜，经客人品尝后都认为味道不错。最后，客人脸上终于露出了满意的笑容。

客人餐毕起身离厅，满意地对服务员说："小姐，谢谢你给我们介绍的菜，我们不但吃到了有特色风味的菜式，还接受了像你这样一位优秀服务员的出色服务。这比吃美食更让人愉快。但下次我们再来这里，还是希望能够点什么有什么。"

"好的，非常感谢您，我们一定注意，下次您来可以提前通知我们。非常欢迎您的光临，下次再见！"

> 苍天不负有心人，服务员对顾客诚信、热情的服务，终于赢得了客人的满意。

✅【案例分析】

点菜是宾客购买餐饮产品的初始阶段，它关系到整个服务过程的成败。如果点菜或点酒的服务不周到，宾客很可能会拂袖而去，甚至可能对餐厅的整个服务不满。节假日或周末，对于旅游度假村来说是客人最多的时候，因此案例中出现的晚上八点多厨房里菜品材料储备不足，这是很正常的事。此时，有客人光顾，很可能出现点什么没什么的尴尬局面。客人只站在消费者的立场上看问题，在连点几个菜都没有的情况下，出现失望和气愤的情绪是在所难免的。此时，服务员的工作很重要，除了要有良好的态度外，还要有推销的技巧。例如，案例中的服务员，在客人屡次点不到自己想吃的菜的情况下，用良好的服务态度和补充调整的方法，赢得了客人的满意，为餐厅挽留住了客人。这种强烈的客人意识与服务意识是值得称道的，也说明了出色的服务对客人更有吸引力。

服务员除了要有良好的服务态度外，还需要掌握点菜或点酒的基本程序、基本要求和服务方法。

点菜和点酒的基本程序是：递送茶水、手巾→等候点菜（点酒）→递送菜单（酒单）→点菜点酒→记录菜名和酒水。然而，要将这些程序有机地结合起来，达到宾客满意的效果，却不是一件简单的事情。宾客对酒水和菜肴的喜好程度不同，饮食习惯、方法不同，对餐厅供应产品的熟悉程度不同，对产品风味和产品价格的要求也不同，这些都需要在点菜和点酒的过程中予以注意，并妥善处理。

从宾客的要求和饭店餐饮服务的特点来看，点菜和点酒服务需要注意如下几点：点菜的时机与节奏、客人的表情与心理、餐厅的清洁与卫生、服务员的认真与耐心、语言与表情和知识与技能等。

在客人点菜时，服务人员除了按基本程序和基本要求为客人服务之外，还应具备灵活处理特殊问题的能力。这种能力是素质和修养的体现，是经验、技能和技巧的反映，是灵感和智慧的结晶。一般来讲，我们可以把点菜、点酒服务的方法归纳为：程序点菜法、推荐点菜法、推销点菜法和心理点菜法。

🎤【游客心理需求解剖】

如果你是游客，在点菜过程中你的心理是怎样的？

（1）期望自己点的菜都有。
（2）如果有好的可以推荐。
（3）不喜欢服务员乱推销菜品和酒水。
（4）点菜不要多，够吃就好。
（5）不喜欢服务员在不经过客人同意的情况下，私自打开酒水。

【实战修炼】

客人："人都哪儿去了？！我们来了这么久还不给我们点菜。"

服务员："对不起，先生，今天客人很多，请您先看下菜单。"

客人："来个清蒸甲鱼。"

服务员："先生，对不起，今天甲鱼没有了。如果您真的想要，我们立刻派人去采购，但是采购回来再蒸可能时间要久一些，您看？"

客人："怎么会这样呢？那你们有什么？"

服务员："我们这里有很有特色的野菌石蛙煲，很有营养，也很受顾客喜欢。"

客人："那来份尝尝。"

【疑难提醒】

客人在点了几个菜都没有的情况下，肯定很恼怒，会说出"不吃了"或投诉之类的气话，服务员绝不可不耐烦。他们只是说说发泄一下，不会真的去做。因此，服务员要做到：

- 保持良好的心境。
- 缓和气氛。
- 礼貌对待，积极推荐。

案例39　我们的菜怎么还不来

【案情陈述】

旅游黄金周期间，在某旅游景区的餐厅内，游览了一上午的游客，大都集中在这里用午餐，顺带休息。有的是经过预订的团队餐，也有未经预订的散客餐。餐厅里座无虚席，餐厅外还有很多游客在排号。

"服务员，我们的菜怎么还不上啊？"一个餐桌上的客人冲着行色匆匆、忙得不可开交的服务员喊道。

"马上来，您再稍等片刻。"服务员答道。

"为什么我们先来，却没有我们的菜啊？"另外一桌客人冲着服务员说。

"对不起，先生，他们是预订的，所以相对来说快一点。"

餐厅里服务员都在为刚刚到来的十几桌团队餐桌上菜，由于是预订过的，所以上起来较快一些。服务员已经尽了很大的努力，但还是不能满足越来越多的客人的需求。

有一张散客桌上只有一碟花生米，服务员又送来啤酒和酒杯，为客人倒了酒。又过了一会儿，还没等到上菜，客人就对服务员小陈说："小姐，为什么我们的菜半天了还没上来？就吃这碟花生米，我们还不得饿死呀。"

小陈望了望桌上，除啤酒外，确实只有孤零零的一碟花生米，她立即说："对不起，先生，请……"

这句话还没说完，客人就接上说："别说'对不起'啦，我们已经'稍等'了很长时间了，快点上菜吧！"小陈尴尬地住了口，随后马上跑进了厨房，请厨师赶紧做几个菜，让客人先吃。

图 4-2　熙熙攘攘的景区餐厅

很快，这桌上的几个菜炒好了，小陈立即将菜端上。她边上菜边向这几位客人道歉："耽误您的时间了，很抱歉！是我们的过错，没能及时给您催菜，请多多原谅！"

客人被服务员的真诚态度打动，气也就消了，说："我们刚才火气大了点儿，你别在意，我们这桌老的老小的小，都饿急了，以后快点上就行了。"

小陈忙说："下一次您再光临，我保证让您满意，祝您下午玩得愉快！"

【案例分析】

在餐厅里尤其是在客人流动比较快的旅游区餐厅，客人所点的菜上得太慢，肯定会引发矛盾。此时，客人迫不及待的心情是正常的，也是可以理解的，因为游玩太久很容易感到饥饿，用餐完毕后还要赶赴下一个景点。此时服务员应把责任主动承担起来，向客人道歉，使用"对不起""请稍等""很抱歉"等致歉语，以缓解客人急切的心情，这也是礼貌的表现。面对焦急万分控制不住情绪的客人，当务之急不是道歉，而是想办法把菜催上来。若仅一个劲儿地道歉，菜就是上不来，更会激怒客人，甚至导致纠纷或投诉。所以在服务中，如果遇到这类情况，要随机应变。服务员小陈还是很机敏的，看到客人已经不耐烦了，及时住口，马上采取催菜行动，防止了矛盾的激化，这样做是正确的。

此案例中，造成客人长时间等菜的主要原因是，在用餐高峰时段，大家都在忙碌着为团队预订餐上菜，忽略了散客。服务员小陈在为客人开单后，又没能及时巡台，观察各桌客人上菜的情况，及时发现问题及时调整。餐厅服务中为了避免以上问题的发生，应做到以下几点：

（1）划分责任区。明确规定哪个服务员负责哪几个固定的餐桌，以便为客人开单后，及时巡台查看菜肴上桌的情况；对上菜较慢的桌，应及时与后台联系，及时催菜。

（2）穿插上菜。若供不应求，厨房压菜较多，造成上菜速度太慢时，可采取各桌穿插上菜的办法，使桌桌都不空台，便可避免各桌上菜不均衡的现象，使所有客人都可以安心进餐。

（3）舒缓心境。餐厅里可以适时播放一些轻松的音乐，同时送上一些茶水及瓜子、花生等零食，在来不及上菜时，可以通过这种方法，舒缓游客的急切心境。

【实战修炼】

客人:"服务员,为什么我们的菜还没来?"

服务员:"对不起,今天客人比较多,请稍等片刻。"

客人:"他们比我们来得晚菜都上了,而我们的却还没上。"

服务员:"先生,他们上的菜是冷菜,所以相对来说会快一些。"

客人:"服务员,我们都吃完了,最后一个菜怎么还不来?"

服务员:"对不起,我帮您看一下。"

客人:"再不来,我们不要了。"

服务员:"我看过了,您的菜已经在烧了,马上上来了。"

【疑难提醒】

餐厅里客人较多时,虽然服务员在尽力忙碌,但还是经常听到客人的抱怨或责怪,此时服务员要注意:

- 保持良好的心态。
- 学会换位思考。
- 主动承担责任。
- 始终保持礼貌的服务态度。

案例40　浪漫的烛光晚餐

【案情陈述】

某旅游度假酒店的餐厅服务员小杨正在雅间为客人服务,电灯突然灭了,雅间内一片黑暗,客人慌乱起来:"糟了,肯定是停电了。""这下可怎么办啊?""什么都看不见,我们的饭怎么吃呀?"客人们议论纷纷。

服务员小杨迅速掏出两只打火机,轮流打火,并对大家说:"感谢上帝,为我们准备了一个别致的烛光晚餐。对不起,临时停电,请各位先生女士安心用餐。"

随后,其他服务员送来了两个西餐烛台。小杨将烛台摆在餐台上,又从柜子里拿出备用的风情画挂在墙上。

　　片刻间，这个雅间由中式餐厅变成了一个充满温馨浪漫气氛和异国情调的西餐宴会厅，看着从天而降的烛光晚餐，客人们非常兴奋，纷纷赞不绝口："还蛮浪漫的啊！""还是第一次用烛光晚宴呢！""这烛光晚宴真好，另有一番情趣啊！"

　　不一会儿，来电了，小杨想吹灭蜡烛，客人忙把她拦住，说："还是不要吹灭蜡烛了，请关上电灯，这烛光晚宴蛮好的。"

　　有客人马上呼应说："还是烛光晚宴好，不要吹灭了，想不到今晚还有缘参加一次烛光晚宴。"

　　客人宁愿不要电灯，而愿长久地沉浸在温馨浪漫的烛光晚宴中。这就是小杨的杰作。

　　意外的烛光晚宴，给客人留下了美好的回忆！

【案例分析】

　　作为饭店，特别是星级饭店应尽量避免发生停电、停水等事件。但意外情况有时是难以控制的。因此，服务员应设法提高自己的应变能力，提高处理各种突发事件的能力。一旦发生上述事件，服务员首先应该想到的事情，是应该怎样弥补由此给客人用餐造成的不便，而不应只想到给服务带来的不便及害怕客人趁机逃账。

　　本案例中的服务员小杨应变能力较强，处理问题巧妙，优点有三：首先是反应迅速，用打火机轮流照明，而不是消极等待其他服务员送蜡烛，尽量不耽误客人用餐；其次是讲究语言艺术，引导事件由不良的一面转向好的一面，由"停电"变成了"烛光晚餐"；最后是让客人愉快地享受了"烛光晚宴"。

　　在星级饭店，停电、停水等意外事件都可视为突发事件。在日常工作中，这些突发事件偶有发生，餐厅管理者对突发事件的处理，关系到餐饮服务的质量水平和宾客的满意程度，同时也能体现出服务人员的应变能力。在突发事件发生时，饭店可针对突发事件的性质和种类，灵活采取补救、协调、缓和、赔偿、行政手段、法律手段等相应的对策。

　　（1）补救措施。针对饭店硬件设施和服务的不足对宾客安全、心理、需求等方面带来的不良影响，采取及时的补救措施来挽回影响。

　　（2）协调措施。针对宾客候餐时间过长、上菜时碰撞了宾客、餐厅突然停电等环境和服务失衡所引发的突发事件，饭店应及时采用相应的补救和协调手段来平和宾客的心理。

（3）缓和措施。缓和措施对宾客自身原因所造成的突发事件较为有效。

（4）赔偿措施。因产品质量而给宾客身心健康或财物造成损失的事件，采取赔偿措施可体现饭店对客人的歉意和真诚。

（5）行政和法律手段。针对严重影响宾客消费的恶劣事件，为了有效维护广大宾客的安全、保持饭店餐饮服务的正常进行，可采取相应的行政和法律手段。

在星级饭店的餐饮服务中，一定要关注客观环境、宾客需求和服务技能等因素对服务质量的影响，处理好它们之间的关系，不断学习、积累和丰富服务经验，完善和发展服务程序。这样才能在遇到突发事件时，正确和适度地处理好各类事件，取得理想的服务效果。

【疑难提醒】

餐厅服务中的突发事件具有一定的偶然性。服务人员还应具备以下处理突发事件的能力：

（1）稳定的心态。
（2）灵活的思维能力。
（3）独立的处事能力。
（4）较强的应变能力。

案例41　机智地面对无礼的客人

【案情陈述】

炎热的夏日，某一旅游度假村聚集了很多来消夏避暑的客人。中午时刻，度假村的餐厅内座无虚席，前来休息吃饭的游客挤得满满的。服务员小张正在紧张地为客人服务。

当小张为刚入座的一桌游客铺台时，其中一名男游客对正在工作中的小张说："小姐，这里可以吸烟吗？"

小张心想：真是明知故问，因为墙壁上贴有禁烟标志。但是小张没有这么说，她指了指墙上的禁烟标志，礼貌地对客人说："对不起，先生，这里是禁烟区，如果您想吸烟，可以到餐厅专门设置的吸烟区，出门左转就到了。"这桌客人听了，突然嘻嘻哈哈地笑了起来。

过了一会儿，另一位男客嬉皮笑脸地对小张说："小姐，天太热了，客人这么多，空调一点用都没有，我把上衣脱掉可以吗？"

小张一听，心里很生气：这些客人真没修养！

面对这么厚脸皮的客人，该怎么对付他们呢？是马上离开，还是不理睬他们？还是严肃地骂他们几句？这些做法好像都不太妥当。

小张突然想到培训时曾经学过："对于一些太失礼的客人，最好的办法就是勇敢地面对，并利用语言技巧，不卑不亢地说服他们。"

于是小张镇定从容地答道："来我们餐厅就餐的客人从来都是衣冠整齐的，这是餐厅的要求；《旅游文明行为公约》要求游客'衣着整洁得体，不在公共场所袒胸赤膊'。如果您觉得脱衣服很雅观的话，就请自便吧。"

小张不卑不亢、镇定自若的一席话，让这位无理取闹的游客无言以对，尴尬地笑了笑说："小姐，我们是跟你开个玩笑，请别介意，别误会！"

【案例分析】

在餐厅里客人是上帝，服务员要充分尊重客人。因此，服务人员在与客人交往中要做到热情周到，但是同时又要把握分寸，做到不卑不亢。餐厅里接待的客人来自四面八方，年龄、性别、职业、性格、修养、爱好、习惯等千差万别，难免会碰到一些素质低下的人无理取闹。案例中描述的游客，就是在肆意捉弄和无理取闹。这种情况是对服务人员素质的严峻考验。

服务人员是没有选择权的。客人的素质越低，对服务人员的要求就越高。只有服务人员随机应变，才能把事情处理好。当遇到无理取闹的客人时，服务员尤其是女服务员，不要害怕，也不要横眉冷对。只要这类人不损害餐厅的利益，没有过分的行为，服务员就不必扩大事态。只要保持冷静，以不卑不亢的态度、机敏的反应、巧妙的语言技巧地去面对，便可用正气震慑住无理取闹的人，让他们自行收敛。这样做既保持和维护了自己的尊严，也维护了餐厅的形象。

本案例中的服务员小张，有两个方面值得表扬。首先，虽然她一开始就察觉到客人的素质低下，但她始终能保持服务人员的良好形象，始终保持微笑为客人服务；其次，小张遇事冷静，不急不躁，对无理取闹的客人，不是不理不睬，也不是横眉冷对，而是运用自己的智慧和所学到的知识，巧妙应对难缠的客人。语言含蓄深刻，处理得非常得体，表现出很好的心理应变能力与良好的职业素质。

在餐厅服务中，常常碰到这样的客人或者更为粗鲁恶劣的客人。因此，服务员尤其是女服务员要做到以下几点：

（1）良好的心理素质和职业素质。

（2）善于应变的能力。

（3）学会理解和宽容别人。

（4）在自己不能处理的情况下，要学会巧妙脱身，去寻求男服务员或主管的帮助。

【游客心理需求解剖】

客人出来旅游或进餐，对于其自身来说是一个彻底的放松，偶尔开开玩笑是可以理解的。有些人则可能具有较高的文化修养，有些人则可能就是纯粹的无理取闹。因此，在面对不同的客人时应采取不同的方式。在客人有伴同行时，给客人留面子很重要，因此服务人员不要讲过激的语言。

【疑难提醒】

如果遇到喝醉酒无理取闹的客人怎么办？

● 沉着冷静，态度友好。

● 适度把握"客人永远是对的"这一原则。

● 巧妙脱身，寻求男服务员或主管的帮助。

第 3 节　住宿服务

案例 42　预订的房间被售出了，我们住哪里

【案情陈述】

旅游黄金周期间，某旅游景区游人如织，旅游区宾馆的客房爆满，房间十分紧张。在宾馆的前厅总台，服务员实习生小张和小王正在值台服务。

一位先生打电话来预订5间房，要求自现在开始为其保留半小时。半小时后如果客人未到，宾馆就不必再等，可以取消预订。接电话的小张查看房态后，正好有客人离店，就答应了这位客人的要求。25分钟以后，来了一批客人要住店，服务员小王接待了他们。小张看时间已经接近半个小时了，估计预订客人再来的可能性不大了，于是没有和小王协调，就把5个房间让给了新来的客人。不料，就在客人刚办完入住手续后，先前预订房间的客人也来到了总台前，要求入住。小张只好告诉客人，他预订的房间已经被租出，而且现在已经没有房间了。客人一听就火了，指着表说："你看看，没到半小时，你为什么不给留着房间？你们说话怎么不算数？"那些随他一起来的客人也急了，跟着乱喊乱骂，顿时大堂内乱作一团。小张傻了眼，不知所措地任客人批评。

大堂副理闻讯赶来，询问缘由。原来这批预订房间的客人找了一下午终于找到一家有空房间的酒店，满心欢喜，却在来到之后又通知说取消了房间，所以才会大发雷霆。大堂副理马上认定这是服务员的错，立刻向客人道歉："各位实在对不起，这是我们服务人员的失职，我代表酒店总经理向大家道歉。"

"道歉有什么用啊？"客人情绪比较激动。

"大家先不要激动，既然大家相信我们酒店，专门来我们酒店住宿，那我们就会尽量为大家想办法，解决住宿问题。"大堂副理知道这几天景区范围内的住宿比较紧张，但他还是主动承诺解决客人的住宿问题。"大家先不要急，先在大堂里稍等片刻。"他对小王交代了一些话，转身去了经理办公室。

过了大约一刻钟，大堂副理回来了。此时，客人正坐在沙发上喝着小王送上的

茶水，看景区内的景点介绍。大堂副理微笑着面对客人说："对不起，让大家久等了。我刚才联系了我们景区附近的几家酒店，只有一家能提供5间客房，他们那里的服务设施和我们差不多，环境也不错。大家觉得怎么样？"

"那我们先过去看看吧。"为首的客人说。

"好的。那里离我们这儿有15分钟的路程，大家因为都带有行李，我派我们酒店的车把你们送过去。"

"太好了，谢谢！"客人听到这里纷纷表示感谢。

"不客气，对于我们酒店给大家造成的不便还请见谅。"大堂副理说。他亲自把客人送上车，说："欢迎下次再来我们酒店，到时我们一定为大家准备好房间。"

其实，大堂副理联系了周围的所有酒店，即使把储备的房间拿出来也没有5个房间。正在大堂副理想别的办法时，有个酒店打电话来说他们那里本来预订好的3个房间取消了，还可以提供两个临时房。皇天不负有心人，5个房间终于得到了解决。客人到达另一家酒店后，对那里的条件表示满意，并让司机转达对大堂副理的谢意。

【案例分析】

这是一个在前厅服务过程中因服务员的失误造成不良影响，又在大堂副理的补偿服务后，使酒店形象和声誉得到挽回的案例。

案例中的服务员小张的错误之一，是对客房预订的重要性认识不足。在预订服务中，宾客之所以提前预订，主要是担心酒店客满，希望抵达时所需要的客房已经安排妥当；酒店之所以拥有预订系统来受理客人的预订，其目的是想尽力为客人提供满意的客房，并努力为酒店争取理想的出租率。因此，客房预订是一件非常重要的工作。

小张的错误之二，在于对客人不守信用。她在电话中答应了客人的要求，就应信守承诺，一定要保留半小时。而在半小时还未到时，房间就被让出，导致客人在原定时间内到达时却没有房间可入住，从而被激怒，形成难以收拾的局面。

小张的错误之三，是在工作中没有和同事进行沟通。她接受了预订信息，没有和同事沟通，将房间让出也没有和同事沟通。

在混乱局面下，大堂副理起了扭转局面的作用。当大堂副理弄清事情的缘由后，主动向客人承认错误，并愿意承担责任，为客人寻找新的住宿酒店。为了补偿所造成的影响，他还主动派车送客人转到另一家酒店。

此案例涉及的是订房过程中的失误和补偿性服务问题。订房是属于临时性的预订，指客人即将抵店前或在抵店当天的订房。通常酒店没有足够的时间予以书面确认,只是给予口头确认。在受理此类预订时,预订员要注意弄清客人的抵店时间或所乘航班、车次,并将需要提醒客人的注意事项告诉客人。尤其是客房保留到什么时候,一定要给客人一个明确的时限,以免引起不必要的麻烦。一旦口头确认客人预订,就必须严守承诺,决不能毁约;若客人如期到达,而预订员不能兑现口头承诺与确认房间,必然引起纠纷。

出现因酒店服务不当造成的失误时,大堂副理或领班应主动承认错误,并积极想出解决问题的对策,为的是对客人有所交代,同时也是为了挽回酒店的形象和声誉。

从该案例可以看到,在服务过程中预订员应该具备良好的素质和服务意识,尽量避免错误的发生。当服务中出现失误时,只要补偿服务做到位,能真诚为客人着想,积极承认错误,敢于承担责任,就能赢得客人对酒店的信任,挽回酒店的形象和声誉。

【游客心理需求解剖】

当预订的房间被售出,你会怎么想?

(1)酒店做事真不负责任,毫无诚信。

(2)酒店答应我们的必须要做到。

【实战修炼】

客人:"怎么我明明是预订了 10 楼的 1008 号房间,现在却没有了,你们不是答应我的吗?"

服务员:"对不起,先生。本来是给您留好的 1008 房间,但是在登记房间的时候,我们的系统产生了错误,没有订上,今天又被卖出了,实在抱歉。"

客人:"我不管,我每次来都住你们的 1008 房间,这个你们是知道的,你们看着办。"

服务员:"先生,这个我们知道的,您看现在房间也比较紧张,您喜欢的家具风格的房间只有 14 楼还有一套,如果您觉得合适,14 楼可以吗?"

客人:"14,我不喜欢这个数字。"

服务员:"那 8 楼您喜欢吗?"

客人:"你不是说只有 14 楼有空房间吗?"

服务员:"8 楼有相同的客房,但其中的布置、家具可能不尽如先生之意。我们知道先生酷爱保龄球,您可以先免费玩一会儿,在这段时间里,我们会以最快的速度将您所满意的家具换到 8 楼客房。"

客人:"我同意。"

图 4-3　干净整洁的酒店标准间

【疑难提醒】

工作中出现失误,受到客人指责怎么办?
(1)主动承认错误。
(2)聆听游客的抱怨。
(3)稳定游客的情绪。
(4)积极协商另外的解决方法。

案例 43　微笑服务征服了发怒的游客

【案情陈述】

某景区内的酒店,为了改善员工的服务态度,提高酒店的软件服务质量,让客人有宾至如归的感觉,推出了在一线员工中评选"微笑大使"的活动。被评为微笑大使的员工将会发给一个"微笑大使"的荣誉徽章,并享有优先考虑年度先进工作者和晋升的机会。参与此次活动的评委有酒店客人,也有酒店部门主管。微笑大使的评选活动大大地调动了员工的对客服务态度,给客人留下了良好的印象。

活动期间,在酒店3楼住了一位从我国台湾地区来此休闲度假的客人。一天,当他外出时,有一位朋友来找他,要求进他房间去等候,由于客人事先没有留言,总台服务员没有答应其要求。台胞客人回来后十分不悦,跑到总台与服务员争执起来。公关部年轻的王小姐闻讯赶来,刚要开口解释,怒气正盛的客人就指着她的鼻子言辞激烈地指责起来。当时王小姐心里很清楚,在这种情况下,作任何解释都是毫无意义的,反而会招致客人情绪更加冲动。于是王小姐保持沉默,任由台胞客人尽情发泄不满,她的脸上始终保持一种友好和歉意的微笑。一直等到客人平静下来,王小姐才心平气和地告诉他酒店的有关规定,并表示歉意。客人接受了王小姐的劝说。没想到后来这位台胞客人离店前还专门找到王小姐辞行。他激动地说:"你的微笑征服了我,我对我当时的行为表示道歉,希望我有幸再来酒店时能再次见到你的微笑。"在微笑大使的评选表中,这位台胞客人投了王小姐一票。

王小姐今年22岁,在酒店工作2年了,先后当过迎宾员、餐厅服务员和前台服务员,后来才当上酒店的公关小姐。她从小就爱笑,遇到开心的事就禁不住大笑,有时自己也不知道为什么会笑起来。记得刚来时在酒店与一位客人交谈,谈得高兴时竟放声大笑起来。事后她受到领导的批评教育,使她明白了,在面对客人的服务中,笑必须根据不同的地点、场合,掌握一定分寸,没有节制的乱笑无疑会产生不良后果。

笑,一旦成为从事某种职业所必备的修养后,就意味着不但要付出具有实在意义的劳动,还需付出真实的情感。王小姐也深深感到,微笑服务说来容易做到难。因为保证每天都有愉快的心情很难,每天上班8小时中的每分钟都保持良好的状态更难。每当她走上工作岗位时,总是让新的一天从微笑开始,在微笑服务中倾注一份真诚的情感,让微笑感染、沟通每一位客人的心灵。上述感动台胞的故事便是成功的一例。最终王小姐被评为酒店的"微笑大使"之一。

【案例分析】

微笑服务是服务业中的一把金钥匙,世界著名酒店集团,如喜来登、希尔顿、假日等都将"微笑服务"作为治店的格言。美国著名的麦当劳快餐店老板也认为:"笑容是最有价值的商品之一。我们的餐厅不仅提供高质量的食品饮料和高水准的优质服务,还免费提供微笑,才能招揽顾客。"

微笑服务是服务员服务的最基本的标准。凡是涉足服务的行业，均提倡"笑迎天下客，天下客皆笑"的服务宗旨。微笑服务有相当强烈的正面感染力。一个服务员真诚的微笑，对于在宾客情绪上起着积极的诱导消费作用。服务员报以微笑，宾客会感到自己是受欢迎的，兴许会以桃报李，回给你一个亲切的微笑，结果使服务员与宾客之间的关系十分融洽。服务员提供了优质服务，客人得到了应有的精神和物质享受。反之，服务员面无表情的机械服务，客人会认为"上帝"的身份受到轻视，没有得到相应的享受和尊重，从而对服务员的服务百般挑剔，引发不必要的投诉，甚至波及酒店的长期客源和影响酒店的声誉。在服务中，对每一位客人不应该吝啬自己的微笑，从心底把最真挚、最亲切的微笑展露出来，让客人真正感受到"宾至如归"的服务。

总之，微笑服务是酒店服务中永恒的主题，是服务员一刻都不可放松的必修课。它包含着丰富的精神内涵和微妙的情感艺术：热忱、友谊、情义、信任、期望、诚挚、体谅、慰藉、祝福。

本案例中不仅展示了微笑服务的魅力，同时又向我们讲述了酒店员工管理的艺术。首先，王小姐通过自己真诚的微笑征服了发怒的客人，充分证明了微笑在服务过程中的重要作用。其次，酒店员工的管理是领导层关注的重要问题，因为只有将员工的积极性调动起来，才能创造优质的服务。"微笑大使"的评选活动就是激励员工的有效方法之一。

【游客心理需求解剖】

如果你是客人，在进入酒店之前你的心理期望是什么？
（1）希望能在酒店享受到家的温暖。
（2）希望酒店的服务能热情周到。
（3）不想看到面无表情的服务员。

【疑难提醒】

微笑服务说起来容易，做起来难，因此要把微笑服务做到优质，需要做到：
（1）练习自然的微笑。每天站在镜子前照一照自己的笑容，自己应该保持最令人满意的微笑，努力使笑容更加自然、真挚。
（2）微笑中饱含真诚。
（3）随时调整自己的心态，使微笑发自内心。

案例44　吹风机"掉"在沙发的缝隙里了

【案情陈述】

在某景区的酒店,有位商务客人在离开时把房间内的一个吹风机放在提箱内准备带走,服务员查房后发现并报告给了总台。总台服务员对客人进行了询问,但客人说没有发现。于是服务员把这件事情报告了大堂副理。

如何不得罪客人,又维护酒店利益,大堂副理思索片刻后,找到了在总台等候结账的客人,微笑着对他说:"先生,我是这里的大堂副理,有什么需要我帮忙的吗?"

客人说:"服务员说在我住的房间少了一个吹风机,但是我用完之后又放回原处了。"

"是吗?这里说话不太方便,麻烦请您换个地方说话好吗?"大堂副理礼貌地请客人到一处不引人注意的地方。此时,客人和大堂副理都很清楚吹风机就在提箱内。客人秘而不宣,大堂副理也不予点破。客人面色有些紧张,但为了维护面子,拒不承认带走了吹风机。

为了照顾客人的面子,大堂副理开始给客人一个台阶下,于是说:"那请您回忆一下,是否有您的亲朋好友来探望您时,误拿走了?"其实言下之意是说:如果您不好意思当众把东西拿出来,您尽可找个借口说别人拿走了,付款时可以把吹风机买下。

但是客人说:"我住店期间根本没有亲朋好友来拜访过。"从客人的口气里可以听出"我不愿意花钱买这破东西"。

于是大堂副理又给了客人一个台阶,说:"以前,我们的客人也有过一些离店查房时发现吹风机或者浴巾等东西不见了,但他们后来回忆起来是放在床上,被毯子遮住了,而服务人员没发现。请您再到房间去查看一下,吹风机是不是放在哪个角落,被我们的服务员忽略了。"这下客人理解了他的暗示,拎着提箱上楼了。大堂副理在大堂恭候客人。

过了一会儿,客人从楼上下来了,见到大堂副理,故作生气状:"你们服务员检查太不仔细了,吹风机掉在了沙发的空隙里!我已经放在了床头柜上。"这句话的潜台词是:"吹风机我已经拿出来了,就放在床头柜上。"此时,大堂副理耳麦里也传出查房服务员报来的消息:吹风机已回到了床头柜上。

大堂副理很高兴事情有了结果，但不露声色，很有礼貌地说："对不起，先生，耽误您的结账时间了，谢谢您的合作，我送您去结账。"整个过程下来，耽误了客人结账，理当表示歉意，可是"谢谢您的合作"则有双层意思，听起来好像是客人动大驾为此区区小事上楼进房查找，其合作态度可谢。然而，真正的含意则是："您终于把吹风机拿出来了，避免了酒店损失。如此合作岂能不谢？"为了使客人尽快从羞愧中解脱出来，大堂副理很真诚地说了一句："非常欢迎您再度光临我们度假酒店。"

　　吹风机的失而复得，看似很简单，其实在整个过程中蕴含着很多技巧和艺术。

【案例分析】

　　酒店客房内丢失物品，在酒店服务中是经常发生的，处理这样的问题要把握一定的技巧。服务人员不能直接指出，虽然心知肚明，但是没有证据就直截了当指出客人的错误，就如同火上浇油。客人为维护自己的面子会死不认账。这就会使问题进入僵局。因此，酒店服务员或大堂副理在处理时，要在维护客人的面子和酒店利益的前提下，把握"客人是对的"这一原则。首先，以客人"对"为前提，就有利于平稳处理，为问题的进一步解决奠定基础。然后，再把握机会一步步引导客人，按照酒店的规章制度来办事。

　　本案例中的大堂副理，恰到好处地为我们展示了他把"对"让给客人的艺术。

　　第一，大堂副理面带微笑地走向客人"需要我帮助吗？"这就使客人感到大堂副理不是他的对立面，而是来帮助他的，无形中拉近了双方的距离。客人对大堂副理有了认同感，也就为问题的解决奠定了基础。

　　第二，虽然大堂副理心中已经有数，但是为了维护客人的面子，他善于寻找合适的理由帮助客人摆脱尴尬处境。第一个"有没有朋友来拜访时误拿了吹风机"的提示，是提醒客人如果不好意思当众把东西拿出来，可以找个借口说别人拿走了，付款时可以把吹风机买下，但是客人没有意识到；第二次又用以前出现过的情况来引导客人，把"对"留给了客人，把错留给了酒店。最终客人明白了大堂副理的意图，自己回房间把丢失的吹风机"找"了出来。

　　第三，大堂副理仍对客人说"对不起，耽误您结账时间了"，又一次把"对"让给客人，将一起即将发生的小纠纷变成了使客人结账离店的大满意。

　　本案例中，大堂副理始终站在客人的立场上，把"对"让给客人，维护了客人的尊严；把"错"留给酒店，巧妙地给客人下台阶的机会，终于使客人理解了酒店的诚意和大堂副理的好意。客人终于可以体面地走出酒店，又避免了酒店的损失。这位大堂副理用心之良苦、态度之真诚，处理问题技巧之高超，令人折服，他的服务真正体现了"客人是对的"的服务意识。

【游客心理需求解剖】

有时候客人一念之差也会犯些错误，即使是在犯错误的情况下，也希望得到应有的尊重。因此，服务人员在处理问题时，一定要尊重对方。

【实战修炼】

在某酒店的前台收银柜旁，一位客人在退房时拿走了酒店的衣架，于是服务人员通知了大堂副理。

大堂副理微笑着走向客人："您好！我是大堂副理，能帮助您吗？"

客人："我是拿了四个衣架，怎么样？要退还你们，自己去从包里取。有的酒店洗衣之后都奉送衣架，你们凭什么说我私拿？"客人气愤地嚷着。

大堂副理断定，该客人不知道酒店衣架不属于赠送品，但知道后又死要面子，不肯承认。于是便微笑着对客人说："有些酒店洗衣是奉送衣架的，但我们酒店尚未实行。我可以向总经理建议，以后有可能会实行。您的衣服一定怕皱，所以才用衣架衬着，拿出来也不太好，不如您付成本价买下这四个衣架吧！"

客人平静下来，无奈地说："好吧，多少钱？"

大堂副理心知每个衣架的补偿价格为 5 元，便对收银台说："收 20 元吧，按成本价计算，不要加别的费用了。"她又转向客人微笑着说，"对不起，耽误您结账时间了，欢迎您下次再来！"

【疑难提醒】

客人因一念之差带走了酒店的非一次性物品，服务人员该如何处理？

（1）在任何情况下，都应做到热情服务。

（2）以尊重为前提，把"对"留给客人。

（3）不要和客人发生冲突，这样我们也会犯错误。

案例45　同样的客人为什么折扣不一样

【案情陈述】

"五一"期间，某度假村酒店里，正是接待客人最繁忙的时候。对于来自不同地方的客人，度假村酒店总经理根据各类客人的实际情况，会分别给予不同的折价优惠。

因要求经理签单优惠的熟客较多，为了便于酒店前厅收银台准确结算，经理将需要给予折扣客人的房号及具体打折数目列了一个清单，交给了收银员，打折的幅度从七折到九五折不等。

负责结账的收银员是旅游学校的实习生小李，他接到这个打折清单并以此结账。

旅游黄金周的最后一天，一位客人带着家眷及行李来到大堂，等待服务员查房结束后结账。这位客人是度假村的常客，这次是带着家眷一起来的。营业员小李接到客房服务员可以结账的电话后，为这位客人办理结账手续。

客人问小李："我经常来这里，而且经理说过会给我优惠的，你看？……"

实习生小李查阅清单后发现已给打了八五折。因此，小李告诉客人："客房经理已关照过，这里给您的费用已打了八五折，欢迎您下次再来。"

客人一听很高兴，连声道："谢谢！请代我谢谢你们经理！"并满意地交款结账。客人看到实习生小李手里的打折清单，于是说："这个能不能给我看看？"

"好的。"小李想也没想，就把打折单递给了客人，并指着客人的名字说："您的名字在这里。"

客人接过清单一看，自己名下确实是八五折，忙说："好。"但当客人一看到其他人名下的打折数时，不由得皱起了眉头，并生气地问道："都是你们的客户，怎么给别人打七折、八折，给我却打八五折？"

"这个？"实习生小李紧张地不知说什么好，没想到原本好意让客人确认一下打的折扣数，不想却惹出了麻烦。

只见客人生气地把清单甩给了实习生，愤然离开了酒店。小李见状才知道自己犯了一个大错。

【案例分析】

酒店给某些客人签单优惠是一种营销策略，对增进客人与客户的友情、吸引客源、拓展业务是有益的。但根据客人的情况不同、他们对酒店经营与发展所起的作用不同，优惠政策也不同。因此，从酒店的利益出发，对不同的客人给予不同幅度的打折优惠，并无厚此薄彼之意。经理给收银台折扣清单，是仅供工作人员掌握的，不宜泄露给客人。客人一旦掌握了这些情况，必然会与其他客人享受的优惠幅度相比；一旦发现还有比自己打折更多的客人，马上会产生心理上的不平衡。本来客人对打折幅度已经很满意，但一比较，就会将满意变成不满意。这样既牺牲了利润，又得罪了客户。所以，保守企业机密是每个员工的职责。

本案例中，实习生小李干了一件傻事，实际上反映出来的是该实习生缺乏基本的营销常识和保密常识；做工作欠动脑筋，反映职业素质较低。通过此案例，我们看到酒店服务绝不是简单熟练就了事。要做好服务工作，必须善于动脑筋分析问题。所以，实习生进入实习现场，一定要虚心向酒店管理人员及师傅们请教，深入学习业务知识与技巧，遇事多动脑筋，勤于思考，努力提高自身素质，才能胜任服务工作。

【游客心理需求解剖】

游客在酒店结账过程中，想到的是什么？

（1）获得最好的服务。

（2）用最低的价格获得最大的优惠。

【实战修炼】

在酒店结账时，会有很多人套近乎，想得到一些优惠。

客人："服务员，我和你们经理很熟的，能不能给优惠一下。"

服务员："对不起，先生，我们旅游黄金周期间，一律不打折，所以请您见谅。"

客人："不会吧，我可是你们经理介绍来的。"

服务员："先生，实在不好意思，这个规定是我们酒店领导制定的，我只是执行人员，没有这个权力，请理解。"

客人："那怎么才能得到优惠呢？"

服务员："要不您让经理写张条子过来，如果是他签过的，我们才敢操作。"
客人："好的。"

【疑难提醒】

在结账过程中，一定要按照操作规程办理，不管客人如何套近乎，都要坚持原则。
（1）坚持按照公司的规章制度来操作。
（2）不要随意泄露公司的制度或政策。

案例46 客人住到了别家酒店，服务要善始善终

【案情陈述】

某景区酒店的前台，几名年轻的员工正在忙于接待办理入住和离店手续的客人。此时，只见大门入口处走进两位西装革履的中年人，提着一个看上去很重的箱子，径直向问讯处走来。

"您好，需要我效劳吗？"刚放下电话的小马很有礼貌地主动问道。

"有件事想麻烦一下。"其中一位戴眼镜的中年人说话有点腼腆。他似乎不知从何说起，稍停顿一下后，目光对着地上的那只箱子说。

"我们一定尽力而为，请您说吧。"小马真心实意地鼓励他。

"我们是广州A公司的驻杭代表。这里是一箱资料，要尽快交给我公司总经理。他定于今天下午三点到达这里。我们下午不能来迎接，所以想把箱子先放在酒店，待总经理一到请你们转交给他本人。"

"请放心，我们一定办到。"小马在察看了此人的工作证及身份证等证件后说。

下午三点了，但广州A公司的总经理还未抵店。小马打电话到机场，获知飞机没有误点。但因那两位中年人没有留下电话和地址，所以小马别无选择，只能再等下去。又是两个小时过去了，A公司的总经理仍然没有来，小马不得不做好交接箱子的思想准备。就在这一瞬间，电话铃响了。

"酒店前台吗？今晨我们留的那只资料箱，本是想交给我们总经理的。刚才接到总经理的电话，说他被一位住在B酒店的朋友邀去，决定就住在那儿了，而那箱资料是他急用的……"还是那位戴眼镜的驻杭代表的声音。

"您不用着急,我会设法把箱子立刻送到 B 酒店的。"

小马放下电话,立即安排一位员工办理此事,半小时后,那位驻杭代表又打来电话,但小马已经下班了。"请转达小马,箱子已经送到,十分感谢。我们的总经理改变主意住到了别的酒店,你们不但没有计较,还为我们服务得那么好,真不知如何表达我们的感激。总经理说,下回一定要住你们的酒店。"对方诚恳地说道。

【案例分析】

酒店要求员工努力为客人提供优质服务。何谓优质服务?不仅是热情的服务,还要在规范服务的基础上加上超常规的服务。

在本案例中,为住宿客人寄存行李或贵重物品是酒店的常规服务内容,但前台主动承接未到客人的物品,这是一种超常规服务。广州 A 公司并未为总经理预订客房,小马在客人没有肯定入住本店的前提下答应为客人保存资料箱,这是难能可贵的。不仅如此,小马还主动与机场联系,了解航班抵达情况,下班时又能主动交接,体现了优秀员工的高度责任心。

最令人感动的是,当客人住到别的酒店时,酒店前台工作人员不但不恼火,仍满足客人的需求。这样的服务可谓真正做到了家。酒店的优质服务牢牢印进了这几位客人的脑海中,他们理所当然地成了该酒店的潜在客人和"义务宣传员"。因此,案例中的服务员小马做到的就是优质服务。

一名优秀的服务员,要想提供优质的服务,必须努力提高本身素质,在服务实践中坚持将规范的原则性与对突发事件应付自如的灵活性有机结合。当然,这需要服务员在实践中长期积累、努力摸索,不断提高。

【相关链接】

个性化服务案例——泰国东方饭店的服务故事

企业家于先生到泰国出差,下榻于东方饭店,这是他第二次入住该饭店。

次日早上,于先生走出房间准备去餐厅,楼层服务生恭敬地问道:"于先生,您是要用早餐吗?"

于先生很奇怪,反问:"你怎么知道我姓于?"

服务生:"我们饭店规定,晚上要记熟所有客人的姓名。"

这令于先生大吃一惊,尽管他频繁往返于世界各地,也入住过无数高级酒店,但

这种情况还是第一次碰到。

于先生愉快地乘电梯下至餐厅所在的楼层。刚出电梯，餐厅服务生忙迎上前："于先生，里面请。"

于先生十分疑惑，又问道："你怎么知道我姓于？"

服务生微笑着答道："我刚接到楼层服务电话，说您已经下楼了。"

于先生走进餐厅，服务员殷勤地问："于先生还要老位子吗？"

于先生的惊诧再度升级，心中暗自忖量："上一次在这里吃饭已经是一年前的事了，难道这里的服务员依然记得？"

服务员主动解释："我刚刚查过记录，您去年6月9日在靠近第二个窗口的位置上用过早餐。"

于先生听后有些激动了，忙说："老位子！对，老位子！"

于是服务员接着问："老菜单？一个三明治、一杯咖啡、一个鸡蛋？"

此时，于先生已经极为感动了，连声说："老菜单，就要老菜单！"

给于先生上菜时，服务生每次回话都退后两步，以免自己说话时唾沫不小心飞溅到客人的食物上。

一顿早餐，就这样给于先生留下了终生难忘的印象。

此后三年多，于先生因业务调整没再去泰国，可是在于先生生日的时候突然收到了一封东方饭店发来的生日贺卡："亲爱的于先生，您已经三年没有来过我们这里了，我们全体成员都非常想念您，希望能再次见到您。今天是您的生日，祝您生日愉快！"

于先生当时热泪盈眶，激动不已……

资料来源：客户世界（http://www.ccmw.net），2006年7月23日。

案例47　园景房升级到海景房

【案情陈述】

李女士带家人一起来某滨海度假区度假，因为酒店的价格相对较高，所以李女士订了最普通的园景房。当他们到前台登记时，热情的礼宾员迎接了他们，并把她带到了前台登记处。前台办理入住的工作人员非常友好地欢迎他们的到来，并询问了预订人员的姓名，核对了入住的房型。在李女士将相关证件收齐准备办理入住登记时，工作人员说可以免费帮李女士一家进行升级到园景房型的高层，相对视野较好。听说可以免费升级，李女士很开心地答谢。这时，前台接待对在一旁等待的李女士父母说，因为办理需要一点儿时间，可以到一边休息区休息。李女士听到工作人员对年迈的父母很关注和关心，内心非常温暖。

前台接待继续向李女士介绍说：升级后的园景房还是看不到海，如果李女士是酒店会员的话，每个房间多付200元就可以升级到能看到海的房间。这时李女士开始犹豫了说：每个房间要多出200元，每天多付400，三天就是1200元。这时，礼宾人员端上来五块叠放整齐的湿毛巾，还有五杯红色的西瓜冰沙。眼前的毛巾和冰沙，让李女士一家都发出了"哇"的惊叹。在李女士一家享用冰沙时，前台接待继续说：升级后的房型很棒，有很大的阳台，面向大海，可以看到日落，非常浪漫；虽然多花了钱，但是应该非常值得。这时李女士有些心动了，毕竟难得来一趟海边，如果能欣赏到如此的风光，多花点儿钱也值得。前台接待继续说：相信李女士肯定不会后悔的。因为有了前面良好的印象，李女士相信了前台接待，办理了会员，升级到了海景房房型。

李女士一家在酒店住了三个晚上，对前台接待推荐的房型十分满意。

图4-4　海南三亚康年酒店的海景风光

【案例分析】

李女士一家入住酒店，受到了酒店前台的热情接待，酒店大厅的热情服务给了李女士一家良好的第一印象，也由此产生了对酒店前台接待的信任。所以对于酒店前台推荐的房型李女士最终也接受了，并且最终对前台推荐的房型也非常满意。

在为游客提供服务时，一定要给游客留下良好的第一印象，因为第一印象特别重要。良好的第一印象可以让游客对景区或酒店，产生安全感，同时产生信任。案例中，让李女士产生良好印象的不仅有礼宾员热情的服务，还有前台接待的贴心关照，以及意想不到的冰沙饮品等。

同时酒店工作人员的销售技巧也非常关键。前台接待抓住了游客的心理，没有一上来就提议游客花钱升级房型，先是通过免费升级，让游客产生良好的印象，然后再进行销售推广，这样游客一般都愿意接受。

【实战修炼】

游客经朋友推荐来到某温泉酒店泡红酒浴，但该酒店调整了产品套餐，已经改为水果浴。游客到前台咨询听到消息后非常失望。假如你是酒店管理人员你会怎样做？

酒店的管理人员得知客人的情况后，温泉当值主管马上向经理反馈，最终满足了客人的愿望，专门为客人提供了红酒浴，客人非常感谢，并在订票的网站上给予了赞扬。

【疑难提醒】

每一个人都希望得到尊重，游客也是如此。因此，只要景区工作人员能充分为游客考虑，提供优质的服务，游客肯定会对优质服务给予发自肺腑的优质评价。优质服务说起来很容易，但是能够让客人满意却很难。因此，在提供服务时，应结合企业自身特点，从游客角度考虑，为其提供帮助或需要的服务才能打动游客，最终也会得到游客的好评。

但是有一些景区或酒店为了拿到好评，在提供完服务后会向游客索要好评，这样会给游客留下不好的印象。有些工作人员甚至要求游客现场评价，虽然游客进行了现场评价，但是不好的印象已经在心底产生，对于景区或酒店企业来说并不是一件好事情。

第 5 章
咨询与投诉处理案例

案例 48　是接线员良好的服务态度吸引了我
案例 49　竭尽所能为您服务是我们的宗旨
案例 50　我们可是真的鸭鸭哦
案例 51　小投诉避免大隐患
案例 52　你就是少给了一件雨披
案例 53　跟踪服务打动了我们
案例 54　这里是"酒窝大道",请您系好安全带
案例 55　游乐设施引起儿童乘客不适

第 1 节　咨询服务

案例 48　是接线员良好的服务态度吸引了我

【案情陈述】

"五一"黄金周马上来了，忙碌了几个月的小张，想要找个旅游景区休闲放松一下。朋友给他提供了几个景区的咨询电话。于是他首先拨打了朋友推荐较好的一个集休闲、度假、娱乐为一体的 A 景区。电话铃响过五六声后，传来了服务人员急促而又低沉的声音："您好，A 旅游景区。"

"您好，我是上海的一名游客，想在黄金周期间去你们景区游玩，可否咨询一下你们黄金周期间推出了哪些特殊的优惠活动？"

"对不起，我们这里黄金周期间没有优惠活动。"

"那有没有增加一些特色旅游活动？"

"请问，您是一日游还是度假游？"

"什么意思？"小张有些疑问。

"如果是度假游，晚上我们景区会有大型的篝火晚会，但是我们这里接待中心客房非常紧张；如果是一日游，没有增添旅游活动。"

"那就是说我要度假游的话也不一定有地儿住，是吗？"

"是的。我不敢保证。"

"噢，谢谢。"

"再见。"服务人员急不可待地挂了电话。

小张对 A 景区的满腔希望破灭了，于是他拨打了另外一个景区的服务电话。优美的音乐过后，传来了服务人员甜美的声音："您好，这里是 B 旅游景区，很高兴为您服务。"

小张听到后心里略有些温暖，马上把刚才的问题重新问了一遍。

服务人员回答："对不起，我们这里黄金周期间没有优惠活动。但是黄金周期间我们景区增添了许多新的活动项目，晚上有歌舞联谊会，门票价格不会上涨。"

"是吗?那住宿紧不紧张?"

"有些紧张,请问您打算几号来?"

"这有什么不同吗?"小张问。

"如果您是3号来,我们的接待住宿中心还有一个标间;如果是2号之前就没有房间了。"

"是这样啊,我3号来也没关系的。"小张想了想说。

"那我帮您把3号的房间预订下来吧。"

"好的,谢谢!"

"请您把您的联系方式告诉我;如果您改变了主意,也请提前打电话告诉我,好吗?"

"好的,没问题。"小张愉快地把联系方式告诉了对方。

放下电话,小张看看剩下的几个景区,心想没必要再打电话了,因为经过两个景区电话服务的比较,他相信B景区的服务肯定是好的。因为他想要的就是一个良好的服务环境,一个可以让自己尽情放松的环境。

……

事实上,小张在B景区的亲身体验也正是如此。

【案例分析】

案例中两个景区电话接线员的不同服务态度,决定了游客的不同去向,从中我们也可以看出合理使用电话艺术的重要性。案例中的游客小张,"五一"节期间打算外出度假,经过朋友的推荐首先拨打了一个风景较好的景区咨询服务电话,但是电话咨询服务人员态度冰冷,对游客的咨询敷衍了事的态度让他大失所望;而来自B景区接线员温暖的话语、热情的服务,以及充分为游客考虑的态度,给他的感受很不错。因此,小张没有再咨询别的景区,就选择了B景区。

游客在了解景区的渠道中,电话咨询是必不可少的。是否合理使用了电话艺术会影响到一个景区的整体形象,因为在电话服务过程中,一个人的态度、语言、语调、内容及时间的把握,都会给对方留下一个直观的印象。这一印象被称为是"电话形象"。电话形象可以说是一个人文明修养及企业良好形象的组成部分。因此,负责接待游客电话咨询和投诉的工作人员,应当重视电话咨询服务中的艺术性。

在景区电话咨询服务中需要注意以下几点。

(1)要对景区有全方位的、即时的信息掌握。只有对景区有了全面了解,才能更好地为游客服务。

（2）要掌握正确接听电话咨询的服务流程。具体流程如下：

● 尽快接听电话。电话铃响三下之后立即接听，不要铃响的第一下就接听，否则对方可能尚未做好准备；如果铃响超过三下后再接听，拿起电话后就应先向对方致歉："对不起，让您久等了。"

● 拿起电话先问候。接听电话后第一句话，应该是先向对方问好，然后自报单位名称及所属部门。如："您好！这里是某景区，很高兴为您服务。"

● 接听电话过程。电话接听过程中，应当注意力集中，耐心倾听对方的讲话并及时作出反馈。

● 咨询服务电话。作为景区的服务电话，电话旁边应该备好记录用的办公用品，如咨询服务记录表和笔，确保在工作区域内能够随时记录咨询内容及需要转达、通知的通话内容。如果在服务过程中遇到需要查询的情况，切忌让对方拿着听筒等你。

● 通话结束时。通话即将结束时，服务人员向对方说"很高兴为您服务"或"祝您玩得愉快"等祝福语后，等对方先挂电话后再轻轻放下话筒。

（3）注意语言的运用和接听电话的姿势。在接听电话时，语言运用要准确、简洁、得体，音调适中，说话的态度自然、声音甜美，尤其要注意敬语、谦语等礼貌用语的使用。服务员在接听电话的过程中绝对不能有吃零食、喝茶、吸烟等行为，包括服务员的坐姿也要正确。

图 5-1　景区的电话接线员

【游客心理需求解剖】

如果你是游客，打电话咨询时的心态是怎样的？
（1）接线员服务态度要热情周到。
（2）接线员熟悉景区及景区周边的概况。

【疑难提醒】

在电话服务过程中，可能会碰到来电者喋喋不休的情况。服务人员为了不影响个人和单位的形象，可以采用以下几种方法委婉地挂掉对方的电话：

（1）金蝉脱壳法。如果您已经给了对方一个明确的答复，便可见机行事，说："很高兴能为您服务，对不起，领导正在叫我呢，我们能否以后再聊？"或者"感谢您的来电，另一部电话在响，我们以后再聊好吗？祝您玩得愉快！"

（2）总结法。如果打电话的人得到了相应的服务以后，还想继续聊，那你可以说："某女士（先生），我们来总结一下刚才为您服务的内容，看看还需要有什么补充的。"

案例49　竭尽所能为您服务是我们的宗旨

【案情陈述】

一位失望的游客来到景区接待服务中心，服务人员微笑着接待了他。

服务人员："您好，我能为您做些什么？"

游客："我们来了两天了，结果都是阴雨连绵，这里的景点都在室外，我们只能待在客房里睡觉。你们附近还有没有别的景区，我们要换地方了，不想在这里浪费时间了。"

服务人员听了游客的回答后说："先生，实在抱歉，天气原因给您带来不愉快，我们也实在遗憾。如果您想换个游玩的景区，我可以给您推荐。离我们景区30分钟路程的地方新开发了一个乡村旅游的风景区。另外，距我们景区1个小时路程的地方，有个地下溶洞。"

游客："那地下溶洞怎么过去呢？"游客显然有些想法了。

服务人员："如果您对这个景区感兴趣，我们可以派车专门送您过去……不过我们还是真诚地希望您能留下来，因为天气预报显示，今天下午天气会由雨转多云，到时您就可以欣赏到我们这里雨后的飞瀑和云雾缭绕的山景，如果幸运的话您还可以看到美丽的彩虹呢。"

游客："那……"此时游客开始犹豫不定。

服务人员："现在还下着小雨，我建议您先去溶洞玩一下，可以乘我们的车前去，下午玩好后如果想回来，还可以乘我们的车返回来。"

游客："是免费的吗？"游客显然已经忘记了先前的抱怨，口气也有所缓和。

服务人员："来回乘车我们景区可以免费提供，景点门票60元一张，除了这些，如果不买东西的话，您在那里就没有什么花费了。"

游客："在哪里坐车呢？"

服务人员："您把您的电话号码告诉我，等我联系到车辆告诉您好吗？"

游客被景区咨询服务人员的真诚所感动，本来他只是想来抱怨一下，没想到服务人员有如此细致的工作。他在溶洞玩好后立刻返回来，正好欣赏到美丽的风景，并且在景区内多逗留了一天。当他对服务人员表示谢意时，服务人员微笑着说："竭尽所能为您服务是我们的宗旨。"这位游客返程后还把他的游玩经历告诉了朋友。

【案例分析】

案例中的游客因为天气原因对景区有些失望，打算转到别的景区。当他把意图告诉服务人员后，服务人员友好地接待了他，并向他详细介绍了周围景区的概况。在赢得了游客的认同以后，服务人员告诉游客天气马上就会转好，到时景区内的美景会尽收眼底，使游客打消了离开景区的想法。同时，服务人员还主动为游客提供去另外景区的交通工具。因此，游客被服务人员打动了，完全采纳了服务人员的建议，在景区和周围度过了美好的几天。

咨询服务人员是景区的窗口，与游客面对面的咨询服务是他们的日常工作，他们的服务态度和言谈举止代表着景区的形象。景区内除了要有专职的咨询服务人员外，其余所有员工同样都是兼职的咨询服务人员，也就是说每位员工都有可能会成为游客咨询的对象。

景区服务人员在问讯服务过程中应该做到：

（1）主动问候。当工作人员遇到表情迷茫或正准备走向自己的游客时，应该主动迎上前去问讯,这样会给处在困难中的游客以温暖的感觉,并留下亲切、热情的好印象。

(2)专心倾听。对于游客提出的问题应该认真倾听,全神贯注,以示尊重与诚意;对于游客提出的问题应该以点头或应答等形式有所反馈,让对方知道你听明白了他的问题。另外,还要有优雅的姿态,即在游客提问时要始终保持典雅的站姿、正确的坐姿和优美的步态,以及适当的手势。

(3)有问必答。对于游客的问讯,要做到有问必答,用词得当,简洁明了,不能说"也许""大概"之类没有把握、含混不清的话;自己能回答的问题要随问随答,决不推诿;对不清楚的事情,不要不懂装懂,随意回答,更不能轻率地说"我不知道";经过努力确实无法回答,要向游客表示歉意,此时应该通过电话或向其他工作人员咨询的形式来解决游客提出的问题;若离开现场去别的地方问讯,问清楚以后应马上回来答复游客,不能一去不复返。

(4)愉快地再见。当游客满意地准备离开时,应主动向游客道别,并祝他们玩得愉快。可以说:"再见,祝您玩得愉快!"

【疑难提醒】

景区服务人员应怎样提供问讯服务?
(1)清楚地了解本景区内的最新动态。
(2)热情回答景区周边地区的旅游概况。

案例 50　我们可是真的鸭鸭哦

【案情陈述】

上海迪士尼度假区,花车游行队伍进行中,可爱的唐老鸭一边扭动着身体,一边做着各种可爱的动作,向游客挥手、比心、飞吻等。游客小王看到花车游行队伍中与游客互动的唐老鸭,开心地又蹦又跳。看到花车队伍走远,小王问旁边的工作人员说:"请问,这个唐老鸭是女生还是男生扮演的啊?"工作人员看着小王笑着说:"你在说什么呢,我们可是真的鸭鸭哦。"小王听了这个回答,先是一愣,随后笑哈哈地为工作人员的机智点赞。

【案例分析】

在景区，每一位工作人员都扮演着很多角色：景区的宣传员、讲解员、安全员等，同时也是咨询员，因为游客遇到了困难和问题首先想到的是工作人员。因此，工作人员除了需要具备本岗位的工作技能，还需要了解整个园区的概况，熟悉当日景区活动安排、线路路程等，这样才可以熟练地回答游客提出的各种咨询问题。同时，工作人员在回答游客问题时，注意方式方法，这样可以给游客留下良好的印象。迪士尼度假区的工作人员回答游客提出的问题时风趣幽默，展现了园区的经营理念：给游客提供快乐的旅游体验，从而给游客留下了深刻的印象。

【实战修炼】

景区内有两位游客在相互拍照留念，比较艰难地选角度合影自拍。你作为在岗工作人员刚好路过此处，你会怎样做？

作为工作人员，如果在自身工作不紧急的前提下，可以积极主动地为游客提供一些便利的服务，比如走向前去问询：需不需要帮你们拍张合影？这时游客的反应往往是兴奋，而且会非常感谢来自工作人员的帮助。这一举动会给游客留下难忘的印象，每每看到照片都会想起工作人员的主动服务，也会对景区留下难忘的印象。

【疑难提醒】

优质服务是景区服务工作的追求。景区服务人员都要承担景区咨询工作的任务，在服务过程中，工作人员可以遵循以下工作步骤：首先是关注对方，通过注视来观察游客的行为，并善于发现游客的需求；其次是理解对方，也就是换位思考，通过游客行为判断游客的需求，并换位思考游客的感受；最后付出行动，通过换位思考，给游客提供力所能及的帮助或指引。这是景区为游客提供优质服务的前提，也是工作人员必须具备的能力。

第2节 投诉处理服务

案例51 小投诉避免大隐患

【案情陈述】

一个风景旅游区在景区内的小溪上新建了一座竹制的小桥。小桥古朴而别致,作为一道亮丽的风景线,吸引了众多的游客驻足拍照留念。一天,一位游客来到景区的投诉处理中心投诉,原因是,他在景区内刚建的这座小桥上经过时,被一棵突出在外面的竹楔子绊倒了,人摔在地上不说,牛仔裤被磕破了,手掌也被划破了,游客要求景区对此负责。

服务人员在了解到此种情况后,立刻向这位游客道歉,并带他到景区医疗服务中心去做检查,同时,派专人去竹桥检查。医务人员对游客做了简单的检查,并对游客腿上和手上的擦伤做消毒处理。同时去竹桥那边检查的人也传来消息:由于小桥建造得比较独特,吸引了很多游客来拍照和专门从上面经过。由于路过的游客过多,超出了小桥的承载量,使得竹桥楔子突出,整个竹桥有些松动。幸亏发现得及时,否则很可能会因过度超载而使竹桥发生断裂,从而引发更加严重的后果。

有惊无险,幸好情况发现得早。景区管理人员听了这一汇报,认为"投诉虽小,隐患很大"。马上决定,赔偿游客的损失,并对投诉的游客进行物质奖励——给了一个丰厚的红包;同时吩咐工作人员对小桥进行了封闭完善,并于改建后对上桥游客人数加强了控制措施。投诉人对这次事件的处理结果非常满意。

管理部门举一反三,决定对景区内其他设施进行全面检查,查出隐患两起,并及时予以解决。从此,该景区积极鼓励游客进行投诉,并认真对待游客的每一个投诉。因为景区管理者知道,游客投诉可以帮助管理人员发现他们难以发现的一些隐患问题,并得以及时解决,避免事态进一步发展。管理者说:"小投诉避免大隐患,何乐而不为呢?"

【案例分析】

案例中讲述了一个典型的景区投诉处理服务事件。一位在某风景区内旅游的游客被竹桥上的竹楔子绊倒、划破、摔伤，投诉到了景区管理中心。管理中心人员经过调查后得出结论，该游客的投诉为有效投诉。同时，还发现经过竹桥的游客超过了竹桥本身的承载量，如果不及时采取措施，还可能会酿成更大的事故。因此，管理中心负责人决定在赔偿游客损失的同时，还对其进行奖励。此后，又对景区内进行了全面安全检查，发现两处隐患，并得到了彻底的根除。从此，景区管理人员制定了奖励有效投诉游客的政策。

投诉处理服务，是指景区管理人员或者服务人员，对游客在景区内的权益受到损害时的处理服务。游客在游玩、接受服务的过程中可能会产生这样那样的不满和抱怨，或者因权益受到侵害而找到景区管理中心进行投诉。有些景区对于游客的投诉避之不及，认为这是给工作添麻烦，对于游客的投诉要么不理不睬，要么束之高阁，使得游客的意见得不到有效的反馈。但是有的景区视游客投诉为景区前进的动力，因为游客的投诉能让景区认识到存在的不足，找出解决的办法，从而促进景区的优化。如果一些游客有了不满或意见，不是找到景区来投诉，反而向周围的朋友倾诉，作负面宣传，或者在景区内找不到合适的投诉环境而到当地的"消费者协会"、旅游质监部门等去投诉或反映，这样对景区今后的销售市场会产生更加严重的消极影响。

因此，要正视游客投诉，积极为游客投诉提供机会和环境。例如，在景区内的不同地点设置专门受理游客投诉的服务台，设置投诉电话、意见箱或意见簿等。在这些受理投诉的方法中，最好是面对投诉及时处理，让游客乘兴而来、满意而归，这样会使游客充分感受到自己的意见被重视被采纳，同时，意见和不满也就不会扩大。可以说，正确、及时地处理游客投诉，是景区可持续发展的金钥匙。

【游客心理需求解剖】

作为游客，在景区内遇到权益受损时，心理是怎样的？

（1）找景区负责赔偿。

（2）希望能得到景区的积极回应。

（3）希望得到合理的解决。

【疑难提醒】

（1）面对游客时，保持良好的心态。
（2）与游客交往时，要有一定的耐心和技巧。
（3）如遇到客人投诉，自己解决不了的，应对客人讲："对不起，请稍等，我马上给您请示！"

案例 52　你就是少给了一件雨披

【案情陈述】

在某游乐园的激流勇进项目前，很多游客正在排队等待体验一下从半空中漂下的刺激感觉。服务员小王是该项目组附近小卖部的营业员。他正在有序地为游客服务。这个小卖部除提供一些旅游纪念品和游客必需品外，还为激流勇进的游客提供一次性雨披。

此时有一个15人的旅游团队，也来排队体验激流勇进项目。他们中的一位中年女游客来到小王面前，告诉小王说："我们要买15件一次性雨披。"小王说："好的。"小王当着女游客的面数出了15件雨披，在得到女游客的确认后，收了15件雨披的钱，然后把雨披交给女游客。

可是过了一会儿，女游客急匆匆地赶了回来，对小王说："服务员，你怎么少给了我一件雨披？"

小王很意外，说："不会的，我点了15件，你也看到的啊。"

游客着急地说："但是我拿回去发，一人一件，最后还缺一个人没有，肯定是你少给了我一件。"

此时越来越多的游客来买雨披，小王急不可待地解释："可是我清点的时候，你也看到的，是15件，您拿走了以后，现在又来说少了，我也没办法。"

游客说："那我们一共15个人，拿回去一人一件发下去了，差一个人没有，肯定是少了一件！大家都可以做证的。"

"那你掉了也有可能的。"小王一边忙着应付别的客人一边回答。

"怎么会呢？这么近的距离怎么会掉呢？再说即使掉了也可以看得到的。肯定是你少给了我一件，你应该再补给我一件！"此时，该女游客的同伴过来喊她，说项目马上要轮到他们了，要她赶紧回去。

"给你一件可以的，但是得另外付钱。"小王的态度已经开始冷冰冰了。

"你少给了我一件，现在又让我付钱，凭什么？！"游客也毫不妥协。

"那对不起，没有！"小王回答。

"你什么态度啊！"女游客的同伴说。

"就这个态度。"小王也不依不饶。

"明明是你少给了我一件，还这种态度，你们就这样为游客服务吗？我要去投诉你。"女游客愤怒地说。

"我是当着你的面清点好后你拿走的，现在又说少了一件，我没有错，你要投诉尽管投诉好了。"小王不耐烦地说道。

"你再说一遍！"女游客的同伴怒气冲冲地喊道。

"你去投诉好了，一直往前走，然后左转就到了。"小王说着，并摆出一副无所谓的样子。

"就这样的服务态度，还做服务员！"游客一副誓不罢休的样子，向小王指示的方向走去。

过了没多久，投诉中心主管通知小王，因对游客态度不好引发与游客的冲突，扣掉小王一个月的奖金作为处罚。原来女游客的同伴过来后，将小王和游客之间的对白用手机录了下来，并投诉到了投诉中心。景区在调查之后，因服务员的态度恶劣向游客做了充分道歉。消失的雨披因缺乏证据，根据规章制度不能补，游客也觉得有道理。但是为了鼓励游客投诉，主管还是决定免费发给游客一件雨披。

【案例分析】

案例中讲述的是景区内因服务员服务态度引发的一起投诉事件。由于服务员在卖给游客一次性雨披时，未让游客自己清点数量而引起了争议。服务员小王的服务态度引起了游客的不满，被游客投诉。分析整个过程，小王有两点做得不到位。

首先，小王在点好15件雨披后，没有交给游客进行清点，事后才被游客抓住把柄。因此，小王应该在自己点完后，再交给游客当面重新清点一次。

其次，在游客发现数量不对重新返回后，小王对游客的态度不够理智，没有和游客进行有效的沟通，从而引起游客的不满。此时小王应该在倾听游客的诉说后，与游客摆明情况，讲清道理。因为大部分游客都是通情达理的，就像案例中的游客，在投诉中心主管和他讲明事实情况后,对小王不给她雨披也表示理解。因此,在为游客服务的时候,是需要耐心和技巧的。有些尚未学会妥善处理游客不满的服务人员,可能和愤怒的游客一样失去理智,使矛盾激化,从而失去游客,甚至失去工作。因此,在受理投诉时,不管游客是粗鲁、沮丧、糊涂还是发怒,服务人员一定要理智地控制自己的情绪和事态局面,尽量不要使矛盾升级。

景区内游客在游玩、接受服务的过程中,可能会产生这样那样的不满和抱怨等情况。总结游客投诉的原因,主要有景区服务人员的服务态度和服务技能较差、景区内的旅游产品质量不好、景区内的硬件设施及环境较差。因此,在与游客接触或者受理游客投诉的过程中,首先要分析游客投诉的原因,进而选择适当的方法和技巧,按照原则来巧妙地解决游客的投诉事件。

【游客心理需求解剖】

在景区内遇见服务员态度不好时,你的心理会怎样?
(1)服务态度这么差,以后不打算再来了。
(2)不想为一件小事而破坏了游玩的心情。

【疑难提醒】

在处理有效投诉事件时,补偿性服务可以通过以下几种方式进行:
(1)打折优惠。
(2)免费赠送。
(3)个人交往。

【相关链接】

投诉原因归结

游客投诉的原因较多,投诉的内容也千奇百怪,大致可分为以下几种:

1. 对景区服务人员的投诉

此类投诉,是由于景区服务人员素质不高、服务水平低下、服务观念存在问题而产生的。它占景区投诉量的绝大多数。

（1）服务态度太差。

- 不回答游客的询问，或回答时不耐烦、敷衍了事、出言不逊。
- 服务动作粗鲁，反应迟钝。
- 不注重个人卫生，把手放入杯中或盘中，或点完钞票的手又去拿食品等。
- 冷落游客，游客召唤后服务员久久不来。
- 服务语言使用不当。

（2）服务技能欠缺。

- 工作程序混乱，效率低下。
- 账单金额有误。
- 上菜、上酒与所点菜单不一致。
- 寄放物品遗失等。
- 不征求游客的同意，强迫游客与不相识的人坐不愿坐的位子、住不愿住的房间、乘不愿乘的车辆。
- 漏点或错点游客人数。

2. 对景区服务产品的投诉

（1）价格投诉，如景区门票太高，特别是园中园，重复购门票，商品或服务项目收费过高，随意宰客。

（2）饭菜质量太差，口味、卫生不能令游客满意。

（3）样品和游客所要商品不一致。

（4）最佳观景点被承包经营者占据，拍照得付额外的费用。

（5）寄存物品、租车、乘船等不方便，结账方式落后。

3. 对景区硬件及环境的投诉

（1）没有或缺乏卫生设施，或卫生设施条件太差，如厕所有异味等。

（2）住宿条件简陋，桌面、椅子、毛巾、地毯、窗帘、碗筷破损，不干净。

（3）没有与景区配套的娱乐项目，没有歌舞表演，缺少儿童娱乐或活动项目。

（4）发生安全事故、意外事件，治安状况太差，缺乏安全感。

（5）旅游气氛太差，小贩穿梭其间，追客强行兜售。

（6）交通混乱，车辆摆放无指定。

资料来源：王昆欣. 旅游景区服务与管理[M]. 北京：旅游教育出版社，2004.

案例 53　跟踪服务打动了我们

【案情陈述】

周末一大早,刘先生带着父母和妻儿去某著名杨梅产地采杨梅。他们选择了当地一个集采摘和娱乐为一体的乡村旅游景区。虽然6月份天气比较炎热,还是吸引了众多游客的到来。刘先生一家买好票后,和其他游客一起乘景区游览车来到了该景区的山顶。这里的杨梅较成熟、可口。景区服务人员讲好中午十一点半来车接游客下山吃午饭,下午在景区内游玩。

刘先生一家看到这么多杨梅兴高采烈,边吃边玩,虽然每个人都是汗流浃背,但还是很兴奋。接近十一点的时候,刘先生的母亲开始头晕,而且有呕吐的现象。刘先生家人判断是中暑了,但是他们没有准备相应的药物,于是赶紧找到了区域服务处。这里说是服务处,其实就是景区的一个营销部,专门为游客提供饮料和食品,以及装杨梅用的篮筐等。当刘先生问到有没有中暑的药物时,服务员回答:没有。但服务员还是用对讲机通知了景区管理中心。刘先生要求景区管理中心派辆车和医生过来,把她母亲接下山去。服务员汇报了情况,山下的景区管理中心答应了刘先生的要求。于是,刘先生和家人在山顶上焦急地等待着。刘先生的母亲病情越来越严重,除了头痛、头晕、口渴、多汗,还出现了四肢无力、注意力不集中、动作不协调等症状。因此,家人让她躺在阴凉处休息。但是,过了10分钟,车还没到。刘先生去服务处问讯,服务员说:"已经联系了,马上就会来的。"又过了10分钟,车子仍然没到。按理说,山下到山上开车上来10分钟足够了,都已经过去20分钟了,车子依然没到,大家都非常着急。

又过了5分钟,车子终于来了,但是没有医生,只有司机拿上来了一支藿香正气水。大家忙着给刘先生的母亲喝下去,正准备乘车下山时,刘先生的父亲,因着急上火加之天气炎热,心脏病突然发作。刘先生赶紧给他吃了一颗救心丸,同时拨打了120急救电话。10分钟后,120救护车赶到了现场,将刘先生的父亲送进了最近的医院。这时,景区主管也赶到医院来看望刘先生的父亲。

当刘先生的父亲脱离危险后,刘先生终于忍耐不住对着景区主管开始了愤怒的控诉,对景区的服务表示了极大的不满,并准备投诉到上一级旅游部门。

景区主管认真聆听了刘先生怒气冲天的抱怨,对发生的一切表示道歉,并愿意对所发生的不幸承担相应的责任。

最后，景区承担刘先生父亲在医院的相应费用，免去他们一家在景区的花费。同时，派专车送他们一家人回家，并着手调查刘先生母亲中暑后车一直迟迟不来的原因。刘先生看到景区方面态度比较积极，也作出了相应的补偿，老人也都脱离了危险，所以没有再投诉到有关部门。

刘先生回家的第二天，景区主管又打来电话问讯刘先生父母亲的情况，并让员工带着慰问品看望刘先生及其父母。他们解释说："我们的即时服务存在严重问题，希望能用跟踪服务弥补我们的过失。"刘先生一家深为感动，对景区的抱怨也没有了。刘先生说："是跟踪服务打动了我们！"

【案例分析】

案例中讲述了刘先生一家人在采杨梅时的不幸遭遇：母亲在采杨梅时中暑晕倒，景区的车却迟迟不到，随后父亲又心脏病发作送到医院。对于刘先生母亲的不幸遭遇，景区应该承担大部分责任，因为游客在景区内中暑晕倒后，立刻向服务中心求救，本来10分钟车程的地方，过了近半小时才赶到，而医护人员也没有在第一时间赶到现场。当事态越来越严重时，景区主管出面对游客做了一些安抚工作，对问题的解决起到了一定的效果。景区服务人员又对游客进行了跟踪服务，才最终打动了游客并获取了游客的谅解。

在景区服务中，如果没有完整的、严格的管理制度，就会出现不负责任、玩忽职守等情况。投诉中心的服务员在受理游客投诉时一定要有耐心和技巧。一般在受理游客投诉时，可以采取以下七个步骤：

1. 认真聆听

来投诉的游客大多情绪激动，怨气冲天，往往没说清真相，就先表达对景区或者服务人员的不满。此时服务人员首先是不要急于解释，要学会耐心聆听。其次，应该记录并应答，在认真听取游客发泄的同时，还应根据游客的叙述，认真做好记录并及时应答，让游客知道，他的感受与投诉内容一样已经受到了重视。最后，不要计较游客的说话方式，愤怒的游客在对景区或者服务人员发泄不满的时候，可能言语过激或者表达不准确。服务人员应当控制好自己的情绪，因为如果打断愤怒的游客，不仅搞不清楚问题产生的原因，反而会刺激游客的情绪，不利于问题的解决。

2. 充分道歉

不论是什么样的原因，游客来投诉，必然有自己的理由，或多或少是因景区服务管理工作不到位造成的。游客来到景区，消费得不愉快、不开心，产生抱怨，景区服务人员就应该向游客表示歉意。

3. 了解相关过程

游客在听到"抱歉"之后,满腔的愤怒可能会得到暂时的平息,但是他们期望的是解决问题。因此,景区应当积极引导游客进一步叙述出相关的事由,还要积极思考,根据经验判断问题的严重程度和事件影响面的大小,确定投诉事件处理所涉及的范围,考虑游客希望获得什么样的处理结果等。

4. 提出解决方案

在明确了游客提出的问题之后,下一步就是要解决问题。在处理投诉时,既要站在景区的角度又要站在游客的角度,在自己的职权范围内处理问题。

5. 征求游客意见

在问题解决之前试探性提出解决方案,征询游客意见。如果游客同意你的处理建议,问题就会很快得到解决;如果游客不同意你的意见,再征询游客的意见也不晚。这时,可以问游客希望问题如何解决:"你希望我们怎么做?"

另外,在问题解决之后,征求游客意见。

6. 感谢游客批评指正

游客的投诉,实质上可以促进景区工作的改进,对景区今后的发展具有良好的促进作用。因此,景区对投诉的游客应该表示欢迎和感谢。

7. 跟踪服务

游客的投诉处理得到解决后,景区的服务还是会给游客心理上留下阴影。因此,要想抹掉游客心理上的阴影,并树立良好的企业形象,还应进行跟踪服务。可以通过电话、邮件等对游客进行问候、感谢,同时还可以介绍景区新的活动项目等。

图 5-2 沉着、大方地应对游客投诉的景区工作人员

【疑难提醒】

面对愤怒的游客，服务人员应该怎么办？

（1）首先要情绪稳定，并不时地安慰或道歉，然后及时提出解决问题的方法。

（2）有时故意刁难服务人员的游客，会提出一些过分的要求。服务人员应该沉着、大方地应对，最好能用幽默的方式避开话题或回绝游客。

【相关链接】

应对顾客投诉的一些常用句式

（1）"像您这样地位的人……"这暗示了对方的社会地位很高，所从事的工作很重要。因为大家都喜欢听到好话和美言。

（2）"如果您可以……我会很感激的。"此话意在征得顾客许可，暗示顾客有很大的权力表示接受或者拒绝。

（3）"您真的在……方面帮我一个忙。"此话暗示，顾客在处理投诉的整个过程中不但地位重要，而且可以让顾客感受到扮演一种"父母兄长般"的长者角色。

（4）"也许您可以在……方面给我一些建议。"这样可以让顾客感到他充满思想和智慧。

（5）"请您……因为您在这方面有专业知识，您是这方面的专家。"这话暗示对方具有很高的专业技术水准，把对方看成富有智慧的人。

（6）"像您这样有成就的人……"这句话暗示顾客是一个成功人士。

（7）"当然，您肯定知道（了解）……"暗示对方知识面广、信息灵通。

（8）"您说的……（内容）完全正确。"这不仅会起到一种很有效的停顿作用，也可以借此认同顾客提出的观点，从而使顾客在协商问题时愿意作出让步。

（9）"像您这样的大忙人……"这话可以暗示顾客作为"生活要员"的地位，同时也表明问题会很快得到解决。

（10）"如果……我会感激不尽。"这话可使人感到轻松愉快，并对知道感恩的人作出让步。

值得注意的是：上述说法中，有些话语以"我"开头。在面对顾客时，应尽可能避免使用这一辞令。但如果对话不带有任何挑战意味时，是完全可以使用的；如果情形出现了某种对立，或准备采取某种"挑战性"态度时，则话语最好以"你"来开头。

资料来源：PAUL R.TIMM.对客服务艺术［M］.肖洪根，等译.北京：旅游教育出版社，2002.

案例 54　这里是"酒窝大道"，请您系好安全带

【案情陈述】

　　某旅游风景区的游客中心，最近接到游客的投诉电话比较多，大都是在乘坐景区巴士经过景区入口通往景区内主峰景点的一段土路时，由于事先没有心理准备，出现撞伤、摔倒的情况。出现这一情况的原因是，近期正在对景区大道中的某一段进行改造，修建一个标志性建筑，所以经过此路段的车辆必须改道，改道后的土路是景区刚开发的时候修建的，过了这么多年后，路面坑坑洼洼，凹凸不平。因为景区主干道改造的预计时间不是很长，故景区没有在改道后的土路上下功夫，只是要求讲解员和巴士司机在经过此路段时做好对游客的提醒工作，同时也在这条路段的交界处竖立了告示牌，但还是被投诉了。投诉中心的主管在整理投诉记录的时候发现，近来在出勤的讲解员中，只有导游员小吴未因道路问题被投诉过，于是主管就此做了进一步的调查。

　　原来事情是这样的：有的讲解员在经过这里之前，因讲解其他注意事项或景点介绍而忘记告诉游客此段路的情况；有的讲解员虽然会提醒游客："因为景区内的道路整修，我们将不得不改道走一段土路，这条土路可能有些颠簸，请大家注意安全。"但刚说完，游客还没反应过来，就撞到前面的座位上了。这说明提醒得太晚。

　　但是，小吴每次带团经过这里时，他是这样和游客介绍的："各位游客，下面要经过的是我们景区内的一条元老级的'酒窝大道'，为什么是元老级呢？因为它是我们景区 50 年前开发时修建的道路，对我们景区的发展作出了卓越的贡献。当我们行驶在这条土道上的时候，可以体验到平时行驶在柏油大道上所不能体会的一种感觉，就像是坐在八抬大轿里，所以我称之为'酒窝大道'。但是还是请各位游客在慢慢享受的过程中，系好自己的安全带，抓好扶手。好了，马上就要到了，路程不长，只有 5 分钟车程，还请我们的司机师傅开得慢一点，能给大家多一点时间来享受。"

　　景区投诉中心主管在了解到这一情况后，立即向景区管理中心主任作了汇报。

管理中心主任立即决定对讲解员小吴进行奖励，号召所有的讲解员向小吴同志学习，并将那条"元老级"土路改名为"酒窝大道。"

【案例分析】

案例中讲述的是不同导游员在经过同一个路段、面对同一个问题时，因思维方式的不同而产生的不同结果。有的人一直在解释和道歉，最终还是被游客投诉了；而有的则只是换了个角度进行解释，不仅没有引来投诉，反而带来了嘉奖。从此例我们可以看到，对待同一件事，用不同思维、从不同角度考虑问题，就会产生不同的结果。因此，景区服务人员在服务的过程中，始终要保持健康良好的心态，充分站在游客的角度考虑问题，开动脑筋，就一定能避免投诉的发生。

案例55 游乐设施引起儿童乘客不适

【案情陈述】

小朋友在某主题乐园"甜心飞饼"项目游玩时，其家长在排队区外面等候。安检人员为其锁压杠时，小朋友被弹起的压杠顶到背部，感到不适，安检员小安未发现异常。设备启动后，小朋友开始向下面的家长求救，想要下去。操作员发现后，设备已经运行，无法应游客要求停止，但没有告知其家长，导致家长认为工作人员没有理会这件事。由于家长非常担心孩子，在设备还未完全停稳时，便想上去把孩子抱下来，安检员小安因担心游客安全，大声指责、阻止游客行为，导致游客的投诉。

客服立即对事情进行了调查了解，当事员工小安称，设备还没有完全停稳，安全门是打不开的，此时游客非常激动想要打开门，小安担心提前打开安全门会使设备受到影响，同时也容易伤到游客本人，便急忙大声阻止了游客。客服了解情况后，耐心给游客解释，安检员小安给游客当面致歉，游客表示接受。

【案例分析】

上述案例中"甜心飞饼"项目保险杠弹起时，特别是在游客没有准备的情况下会让人感到疼痛，造成游客紧张。操作员和安检人员启动设备前，没有告知游客，导致启动后才发现情况，存在问题。孩子脸上流露出痛苦的表情求救时，家长不知具体原因，所以会感到紧张和不安，可以理解。员工出于游客安全的考虑，所以急着向前去劝阻，但是忽略了方式方法。工作人员小安现场没有及时安抚游客，游客焦急如焚。操作人员发现后未及时采取措施，给人一种满不在乎的感觉，被误认为是不顾及游客感受。工作人员在遇到这样的情况应按以下步骤操作或安抚游客情绪：

（1）规范流程。态度和气地提示游客挺直背部，然后弹起保险杠。

（2）安抚游客情绪。如遇到上述的家长要安抚其情绪，告知我们的项目是绝对安全的。

（3）员工无论在任何情况下都不能指责游客。为游客提供服务时应当使用服务用语："您好，设备还未停稳，请您不要靠近，以免发生不必要的危险。"

（4）表示能够理解家长的心情，但是告知家长运行过程中靠近设备是不安全的。

（5）在家长情绪极为激动的情况下，立即启用急停方式使设备暂停运转，同时安抚其他游客。

（6）设备运行期间关注游客状态，发现游客有不良反应后，要立即按下"急停"按钮。

（7）及时向小朋友家长解释清楚设备原理，告知设备从运行到完全停止有一个缓冲的过程，需要一定时间。

（8）在等待设备停稳的过程中，安抚游客情绪，站在游客的立场，让游客知道我们在努力争取用最短时间让小朋友下来，而不是给游客一种漠不关心的印象。

【实战修炼】

一位游客投诉称：其一行七人（四大三小）于下午四点左右入园游玩，花费千余元，仅游玩了一个游乐项目，因其他所有项目都已经截止排队了。游客对园区不控制游客量表示强烈不满，投诉要求退票。

客服人员接到投诉后，耐心地向游客致歉并解释：节假日热门景区游客较多，给您造成游玩不便，我们十分抱歉。我们公园的最大容量是某某数量，目前还远未达到。截止排队的只是部分热门项目，公园还有很多其他项目可以排队游玩，然后积极为游客推荐其他游玩项目。游客情绪稳定后，表示理解接受。

客服人员分析游客投诉的原因如下：

（1）可能游客认为花了钱却没有得到相应的服务，导致其同行的小朋友情绪低落，故产生不满,因而投诉。

(2)可能游客对园区游乐项目过早截止排队的做法表示不满,因而投诉。

(3)可能游客游玩的目的并不是需要玩遍所有的游乐项目,而是由于仅仅只游玩了一个游乐项目而不快,因而投诉。

(4)可能员工未主动关注游客的需求,并向游客提供相应的服务,因而投诉。

【疑难提醒】

景区游玩中的投诉产生的原因有以下几种:

一是员工服务态度问题引发游客投诉。因为员工的服务让游客觉得没有受到相应的尊重,而引发的投诉。

二是园区管理问题,如游乐项目截止时间、项目排队时间过长等。

三是游乐项目的意外伤害。

四是游客在公共区域内发生矛盾。

五是购票或预约的平台出票不及时等。

不论是何种投诉,大都是游客认为自己遭到不公平待遇或没有被尊重,有了不满的情绪,才会产生各种投诉。因此,在处理投诉时,首先做的是安抚游客的情绪,然后再处理事情。只有游客情绪平复了,才可能听取解释,投诉处理才会顺畅。

第 6 章
危机事件处理与管理案例

案例 56　新冠疫情突发，旅游业的应急处理

案例 57　新冠疫情常态化下的景区服务与管理

案例 58　北京冬奥会的闭环管理

案例 59　九寨沟地震

案例 60　勐远仙境景区遭遇洪水破坏

案例 61　张家界国家森林公园遭遇罕见雪灾

第1节 重大公共危机事件的应对

案例56 新冠疫情突发，旅游业的应急处理

【案情陈述】

新型冠状病毒肺炎（Corona Virus Disease 2019，COVID-19），简称"新冠肺炎"，是指新型冠状病毒感染导致的肺炎。2019年12月以来，湖北省武汉市部分医院陆续发现了多例有华南海鲜市场暴露史的不明原因肺炎病例，后经证实为新型冠状病毒感染引起的急性呼吸道传染病。2020年3月11日，世界卫生组织（WHO）认为，当前新冠肺炎疫情可被称为全球大流行。据国家卫生健康委员会官方网站信息，截至2022年8月22日，中国大陆累计报告确诊病例240 233例，现有确诊病例8391例（其中重症病例35例），累计治愈出院病例226 616例，累计死亡病例5226例。累计收到港澳台地区通报确诊病例5 435 036例。其中，香港特别行政区374 065例（出院72 109例，死亡9610例），澳门特别行政区793例（出院785例，死亡6例），台湾地区5 060 178例（出院13 742例，死亡9657例）。

世卫组织网站最新数据显示，截至欧洲中部时间2022年8月22日16时42分（北京时间22时42分），全球确诊病例达到593 269 262例，死亡病例达到6 446 547例。

【案例分析】

新型冠状病毒感染的肺炎患者的临床表现为：以发热、乏力、干咳为主要表现，鼻塞、流涕等上呼吸道症状少见，会出现缺氧低氧状态。约半数患者多在一周后出现呼吸困难，严重者快速进展为急性呼吸窘迫综合征、脓毒症休克、难以纠正的代谢性酸中毒和出凝血功能障碍。值得注意的是，重症、危重症患者病程中可为中低热，甚至无明显发热。部分患者起病症状轻微，可无发热，多在1周后恢复。多数患者预后良好，少数患者病情危重，甚至死亡。

卫生防疫专家强调，可以确定的新冠肺炎传播途径主要为直接传播、气溶胶传播和接触传播。直接传播是指患者喷嚏、咳嗽、说话的飞沫，呼出的气体近距离直接吸入导致的感染；气溶胶传播是指飞沫混合在空气中，形成气溶胶，吸入后导致感染；接触传播是指飞沫沉积在物品表面，接触污染手后，再接触口腔、鼻腔、眼睛等黏膜，导致感染。研究表明新冠病毒具有以下基本特征：传染性强，高传染性导致了病毒在全球范围内迅速传播；隐蔽性强，新型冠状病毒在潜伏期内一般不会有临床表现，或者只有简单的临床表现，较难发现；潜伏周期长，新型冠状病毒的平均潜伏期，通常7~10天，最长的可以到两周，甚至是20多天。

新冠疫情给全球社会和经济带来巨大影响。受新冠肺炎疫情影响，多国经济已出现下滑，为减缓疫情传播出台的限制措施重创实体行业，大批员工面临失业。世界旅游组织（WTO）估计，2020年，国际游客流量减少58%~78%，减少8.5亿~11亿跨境游客，而经济损失达到9100亿~1.2万亿美元，疫情威胁到1亿~1.2亿个直接与旅游业相关的就业岗位，这是国际旅游业自1950年有记录以来最严重的一次危机。

当疫情袭来时，旅游业成为遭受冲击最明显的产业之一，也成为防疫工作的第一线。我国的春节假期历来是旅游业重要的"黄金周"，按照以往许多家庭会早早安排出行旅游的计划，旅游企业也都严阵以待准备客流高峰的到来。但这场突如其来的疫情阻断了成千上万人在2020年春节的出游活动。为避免大量人员流动引起的交叉感染，全国各地景区陆续宣布关闭，旅行社及在线旅游企业暂停经营团队旅游及"机票＋酒店"产品，众多涉旅企业蒙受了巨大的经济损失。

【应急处理】

我国高度重视突如其来的新冠疫情，2020年1月25日（农历正月初一），中共中央政治局常务委员会召开会议，专门听取新型冠状病毒感染的肺炎疫情防控工作汇报，对疫情防控特别是患者治疗工作进行再研究、再部署、再动员。在党中央决策部署下，全国上下进入全面动员、全面部署、全面防控阻击疫情的阶段，坚决把人民群众生命安全和身体健康放在首位，把疫情防控工作作为最重要的工作来抓。

文化和旅游部作为全国旅游业行政主管部门，按照党中央、国务院新冠疫情防控的要求，及时出台政策，采取积极措施，有效应急处理，确保人民群众生命安全和身体健康，确保了旅游业有序防控、复工复产等。

（1）及时按下旅游业的"暂停键"。2020年1月24日，文化和旅游部发布《关于全力做好新型冠状病毒感染的肺炎疫情防控工作暂停旅游企业经营活动的紧急通知》。

通知指出：为贯彻落实习近平总书记重要指示精神，全力做好文化和旅游系统新型冠状病毒感染的肺炎疫情防控工作，有效切断病毒传播途径，坚决遏制疫情蔓延势头，确保人民群众生命安全和身体健康，即日起，全国旅行社及在线旅游企业暂停经营团队旅游及"机票+酒店"旅游产品；已出行的旅游团队，可按合同约定继续完成行程，行程中，密切关注游客身体状况，做好健康防护；各地要深刻认识此项工作的重要性，指导辖区内旅游企业服从服务大局，妥善处理好游客行程调整和退团退费等合理诉求。

（2）努力纾困帮扶旅游企业。2月5日，文化和旅游部发布《关于暂退部分旅游服务质量保证金支持旅行社应对经营困难的通知》。通知要求，暂退范围为全国所有已依法交纳保证金、领取旅行社业务经营许可证的旅行社，暂退标准为现有交纳数额的80%。2月27日，文化和旅游部发布《关于积极应对疫情影响保持导游队伍稳定相关工作事项的通知》。通知要求，各地要加强疫情期间导游人员权益保护工作，依法落实导游人员权益保护相关规定。要指导和支持行业组织切实履行维护导游合法权益等相关责任，加强对旅行社依法履行劳动合同义务的监督，在疫情期间非因法定事由不得提前解除与导游签订的劳动合同。要指导行业组织、旅行社落实好有关部门、当地政府出台的疫情期间稳定劳动关系的相关政策。3月26日，文化和旅游部与中国工商银行签署了《助力文旅企业纾困 推动产业高质量发展战略合作协议》。根据协议，中国工商银行将为文化和旅游行业提供1000亿元新增授信额度，对受疫情影响的文化和旅游企业坚决做到不抽贷、不断贷、不压贷，通过多种方式做好融资接续安排，保障企业资金需求；实施临时性延期还本付息，建立"绿色审批通道"，发放利率优惠的"抗疫贷""用工贷""税务贷"信用贷款，精准帮扶民营、中小微文化和旅游企业；借助优惠的费率、强大的资金实力和完善的发行渠道助力文化和旅游企业发行疫情防控债等债券，降低企业融资成本，拓宽企业融资渠道。

（3）实施旅游预警确保出行安全。3月17日，文化和旅游部提醒中国游客暂勿前往新冠肺炎疫情严重的国家旅游，提醒指出：新冠肺炎疫情在全球范围持续蔓延，部分国家和地区疫情严重，中国游客及时关注境外疫情形势，切实提高安全防范意识，充分评估出国旅游引发的感染风险，暂勿前往意大利、西班牙、法国、德国、美国、瑞士、英国、荷兰、瑞典、挪威、丹麦、奥地利、比利时、伊朗、韩国等高风险国家旅游。

【疑难提醒】

历史告诉我们，旅游业向来都是与战争、疫情、天灾、经济风波、恐怖活动等危机事件相伴相随的。仅在 1998 年的亚洲金融危机之后，我国旅游业就先后经历了 2003 年"非典"、2008 年汶川地震、2017 年九寨沟地震等重大危机事件。虽然危机事件对旅游业影响巨大，但我们要正确认识危机事件，做好应对措施；我们要进行有效的危机管理，努力将损失降至最低；我们要及时开展复工复产，做好旅游业复苏的准备。事实证明，每次危机之后，旅游业总体依然呈较快增长态势，其作为朝阳产业的性质没有发生变化。

此次新冠肺炎疫情，再次警醒旅游业要认清危机事件的本质，提高危机管理的能力，增强旅游业"免疫力"，及时、积极、有效开展应对措施，助力产业复苏，重振旅游业发展。

第一，要树立旅游业的危机观。要充分认识到危机与旅游业相伴相随，强化"居安思危"的风险意识，面对危机事件能够沉着、冷静应对。

第二，要提高危机管理的能力。要建立完善危机预警系统，推动治理体系和治理能力现代化建设，创新应对各种挑战，尽可能减少负面影响，实现旅游业善治。

第三，要增强旅游业"免疫力"。优化产业模式和运营，适应疫情后旅游消费需求新变化。开拓新的旅游市场，促进旅游客源的多元化；调整旅游产品结构，提高旅游市场的竞争力；积极拉动内需消费，重新梳理旅游业态需求；完善优化管理制度，整合企业资源提高效益。

第四，要加强相关利益者的合作，互信互助互动互惠。旅游业涉及面广、产业链长、相关企业多，需要党委政府、社会各界、旅游企业、广大游客的共同努力，一起抵御危机事件。

第五，要加强旅游业危机的科学研究。要研究危机与旅游业的关系，重点解决不同类型危机事件对旅游业的危害，提高全行业危机事件处理和应对的能力，有效建立危机事件预警机制和危机事件管理体系。

案例 57　新冠疫情常态化下的景区服务与管理

【案情陈述】

2020 年初，随着新冠肺炎疫情扩散蔓延，各地纷纷加强控制措施，旅游景区陆续关闭。1 月 24 日，文化和旅游部发布《关于全力做好新型冠状病毒感染的肺炎疫情防控工作暂停旅游企业经营活动的紧急通知》。据北京疫情防控工作领导小组的部署，从1月24日起关闭了全市封闭式管理的181家旅游景区。同时，上海、广东、浙江、海南、河南、黑龙江等省市自治区也纷纷关闭了旅游景区。

2月20日起，新冠疫情初步得到控制，四川、云南、安徽、广西、江苏等逐步恢复开放旅游景区。2月25日，文化和旅游部资源开发司印发《旅游景区恢复开放疫情防控措施指南》，指导全国旅游景区继续实施疫情防控、稳步做好恢复开放相关工作，对景区开放、景区员工健康监测和管理、景区公共卫生和场馆防控、景区游览管理、有效处置异常情况等提出了具体要求。5月7日，国务院应对新冠肺炎联防联控机制综合组印发《关于落实常态化疫情防控要求进一步加强医疗机构感染防控工作的通知》，指出：经过全国上下艰苦努力，我国新冠肺炎疫情防控向好态势进一步巩固，防控工作已从应急状态转为常态化。此后，旅游景区处于疫情防控常态化下的运营与管理。

【案例分析】

新冠疫情常态化意味着新冠病毒可能会与人类长久相处，变成一个"常态化"的存在。新冠疫情常态化就是将新冠疫情防控作为日常的政策，在采取防护措施的情况下，能够基本恢复正常的生活、工作。按照防控指南的要求，在常态化环境下，在人员聚集的地方，在密闭的地方，还是要坚持采取保护措施。已有的研究结果表明，新冠病毒不可能像非典病毒那样突然消失。这样一种高传染性的病毒，成为"常态化"存在，必将改变人们的生活习惯、行为习惯。新冠疫情常态化再次告诫我们，新的流行疫病正在不断袭击人类，我们的社会治理、社会管理，需要在这样的大背景下，进行调整、改革、完善，需要把健康理念融入社会管理的各项规划、纳入所有的公共政策之中。

疫情常态化下，旅游景区的复工复产有序展开，文化和旅游部在疫情防控的不同阶段，针对性提出了景区防控的指南。

2月25日，文化和旅游部资源开发司印发《旅游景区恢复开放疫情防控措施指南》提出：各景区应根据实际，分区域分项目逐步恢复开放。严控游客流量，景区科学合理设置承载量。要有效采取门票预约、智慧引导等手段，科学分流疏导游客。

4月13日，文化和旅游部、国家卫生健康委联合印发《关于做好旅游景区疫情防控和安全有序开放工作的通知》要求：做到限量开放、有序开放，严防无序开放。疫情防控期间，旅游景区只开放室外区域，室内场所暂不开放，接待游客量不得超过核定最大承载量的30%。

4月27日,中央宣传部、文化和旅游部召开2020年"五一"假期旅游景区开放管理工作电视电话会议,会议提出:推动实施预约制度,合理控制景区流量等,即景区管理"限量、预约、错峰"。

7月14日,文化和旅游部办公厅《关于推进旅游企业扩大复工复业有关事项的通知》提出:旅游景区要继续贯彻落实"限量、预约、错峰"要求,接待游客量由不得超过最大承载量的30%调至50%。在严格落实各项防控措施的前提下,采取预约、限流等方式,开放旅游景区室内场所。

9月18日,文化和旅游部资源开发司《关于做好2020年国庆节、中秋节假期旅游景区开放管理工作的通知》提出:有序推进秋冬季旅游景区开放管理,接待游客量不超过最大承载量的75%。

从2020年2月到9月,旅游景区从恢复开放到"限量、预约、错峰",接待游客量从不超过最大承载量的30%,逐步到50%,最后到75%,实现了疫情常态化时期旅游景区有序开放、安全开放,体现了我国旅游景区服务与管理的较高水平,为今后重大公共危机事件的处理提供了案例。

图 6-1 正在忙碌的疫情防控人员

【疑难提醒】

新冠疫情防控进入常态化,中国旅游业需再次梳理并调整危机应对方略,将行业疫情防控工作的定位,从短期的应急行为向长期的常态化管理转变。可以发现当前旅游业化危为机的关键,在于对新冠疫情的防范、旅游需求的拉动与旅游产品的优化,寻求一个长期的、可持续的最优路径。可以从思想和行动两个方面着手：

思想方面，正确认识疫情常态相伴的可能与观念。随着医学研究的深入，人们对新冠肺炎病毒的认识在加深。但据世界卫生组织和我国多位防疫专家都表示，在未来的较长一段时间内，疫情将会成为人民日常生活的新常态。这意味着我国旅游业的发展，在今后较长时间内，会与防疫工作相伴，需要在满足防疫工作要求的前提下发展。

这也意味着，无论是旅游主管部门、旅游企业还是从业人员、游客，都应该正确看待疫情，既不应矫枉过正，也不茫然漠视。要清楚认识，只要防疫工作管理到位、执行到位，旅游活动就能在保障人们生命安全的前提下开展。

行动方面，努力满足疫情常态防控下的旅游需求。所有的旅游活动，无论是团队游还是自助游、自驾游，都要严格按照要求做好防疫管理。在政府部门出台系列政策刺激旅游消费之际，旅游企业化疫情之危为发展之机，还应重点做好以下三方面工作：

一是开发疫情常态防控下的旅游产品。当前市场需要适合疫情常态防控下的旅游产品，无接触服务、限流制游览、线上个性化定制等都可以提升游客的体验满意度。企业要在原有产品基础上，创新设计符合当前疫情管控要求的旅游产品。可以关注休闲康养类旅游产品，这方面的需求会在今后一段时间内持续增长。

二是加强疫情防控常态下的线上宣传推广。为减少人员接触，疫情期间旅游推广渠道从线下转到了线上，特别是线上推介、直播带货等形式，更是成为促进旅游消费的重要方式。企业应当关注新型的营销方式、载体，宣传内容也要从单一的目的地旅游资源宣传向文化、生活等方面扩展，用有温度的旅游宣传唤起消费者的旅游渴望。

三是重视疫情防控常态下的人才队伍建设。从某种程度来看，本次疫情也是对行业的一次"洗牌"，市场资源将得到进一步优化，尤其是人才资源。在疫情防控常态化的背景下，企业应当通过引进和培养，加快优秀人才队伍建设，进而提升企业未来的市场竞争力。

案例 58　北京冬奥会的闭环管理

【案情陈述】

第 24 届冬季奥林匹克运动会（XXIV Olympic Winter Games），简称 2022 年北京冬季奥运会，于 2022 年 2 月 4 日开幕，2 月 20 日闭幕。全球 91 个国家和地区共派出超过 2800 名运动员参加。因为全球仍然处在新冠疫情蔓延时期，所以北京

冬奥会采取了闭环管理措施，确保北京冬奥会健康、安全、有序、平安进行。

闭环管理就是指在一定的区域内实行封闭管理，是一种特殊的管理方法，通过减少不必要的接触，在保证涉奥人员和中国公众安全的同时，又能确保其完成必要的日常工作。区域内的涉奥各利益相关方人员和中方工作人员、志愿者等，都执行同等的闭环管理政策，和社会面严格区分开。

在闭环内，所有人都需要每日进行健康监测和核酸检测，在闭环内酒店或冬奥村集中住宿，只允许乘坐冬奥专用车辆往返指定闭环场所，不得与闭环外人员接触，更不得与社会面接触。闭环内运行的交通工具同样封闭管理，包括高铁专列在内，都有特定的防护要求，全程不与环外人员接触。除人员以外，物品传递同样是防疫重点，场馆闭环内外区间将通过硬质隔离进行分区管理，通过缓冲区实现闭环外向闭环内的物品传递，垃圾也将实行严格管控。由于使用这套闭环系统，中国民众接触到病毒的机会已经降到最低。闭环管理也不会对运动员和其他参与者的自由活动有严格限制，因为在闭环的区域内可以通过专用的交通工具在驻地和场馆、场馆和场馆之间，以及三个赛区之间自由流动。与此同时，在闭环内，运动员的奥运村或者其他利益相关方，比如媒体工作人员的签约酒店，也会提供如特色餐饮、特许商品零售、咖啡厅以及健身房，还有一些休闲娱乐的设施，让大家都有一个很好的体验。

【案例分析】

2020年初，一场突如其来的新型冠状病毒感染的肺炎疫情，使得原本中国人民回家团聚、喜庆的日子蒙上令人担忧的阴影。1月31日，世界卫生组织（WHO）发布新冠肺炎疫情为"国际关注的突发公共卫生事件"，从而全球进入新冠疫情的防控时代。原计划于2020年7月24日至8月9日在日本东京召开的第32届夏季奥林匹克运动会，由于新冠肺炎疫情持续，国际奥委会和东京奥组委发表联合声明，宣布2020年东京奥运会将推迟至2021年举行。2022年北京冬奥会是否如期举办成为世界关注的热点。

北京冬奥组委高度重视新冠疫情防控，为了如期举办冬奥会，国际奥委会、国际残奥委会和北京冬奥组委结合新冠疫情防控的有效经验和最新的科学研究成果，并吸收近期国际体育赛事的重要经验，共同制定了《北京2022年冬奥会和冬残奥会防疫手册》（以下简称《防疫手册》）。《防疫手册》分两本：一本面向运动员和随队官员；另一本面向所有其他利益相关方，为其提供全面的防疫指导，有助于涉奥人员为前往和抵达中国、参加冬奥会和冬残奥会以及离开北京做好准备。作为北京冬奥会赛时的行动指南,《防疫手册》有助于保障涉奥人员和当地民众的安全和健康。《防疫手册》坚持把运动员等参赛各方和中国公众的安全和健康放在首要位置,充分借鉴了世界其他大型体育赛事的经验,结合了中国的防疫政策。

《防疫手册》涵盖了所有涉奥人员的整个行程,对入境要求以及闭环管理系统内实行的防疫措施等细节进行了详细说明,《防疫手册》的关键原则包括:

闭环管理:这是一种特殊的管理方法,通过减少不必要的接触,在保证涉奥人员和中国公众安全的同时,又能确保其完成必要的日常工作。如已按照《防疫手册》完成疫苗全程接种,入境中国后,不需要进行21天的集中隔离,可直接进入闭环系统。

疫苗接种:实践证明,疫苗可以降低新冠肺炎感染和传播的风险,是安全开展活动的关键手段。所有人员来华至少14日前需完成新冠疫苗全程接种,才可免除集中隔离,进入闭环管理。根据《防疫手册》,所有未完成全程接种的人员需在抵达北京后接受21天的集中隔离。运动员和随队官员因医学原因申请豁免疫苗接种,须个案研究后确定。

检测、追踪与隔离:将采取严格的防疫措施,通过检测尽早查出感染者,通过排查密切接触者确定可能的感染人员,通过采取隔离措施阻止疫情传播。

减少接触:新冠病毒在咳嗽、打喷嚏、交谈、呼喊或唱歌过程中,主要通过飞沫传播。因此,我们应接种疫苗、最大限度减少接触、佩戴口罩,并避免密闭空间、人群聚集和密切接触等情况。

卫生意识:保持良好的卫生意识对每个人都至关重要——勤洗手、定期消毒、避免触摸面部、全程佩戴口罩。

新冠疫情防控联络官:所有参加北京冬奥会和冬残奥会的组织应要求指定新冠疫情防控联络官。新冠疫情防控联络官的职责是为涉奥人员提供帮助,确保他们了解《防疫手册》内容,并理解遵守规定的重要性。

在闭环的大区域内,运动员还是可以通过专用的交通工具,在驻地、场馆、场馆之间以及三个赛区之间自由流动。考虑到运动员在冬奥村内逗留的时间最长,北京、延庆、张家口三个冬奥村的设计处处体现出人性化关怀。冬奥村食堂提供来自世界各地菜品共计678道,让运动员人不离村即可品尝全球美食。由于冬奥会赛时正值中国传统节日春节,菜单还包含了"春卷"等特色菜品,为冬奥增添"年味儿"。咖啡厅、健身房等设施,为运动员提供良好的锻炼环境和休闲娱乐的空间;随处可见的绿植、温馨的音乐,则起到纾解情绪和安抚心灵的作用。

【相关链接】

什么是旅游业的危机？

一、旅游业危机事件的认识与分类

世界旅游组织（UNWTO，2003）把旅游业危机阐述为：影响旅行者对一个目的地的信心和扰乱继续正常经营的非预期性事件。这类事件可能以无限多样的形式在许多年中不断发生。

有学者（李开宇，张艳芳，2003）认为：危机是对一个社会系统的基本价值和行为准则架构产生严重威胁，并且在时间压力和不确定性极高的情况下必须对其做出关键决策的事件。相对于政府的常规性决策环境而言，危机事件往往处于一种非常态的社会情境，是各种不利情况、严重威胁、不确定性的高度集聚。因此，危机事件一般具有以下特征：突发性和紧急性、高度不确定性、影响的社会性和决策的非程序化。

有学者（蒋晨丽，2009）对旅游业危机事件定义：由于不确定的、突发的重大事件的发生而对旅游业造成重大破坏和后续不良潜在影响的状态。旅游业危机的影响范围可以是全行业，也可以是某个旅游目的地或局部地区。

有学者（罗美娟，郑向敏，沈慧娴，2008）提出旅游业危机具有的一般特征包括四个方面：①突发性。旅游业是敏感度很高的产业，自然、经济、社会、政治环境出现的"非常态状"都可能成为引发旅游危机的诱因。②危害性。主要是指危机发生会在短时间内对旅游业造成致命的打击。③紧迫性。旅游业危机会以非常惊人以及出人意料的速度发展和演变，并引发一系列的后续问题。④双重性。危机集"危险"与"契机"于一体，旅游危机的双重性表现为危险与契机并存，危机在对旅游业造成各种直接或间接的消极影响的同时也蕴含着前所未有的发展机遇，危中有机。

根据不同的方法可以把旅游业危机事件进行分类，如按照所能波及的空间范围，可以分为企业旅游业危机、区域旅游业危机、国家旅游业危机以及国际旅游业危机四大类型；按引发危机的主导风险因素的来源不同，旅游业危机划分为外因危机和内因危机两类；据发生旅游业危机的成因，可将危机分为生态的危机、社会的危机、公共卫生的危机、政治方面的危机、经济方面的危机、旅游行业自身的危机等类型。

本文以发生旅游业危机的成因将危机类型分成安全危机、政治危机、形象危机和复合型危机四种。安全危机指源于地区或行业内部因素，或者重大自然灾害，对游客人身和财物安全造成损害的重大事故引起的；政治危机指源于国家与地区外部宏观环境因素，主要是由政治、军事冲突，造成游客政治信仰或情感伤害；形象危机指源于地区和行业综合管理因素,由于某一突发事件发生,直接毁坏旅游目的地的形象;复合型危机指源于某一特殊的突发事件,造成对游客的人身安全、心理伤害、旅游目的地的形象的影响等。

不同类型对旅游业的危害和影响是有差异的,如表1所示。安全危机会降低游客的安全信心,减少出游的愿望;而形象危机则使旅游者的消费行为变得谨慎,对旅游目的地有较大的负面影响。

表1 危机事件的类型及对旅游业的影响

危机类型	诱　因	案　例	危害与影响
安全危机	源于地区或行业内部因素,或者重大自然灾害,对游客人身或财产安全造成损害的重大事故引起的	恐怖事件、东南亚海啸	●游客对安全的信心降低 ●游客大量减少 ●影响周期较短
政治危机	源于国家与地区外部宏观环境因素,主要是由政治、军事冲突,造成游客政治信仰或情感伤害	"9·11"事件、国家政治动乱	●影响游客的范围较广 ●使游客产生心理抵触 ●影响较大,周期较长
形象危机	源于地区和行业综合管理因素,由于某一突发事件发生,直接毁坏旅游目的地的形象	"宰客""回扣"事件	●影响目的地的形象 ●游客的消费心理受挫 ●影响周期较短
复合型危机	源于某一特殊的突发事件,造成对游客的人身安全、心理伤害、旅游目的地的形象的影响等	"非典"事件、全球金融危机	●对旅游业打击巨大 ●游客对旅游地产生怀疑 ●对旅游业影响深远、持久

二、旅游业危机事件的应对与管理

旅游业的危机管理是指为避免和减轻危机事件给旅游业所带来的严重威胁,通过研究危机、危机预警和危机救治达到恢复旅游经营环境、旅游消费信心的目的,进行的非程序化的决策过程(李开宇,张艳芳,2003)。

对旅游业危机事件进行干预、控制和管理,首先要了解危机对旅游业产生的影响和危害,其主要对旅游者、旅游企业、旅游产业和旅游目的地产生影响和危害。旅游者方面:旅游者作为旅游活动的主体,对旅游危机的反应最为敏感,最为直接。旅游危机对旅游者的影响主要表现为旅游需求的下降和旅游信心的损害;旅游企业方面:旅游企业是旅游产品和旅游服务的提供者,旅游危机对其影响主要表现为旅游企业由于旅游者减少而出现营业停顿或收入下降,旅游设施和供给能力大量闲置,使旅游企业面临较大的经营困难。旅游产业方面:由于旅游业是一个关联度很强的产业,旅游业危机不仅直接造成旅游市场的严重下滑,也会波及影响到相关行业和产业的经济效益和社会效益。旅游目的地(城市)影响方面:旅游危机会使目的地形象或声誉受到负面影响,导致旅游吸引力和旅游人数下降、竞争力削弱,并会影响到旅游目的地经济社会生活等各个方面。

其次，要提出有针对性、有效性和可行性的管理措施。旅游业危机管理体系包括政府（主要指政府旅游主管部门）、旅游企业、旅游从业人员、公众（旅游者）等多个行为主体，旅游业危机管理主要途径包括沟通、宣传、安全保障和市场研究等多个方面。

政府是危机管理的核心，政府应该为预测和识别可能遭受的危机，采取防备措施，阻止危机发生，并尽量使危机的不利影响最小化；企业是危机管理的重点，应该建立企业危机管理制度，建立企业危机管理预警系统和危机应对处理系统，培养和强化企业管理人员与员工的危机意识；从业者是危机管理的关键，应该树立危机意识，正确认识危机，主动承担社会责任，积极参与政府、企业的危机救治；公众（旅游者）是危机管理的目的，要提高个人应对危机的能力，培养良好的危机心理素质，调整个人行为模式等（李开宇，张艳芳，2003）。

世界旅游组织在2003年5月制定的《旅游业危机管理指南》指出，旅游业危机管理的主要途径有四个：沟通、宣传、安全保障和市场研究。其中，基于诚实和透明之上的良好的沟通是成功的危机管理之关键。现阶段在政府部门指导下，旅游从业者首先要与旅游者加强沟通，及时妥善解决出游未归者和尚未出游者的行程变化、取消所导致的费用、接待等事宜，维护旅行者信心，进而将危机对旅游者的信心影响最小化。

最后，要建立危机应对的快速反应机制。一般按照危机发生的时间段来建立应对的机制，可以根据危机的早期、中期、晚期开展应对工作。

危机的早期预警——其目的是快速识别危机，准确地判断危机的可能发展方向与趋势，以便为旅游业将采取的宏观战略及企业的行动提供决策依据。

危机的中期挽救——其工作中心将集中于高效率、全方位地整合各类社会资源，最大限度地降低危机对旅游业造成的损失，缩短旅游业恢复的时间。

危机的晚期修复——其核心是全面修复旅游业已遭受危机创伤的相关业务领域和整体形象，逐步恢复公众对旅游业的消费信心与信任关系。

必须指出，"永远不要低估危机对旅游业的可能危害，它们是极端危险的。把危机影响最小化的最佳途径就是充分做好准备"（世界旅游组织 UNWTO，2003）。

资料来源：王昆欣.旅游业危机事件是认识、管理与思考[J].浙江旅游职业学院学报，2020（1）：1-5.

第 2 节　自然灾害引发的危机处理

案例 59　九寨沟地震

【案情陈述】

2017年8月8日21时19分46秒，四川省北部阿坝州九寨沟县发生7.0级地震，震中位于北纬33.20度、东经103.82度，九寨沟核心景区西部5公里处比芒村。震中5.1公里范围内平均海拔约3827米。截至2017年8月13日20时，地震造成25人死亡，525人受伤，6人失联，176 492人（含游客）受灾，73 671间房屋不同程度受损。

地震对九寨沟诺日朗瀑布、火花海等旅游景观和旅游基础设施造成严重破坏，对当地自然景观和生态环境造成较大影响。地震不仅使当地的群众遭受了严重的创伤，还对九寨沟景区的旅游业产生了严重的影响。

【案例分析】

2017年8月12日，四川省地震局向社会公布了九寨沟7.0级地震烈度分布图及其震害特征。此次地震的最大烈度为九度，等震线长轴总体呈北北西走向，六度区及以上总面积为18 295平方千米，共造成四川省、甘肃省8个县受灾，包括四川省阿坝藏族羌族自治州九寨沟县、若尔盖县、红原县、松潘县，绵阳市平武县；甘肃省陇南市文县，甘南藏族自治州舟曲县、迭部县。

根据大量现场调查数据、仪器观测，以及对本地区历次地震震害相关研究的归纳，本次地震灾害具有如下特点：

一是此次地震震级大（7.0级），震源偏深（20千米）；地震影响范围除四川外，还包括甘肃部分地区。但重灾区除景区人口集中外，其他区域村寨稀疏，总体人口密度较低，加之当地防震减灾能力近年来不断提升，因而本次地震人员伤亡和建筑物损毁程度较低。

二是九寨沟县及附近区域设防烈度为八度，震区房屋建筑抗震设防水平较高，抗震性能总体较好，特别是经过汶川地震恢复重建后的新建建筑达到了抗震设防要求，经受住了此次地震的考验。四川省地震、住建等有关部门近年来加强了农村民居抗震设防管理和指导，从建筑设计、工匠培训、宣传教育等方面做了大量扎实工作，在这次地震中充分显现了成效。景区及城镇建筑物多采用了框架结构，乡村传统民居多采用穿斗木结构，抗震性能较强，房屋倒塌和严重损毁的比例很低，有效减少了人员伤亡。

三是本次地震对九寨沟诺日朗瀑布、火花海等旅游景观和旅游基础设施造成较严重破坏，对当地自然景观和生态环境造成较大影响。需要科学审慎地制定自然遗产保护和恢复重建方案。

四是震区属于高山峡谷区，地震引发的次生地质灾害较为严重，导致人员伤亡和部分道路交通中断，增加了救援和人员转移安置难度。

【疑难提醒】

地震等重大自然灾害突发后，当地政府及时开展应急救援、受灾群众紧急安置、防止次生灾害、评估灾害风险、研究恢复重建等工作。

开展应急救援。九寨沟发生地震后，四川省人民政府新闻办立即成立应急中心，对外发布有关消息。8月9日凌晨，国家减灾委、民政部紧急启动国家Ⅲ级救灾应急响应，国家减灾委、国务院抗震救灾指挥部组成联合工作组赶赴灾区指导救灾工作。联合工作组由民政部、中国地震局、国家发展改革委、财政部、国土资源部、住房城乡建设部、交通运输部、卫生计生委等部门人员组成，紧急赶赴灾区指导和帮助做好抢险救援、受灾群众紧急转移安置、伤病员救治和灾区交通通信抢通保通等各项救灾工作。中国人民解放军阿坝州军分区和所属武装部、民兵，阿坝州武警支队和九寨沟县武警中队等及时展开救援工作。国家应急医学救援队，阿坝州、绵阳市以及九寨沟周边县紧急抽调医疗救援力量赶赴地震灾区，四川大学华西医院和省医院也组建医疗应急救援队伍。

受灾群众紧急安置。2017年11月四川省政府印发的《四川省人民政府关于支持"8·8"九寨沟地震灾后恢复重建政策措施的意见》（以下简称《意见》）明确，省财政统筹中央和省级相关资金给予州县包干补助，支持建立大九寨文化旅游产业振兴基金。《意见》包含财政、税收、金融、土地、就业和社会保障、地质灾害防治、生态恢复保护、景区恢复和产业发展、城乡住房重建、基础设施等10大类36条具体政策。如财政方面，对受灾地区的居民住房和文化产业给予资金补助，具体而言，对因灾受损住房实行"两类三档"补助。"两类"，分别是指住房倒塌或严重损坏不可修复导致无房可住类和维修加固类，对于前者，将给予住房重建资金补助；对于后者分三档进行补助，住房轻微破坏的给予1000元~3000元/户补助，中等破坏的给予3000元~5000元/户补助，严重破坏的给予5000元~8000元/户补助。如就业和社会保障方面，将实施就业援助、自主创业、失业保险、养老保险等七项民生保障措施。

支持景区重建。2017年11月，四川省发布的《"8·8"九寨沟地震灾后恢复重建总体规划》提出，力争用三年时间基本完成灾后恢复重建任务，在安全评估基础上力争早日实现景区开放。

2019年9月，九寨沟管理局发布《九寨沟景区关于部分区域恢复开放（试运行）的公告》：九寨沟景区历经两年重建，目前大部分区域已具备重新对外开放条件。景区拟于2019年9月27日（世界旅游日）起部分景观恢复对外开放（试运行）。根据公告，景区实行限时段、限区域开放，实行单日最大限量控制，最大限量为每天5000人。

图6-2 美景依旧的九寨沟景区

【实战修炼】

地震后旅游景区的自救措施如下：

（1）积极开展应急救援。在确保安全的情况下，专业抢险营救人员和已经脱险的人可以对压埋在废墟中的人进行营救和互救,最大限度地营救遇险者,施救时先救命、后救伤,即先做心脏复苏,把人救活,再进行创伤救治。

(2)受灾人员紧急安置。可根据民政部颁布的标准《应急期受灾人员集中安置点基本要求》(2013年9月27日实施)。地震灾害发生后的应急期间,按照标准对受灾人员集中安置点的选择、基础设施配置、管理以及服务等要求开展受灾人员紧急安置。

(3)排查和防止次生灾害。要及时对铁路、公路、桥梁、隧道等基础设施进行排查,对地质灾害隐患点开展排查,对学校、医院、车站等公共建筑,对民房民居等建筑安全进行排查,对人民群众供水供电供气通信等进行排查,对可能出现的问题进行防范、补救和消除,有效防止次生灾害的发生。

(4)评估灾害损失。明确评估内容、工作方案,开展灾害现场调查、灾害损失统计填报、灾害损失评估,形成灾害损失综合评估报告,上报有关部门和机构。

(5)研究灾后恢复重建。研究和分析地震灾后重建的可行性和科学性;预测景区所处地区地震发展趋势及其情景应对;制定灾后恢复重建的规划;实施灾后重建工程,逐步恢复景区新貌和开放。

案例 60　勐远仙境景区遭遇洪水破坏

【案情陈述】

西双版纳热带雨林国家公园勐远景区(简称:勐远仙境)是一个国家4A级景区,位于云南省西双版纳州勐腊县,以南传佛教为背景,集山、水、石、山季雨林、溶洞群落、傣族瑶族等民族风情、康体疗养度假于一身的生态旅游景区。

2020年8月,由于当地连续强降雨,致使穿过景区的勐远河水位持续暴涨造成洪灾,特别是8月18日的暴雨导致山体滑坡,河水暴涨漫延,造成景区溶洞电器设备、雨林游步道吊桥、营地人行拱桥、电瓶车道、星空露营基地等多处旅游设施冲损,初步统计景区受灾直接经济损失300多万元。为保证游客安全,勐远仙境景区立即启动了灾情应急方案。在当地文化旅游部门的指导下,严格落实各项防汛抢险措施,紧急疏散游客100余人,并妥善安排游客退票、退房工作。由于各项防汛措施落实到位,未造成任何游客及工作人员伤亡。

【案例分析】

勐远仙境位于云南西双版纳国家级自然保护区，在联合国教科文组织人与生物圈保护区内，是云南省首批康养小镇创建试点之一。勐远仙境拥有溶洞奇观、热带雨林、喀斯特地貌等多样化的生态资源，以及南传佛教与宝角牛文化、傣族和瑶族民族风情等多元文化，是陶冶心灵、修身养性的康养旅居奇妙胜地。

2020年8月中旬，勐腊县境内连续强降雨，使勐远仙境遭受了洪灾，造成了一定的损失。勐远仙境发生强降雨灾情后，西双版纳州文化和旅游局局长、勐腊县文化和旅游局局长等主要负责人第一时间到勐远仙境视察洪水受灾情况，并检查指导洪水过后景区恢复营业工作。当洪水退去后，勐远仙境组织员工积极进行灾后清理工作，全面排查安全隐患，对主要游览区域进行清淤修复，尽可能地恢复景区原貌，并使用消毒药水对景区进行了全面的消杀。经过4天的清理，景区不久恢复了正常秩序，全体员工都回到工作岗位，准备迎接恢复入园的游客。

勐远仙境景区面对突如其来的洪灾，及时应对、积极处置、快速重建、复工复产，较好地消除了洪灾影响，恢复了景区的正常运行。当洪灾来临时，首先，景区立即启动了灾情应急方案，以"生命第一"的理念，紧急疏散游客、妥善安排游客善后。由于措施落实到位，未造成任何游客及工作人员伤亡。其次，积极与旅游行政主管部门联系，争取政府的支持和帮助。西双版纳州文化和旅游局、勐腊县文化和旅游局主要负责人第一时间到景区调研洪水受灾情况，并指导防汛抢险和恢复营业等工作。最后，当洪水退去后，马上组织员工进行灾后自救工作，全面清理排查安全隐患，对主要游览区域进行清淤修复，并对景区进行了全面的卫生消毒。经过短短4天的清理，景区就恢复了正常秩序。

【应急处理】

旅游景区洪涝灾害后的应急处理步骤如下：

（1）安全转移人员。突然遭受洪水袭击时，要沉着冷静，以最快速度开展各类人员的安全转移。安全转移要先老幼病残、妇女人员。

（2）营救围困人员。景区员工发现被困人员，要尽可能营救。被洪水围困的，有通信条件的，可利用通信工具寻求救援；无通信工具的，想办法向外界发出求救信号，同时可以寻找体积较大的漂浮物等，主动采取自救措施。

（3）排除安全隐患。立即关闭景区，及时排查安全隐患，如山体是否稳定，桥梁是否牢固，房屋是否安全，游乐设施是否完好等，水、电、气等设备是否正常运行，防止触电、爆炸、火灾等发生。

（4）密切关注汛情。时刻关注当地天气预报，保持景区通信畅通；当有连续暴雨时，应提高警惕，随时注意水位的变化；采取适当的措施，减轻洪水的危害。

（5）清洁环境卫生。洪水过后往往伴随疫情和疾病的发生，应做好防疫工作。对景区进行全面的卫生消毒。对景区的室内外环境进行彻底清理，做到先清理、后消毒、再回迁。排除积水，清除污泥和垃圾、杂物；打开门窗，通风换气，清洗家具，清理室内物品，对房间和地面进行消毒；整修厕所，清刷卫生间；垃圾要摆放在指定区域，不能随意丢弃；对井水、河水、湖水、塘水等进行消毒。

案例61　张家界国家森林公园遭遇罕见雪灾

【案情陈述】

> 2008年初，受强冷空气影响，湖南省大部分地区出现了长达10余天的雨雪、低温冷冻天气，气温之低、持续时间之长是近50年以来最严重的一次。持续的雨雪冰冻天气，使湖南省怀化、张家界、湘西土家族苗族自治州等13个市、州82个县（市、区）遭受了不同程度的雪灾、低温冷冻灾害，造成严重损失。
>
> 罕见冰冻灾害使城乡交通、电力、供水等系统面临严峻考验。湖南境内高速公路大都封闭，不少省道和县、乡公路无法通车，长沙黄花机场由于受冰冻影响，不少航班延迟或被取消。
>
> 雪灾致使湖南张家界国家森林公园封闭了1个多月。

【案例分析】

张家界国家森林公园位于湖南省张家界市武陵源区，由黄石寨、金鞭溪、袁家界等景区组成，总经营面积5000公顷。张家界国家森林公园地处武陵山脉青岩山支脉，最高处兔望月峰，海拔1334米；最低处水绕四门，海拔426米。公园地处北中纬度，属中亚热带季风性湿润气候，气候温和，雨量充沛，年平均气温约15℃。

2008年1月，湖南省出现罕见的雪灾，截至1月24日上午9时统计，此次雪灾共造成全省 1359.5 万人次受灾，因灾死亡 3 人，伤病 4.4 万人，被大雪围困 30.7 万人，紧急转移安置 10.3 万人，92.9 万人饮水困难；因灾倒塌房屋 1.1 万间，损坏房屋 4.4 万间；农作物受灾面积 67.6 万公顷；共造成直接经济损失 33.7 亿元。

1 月 22 日，由湖南省直有关部门组成的 12 个救灾工作组按照省委、省政府统一要求，分赴全省灾区指导防寒抗冻救灾工作。1 月 23 日下午，省减灾委、省民政厅启动自然灾害救助应急预案，作出三级响应，先后派出 2 个工作组，分赴益阳、常德两市重灾区查看灾情，慰问灾民，指导救灾。省民政厅会同财政厅迅速下拨 500 万元救灾资金，并紧急调运了 2 万余床棉被到重灾区。

2008 年湖南雪灾特点：①降雪量比往年多很多；②降雪范围比往年广；③持续降雪时间比往年长；④主要降雪影响地区比往年偏南；⑤降雪带来的灾害性比往年严重。

2008 年罕见雪灾致使湖南张家界国家森林公园封闭了 1 个多月。大雪过后，一直坚持在景区的 350 名员工，齐心协力，除冰扫雪，将最后的一条海拔 1000 多米、长达 30 多公里的景区公路上的冰雪扫除干净，保证了景区的公路基本畅通，实现了景区客运车辆运行。

【应急处理】

旅游景区雪灾后的应急处理措施如下：

（1）开展应急救援，减少人员伤亡。雪灾造成低温、寒冻，甚至出现极寒天气，往往游客缺少御寒的准备，景区要及时开展救援工作，引导游客到室内，或者添加衣服。山区的景区，要帮助游客下山避寒。对因寒冷受伤的游客进行救护。

（2）确保水电供给，通信畅通。用水用电是基本的生活保障，要保证景区的水电供给，采暖设备的正常运行；要保持通信设施的畅通，实时了解气象预报，掌握气候变化。

（3）加强道路疏通，保障交通安全。雪灾一般对交通影响较大。道路结冰，大雪封路，交通受阻，给救援、疏散等带来困难。景区要排除险情，尽可能疏通道路，保障交通顺畅。

（4）做好防寒防冻准备，防止次生灾害的发生。准备化雪盐、沙、麻袋、草袋、秸秆、铁锹、扫帚、防滑链等防寒物资，对道路进行防滑处理，对水电设施设备进行保暖处理，排查治理各种隐患。

（5）开展灾后检查与评估。对雪灾造成的破坏进行检查，对景区财产损失进行评估。制定景区修复方案，及时组织人员排除灾害隐患点；清理雪灾后的积雪、被压倒的树枝，修理受损的房屋、桥梁和道路等，为景区的复工复产做准备。

【相关链接】

自然灾害的应对和防范

自然灾害对社会和经济发展已构成严重影响，因此，加强防灾减灾研究和建设是保护人民生命财产和实现可持续发展的一个不可忽视的战略问题，特别是对突发性自然灾害的防范更为紧迫。

（1）加强减灾教育，提高防灾意识。防灾减灾教育应是全民教育，有必要列入中小学课程内容。提高全民的防灾减灾意识，更重要的是提高各级领导对防灾减灾意义的认识。加强防灾减灾的投入，改变目前在这方面重抗灾轻防灾和重工程减灾轻非工程减灾的倾向。增强领导和群众的防灾意识是减轻自然灾害损失的前提。我们知道科学技术对经济发展的重要作用主要体现在两方面：一是优化生产过程，提高生产效率、增加经济效益；二是防御灾害，减轻灾害造成的损失，从而获得相对的经济增值。从这个意义上说减灾也是增产，也有重大经济效益。

（2）强化减灾研究，加快发展高技术防灾减灾。就目前的科学水平而言，我们对自然灾害形成规律的认识还是有限的，特别是对特大灾害和突发性的极端天气灾害的形成更缺乏了解，如对特大暴雨和强风暴的形成、台风移速和强度突变的原因等还不清楚，预测更加困难，对异常气候事件的预测也缺乏有效办法，对地震的预测更无把握。为此有必要鼓励这方面的创新研究。近年来，我国对灾害监测、预警的手段已有很大改善，但还是比较落后，一些先进技术如飞机和卫星遥感监测、地理信息系统、全球定位系统、计算机网络和现代通信信息技术尚未广泛应用于防灾减灾，需要加速发展高技术防灾减灾，充分利用现代科学技术迅速准确地获取灾害信息，及时、全面掌握重大自然灾害演变规律，提高国家综合防灾减灾能力，最大限度地减轻自然灾害损失。

（3）进一步明确防灾重点，提高城市防灾能力。经济发达、人口密集的城市，经济开发区和旅游区一旦遭遇重大自然灾害，其损失将会比其他地区大得多，因此一般都视为防灾重点地区，应该特别注意这些地区的防灾工程和非工程建设。例如，加强沿海防波堤的建设和防护林的维护。同时在城市更要强化防灾教育和减灾法制教育，提高城市综合防灾减灾能力，特别是防灾技术和科学管理水平。

（4）把减灾建设纳入经济建设规划。减轻自然灾害造成的损失是经济持续发展的必然要求，减灾建设是经济发展、社会发展的急需，有必要把减灾建设作为经济发展规划的一个组成部分，从而保证减灾建设的经费和技术投入。在经济建设中必须把自然资源开发与减灾建设结合起来，注意加强资源、环境的管理和保护，合理开发利用自然资源，尽可能消除灾害隐患，确保社会和经济的可持续发展。

（5）加强防灾减灾规划，提高减灾管理水平。制订减灾规划，建立灾害信息系统，加强灾害监测与预测，特别是突发性灾害的预报和警报。任何自然灾害的发生都有一定的征兆和规律，如地震海啸总是先有海底地震才会引起海啸，而且地震波比海浪的传播快得多，利用两者的时间差就可以发布海啸警报。因此建立现代化的灾害预警系统是十分必要的。此外要开展风险评估与灾害区划，建立防灾减灾管理法规，使防灾、减灾管理规范化、科学化。

资料来源：梁必骐. 自然灾害的影响与防范[J]. 广东气象，2007，29（3）：39-41.

第 7 章
智慧服务与管理案例

案例 62　"无预约,不旅游"成为常态
案例 63　故宫博物院的网上预约
案例 64　布达拉宫的流量管控
案例 65　上海迪士尼乐园的 APP
案例 66　国家博物馆的"云展览"
案例 67　北京环球度假区未来水世界的游乐项目
案例 68　"剧本杀"的安全隐患

第1节　景区智慧服务

案例62　"无预约，不旅游"成为常态

【案情陈述】

2021年7月的某个周末，三年级的小马同学和家人商量去美术馆看展览。一家人兴致勃勃地驾车近一个多小时赶到了美术馆。当他们还没走到美术馆的入口，就看到了长长的队伍，于是他们跟着队伍排队进入场馆。终于轮到他们时，工作人员问他们要预约码，小马妈妈这才想起来，现在好像都要预约，但是自己没有预约。工作人员告诉他们，没有预约不能入园。小马妈妈问现在预约还来不来得及，工作人员说一般情况下都是提前四天开始预约，当天也可以预约但是要看有没有约满，如果约满了就没有办法预约了。

小马妈妈赶紧去关注美术馆预约平台，但是发现已经约满了。小马和妈妈赶紧去咨询工作人员，得到的答复是：约满了就不能进了。工作人员一边说一边不耐烦地接待其他客人。小马同学一听约满了就不能进了，很伤心，差点就要哭了。但是工作人员一直坚持说现在就是要预约，不预约就不能进，这是规定。最后小马一家只能悻悻地离开了。

【案例分析】

受新冠疫情影响，2020年"五一"假期前，中央宣传部、文化和旅游部专门印发了《关于做好2020年劳动节假期旅游景区开放管理工作的通知》，通知要求2020年"五一"假期，旅游景区有序开放，并全面落实景区管理"限量、预约、错峰"。围绕着既要防控疫情、防止人员聚集，又要满足游客出游旅行需求，保障游客健康出行，文化和旅游部采取了一系列措施。第一，首次通过大数据分析、网络预定检索等智能手段，全面大幅提升全国旅游景区智慧防疫水平。第二，全国旅游景区实行限量开放。按照游客不超过景区最大承载量的30%的要求，指导景区合理制定接待人数，实施分区分级流量管控。第三，实现预约旅游在全国旅游景区的大范围应用。旅游景区通过官网、公众号、第三方平台等实施门票预约，有效限制景区流量。自此，"无预约，不旅游"已经成为旅游景区经营的基本要求。

案例中的小马一家因为没有提前网上预约，当日展览馆预约又达上限，所以工作人员按要求不让小马一家进入展览馆是正确的。但是小马一家本来欣喜的出游计划落空，心情低落，有可能会认为展览馆通知不到位，产生各种负面情绪，甚至会产生各种投诉。因此，工作人员应注意方式方法：首先，在语言沟通方面注意方式方法，语气要委婉和善，通知对方这是为了保障大众的健康安全和国家疫情防控的措施；其次，给予其他的合理建议，比如推荐景区周边不限游客量的开放型景点或其他娱乐设施，让他们换个地方去休闲放松；最后，要告诉游客，现在"无预约，不旅游"已经成为常态，建议下次出游先通过官网、公众号、第三方平台等实施门票预约。

【实战修炼】

工作人员：您好！疫情期间，为了大家的出行健康，根据国家的预约旅游出行政策，我景区也实行预约旅游。

游客：这个之前没有通知呀，我来都来了，帮我预约一下，我进去吧。

工作人员：感谢对我们景区的信任和喜欢，我们在景区网站和公众号上发布了需要预约旅游的通知。现在预约是游客自主通过网上预约的形式进行，今天游客已经达到上限，我没办法帮您预约，十分抱歉。

游客：我不接受，游客出行前不一定都会关注你们的网站啊，你们这样一刀切很不公平。

工作人员：我很理解您的感受，肯定赶了很长时间的路，才到景区，但是这也是为了大家的出行安全需要。也请理解我们的工作政策。我刚看了一下，我们景区明天还未预约满，您看要不换个时间再来？或者到周边的旅游景点逛一下？

游客：好吧。

工作人员：感谢您的理解，祝大家健康快乐。

【疑难提醒】

根据疫情防控需要，各级政府和旅游景区都在大力推动预约旅游的政策，但是大众在短时间内还是没有形成预约旅游的习惯，同时也有一部分特殊人群如无手机的老年人或手机操作不熟练的老年人预约旅游存在困难等。因此，旅游景区实行预约管理的制度时，也应根据不同时段、不同人群制定不同的应对策略。不同时段应对策略主要有：首先，如果是节假日，游客出游相对较多，游客预约达到上限时，未经预约的游客建议劝返，换个时间或换个地点出游；其次，如果是预约未达到上限，游客没有预约就来到景区时，可以在现场指导游客进行线上预约申请。

旅游景区可以按游客的不同类型采取不同的预约方式：首先，普通散客通过官方微信自行预约；其次，如果是团队游客，由旅行社（或单位）提前整理身份信息给到景区预订中心，统一录入预约；最后，特殊人群，如无手机的老年人，园区工作人员帮忙预约，通过刷身份证入园。

案例 63　故宫博物院的网上预约

【案情陈述】

图 7-1　故宫博物院门票预约入口（手机微信端）

故宫博物院为给观众提供舒适、安全的参观体验环境，有效防范安全事故发生，更好地保护文物，2017 年"十一"长假期间，取消现场售票，全部实施网络购票、实名制购票、分时段控制观众流量。首次实现全网络售票：10 月 2 日，凌晨 1 点 38 分，全天 8 万张门票就已经在网上售出。10 月 2 日下午 1 点 55 分，10 月 3 日的 8 万张门票也已全部在网上售出。自 2017 年 10 月 10 日起，故宫博物院正式迈入"博物馆全网售票"时代。

早在 2011 年，故宫博物院开始尝试网络预售门票，全年网络售票仅为 1.68%。2011 年至 2014 年，全年网络售票都在 2% 左右。2015 年 6 月，故宫博物院试行限流 8 万人次和实名制售票，全年网络售票为 17.33%；2016 年全年网络售票增长至 41.14%。2017 年 7 月，开放网售当日票和现场手机扫码购票，2017 年 8 月实现网售占比 77%。2017 年 10 月 2 日，首次实现全部网上售票。多年来，故宫博物院通过推进实施"网络实名制售票""每日限流8万人次""扩大开放分流观众",以及在展览和文化创意领域的不断推陈,逐步提升博物馆的精细化管理水平。

故宫博物院时任院长单霁翔表示,随着上述举措的施行,故宫全年的观众数量不降反升,2016年首次突破1600万人次,实现了观众流量的"削峰填谷",表现为淡季不淡、旺季不挤,保证了观众的参观质量。全力维护观众参观的安全性、有序性、舒适性,通过限流使观众有序参观,并享受到更加优质的博物馆服务,正是故宫博物院精细化管理的目的和意义所在。

【案例分析】

实施全网售票及限流分流以来,故宫博物院的参观接待秩序得到了较大改善,有几个显著变化趋势:

第一,观众进院省时省力,免去排队购票的烦恼。

第二,故宫中轴线不再拥挤,参观展览的观众增加,走马观花的游客减少。

第三,采取发号分时参观措施,年度大展不排长队。

第四,淡季不淡、旺季平稳,故宫博物院安全风险大大降低。

故宫博物院的每日8万人次限流措施,目的并不是要限制观众参观,而是全力维护观众的安全性、有序性、舒适性,通过限流使观众有序参观并享受到更加优质的博物馆服务,这是故宫博物院精细化管理的目的和意义所在。

【实战修炼】

故宫博物院为了实现全部网上预约购票,对配套系统进行了改造升级。

一、准备阶段升级改造了配套系统设施,研发多元购票方式

为有效实施全网售票方案,故宫博物院在准备阶段就升级改造了配套系统设施,研发多元购票方式,并提前数月对现场观众进行购票引导,逐步实现将线下购票转化为线上购票。硬件提升方面主要如下:

一是开放网售当日票。在不影响原有网络预售业务的前提下,完成了现有网络售票网站和检票系统升级,开放了网售当日门票功能。

二是提供现场手机扫码购票。升级优化了故宫博物院手机WAP站,同时与支付宝和微信都实现了联名登录,为广大观众免去了注册登录的麻烦。

三是丰富购票支付方式。实现了支付宝和微信的直接支付,网络预售网站也进行

了手机支付适配，确保使用手机浏览器打开官网也可以进行支付操作。

四是线路改造及设备提升。对博物院现有售检票系统线路进行改造，并且也完成了新版检票机的设计工作。

五是提升售检票系统硬件设施抗风险性，完成了双线路冗余改造，并针对性地设计了新型验票设备。

六是提升系统负载能力。对系统进行了最高级的负载均衡配置，对代码进行优化，还进行了大量压力测试。对用户登录、事务提交、业务操作、支付、退款、安全退出等全业务链条进行测试，经过单场景、全场景业务全面测试，使故宫博物院的售检票系统能够承受常量负载。

二、制定现场票务解决方案

一是现场手机扫码购票。在现场设置大量二维码引导牌，并且所有工作人员均配备便携二维码，人人都能提供二维码购票咨询和协助服务。

二是现场票务服务咨询台。端门地区设置5个票务服务咨询台，每个咨询台安排2~3名票务服务人员和1~2名安保人员，为广大观众提供咨询服务。

三是设置综合服务窗口。综合服务窗口是处理票务综合业务及对不熟悉网络操作的观众提供购票服务的窗口，提供网售门票发票开具及打印嘉宾门票窗口2个，代客下单窗口4个，主要负责帮助所有外籍观众和部分没有线上支付能力的观众代客下单。

四是故宫博物院制定了现场观众引导方案。将责任落实到每一名工作人员，充分明确各服务点服务内容和现场引导人员服务流程，确保所有人员，本着尽量引导观众网络购票，让每一位希望参观故宫博物院的观众都能如愿参观的原则，统一服务流程，为观众提供最优质的服务。

【疑难提醒】

在具体预约操作的过程中，会遇到预约困难的人群，即没有线上支付能力的人群，该部分人群主要是老人、外国人、部分因特殊原因不能线上购票的观众，其中比较集中的几个问题有：没有线上支付手段、不了解全网络售票政策、手机没有电、没带手机等。因此，在景区内应设立上综合服务窗口为游客提供代客下单服务。

资料来源：故宫博物院实行全部网络购票（https://www.dpm.org.cn/announce_detail/246244.html），故宫博物院，2018年1月8日。

案例 64　布达拉宫的流量管控

【案情陈述】

坐落在拉萨红山之上的布达拉宫，已有1300多年历史，是世界最为独特的藏式宫殿群。但在青藏高原特殊的地理气候环境下，布达拉宫本体建筑随着温湿度、墙体含水率及冻融循环等微环境的改变出现了倾斜、错动等不同程度的损伤，古建筑安全健康状态的保持与维护面临重大挑战。开放布达拉宫到底能进多少人，参观和朝拜人多了会不会对结构有影响……面对客流量大幅增长的可能性，2007年5月，带着一连串疑问，布达拉宫管理处开展了基于力学性能分析的客流控制问题。

【案例分析】

布达拉宫作为重要的世界文化遗产，不仅要保护好，还需要能够为世人所见，学习和展览。因此，要做好保护和对外的开放一直以来是一个难题。布达拉宫这样的石木结构建筑，游客数量的突增会造成木结构的变形。当突变和变形累积到一定程度，自身的恢复就会变慢，甚至成为永久损伤。此外，游客数量增多衍生的人群结构耦合振动效应、文物安防、参观质量等问题，都对布达拉宫的客流量控制提出疑问。随着时代的进步及科学的发展，布达拉宫的管理者也与时俱进地思考如何利用现代科学技术保护布达拉宫古建筑，实现建筑结构的预防性保护。

2007年，布达拉宫管理处与北京交通大学正式开展了基于力学性能分析的客流控制问题。为了感知布达拉宫的"心跳"，开展人群荷载测试。科研人员避开游人平日的干扰，利用夜晚时间，组织灯香师、工作人员充当游人、朝拜者。他们的行走习惯，如步频、驻留时间，被监测团队一一记录，制成图谱，形成布达拉宫流量控制的第一个智库成果。

为做好疫情防控工作，保障游览安全顺畅，也为了保护布达拉宫内的文物及建筑，布达拉宫管理处采用实名制网络预约、分时段参观等措施，参观时间为每日9:00~16:00（15:40停止入宫），每日限流4000人。游客参观时身份证、参观预约码、健康码、口罩缺一不可。

预约门票可以在微信公众号"布达拉宫官方平台"上进行。点击门票预约，就会进入布达拉宫票务预订系统。选好门票预订日期，填写真实姓名及证件号码、电话号码，上传证件正反面照片即可完成预订。

订票时间为每日上午 8 点。游客须提前一天通过"布达拉宫门票预约系统"进行预约，预约成功后次日进入参观。

每个预约订单只能预约 1 人，每张身份证件七天内限约 1 次，游客需截屏保存预约信息（参观预约码）。为确保能顺利参观，参观当日须出示本人有效二代身份证、参观预约码和本人的西藏"健康码"绿码，并戴好口罩，方可入内。

布达拉宫每日参观时间为 9:00~16:00，开放期间每日限流 4000 人。同时为了保证游客的参观时间，方便景区的管理，15:40 后停止游客入内。

【游客心理需求解剖】

游客游览布达拉宫等名胜古迹的机会相对难得，每个人到了拉萨肯定都想去参观一下，感受古迹的壮观。同时进入到景点内部想要有一个相对舒适的游览环境，尽情地感受文化、欣赏古迹，不能满眼放去都是人挤人的场景。因此，对于名胜古迹类的旅游景区限流是非常有必要的管理举措。

【疑难提醒】

在实际管理工作中，会出现很多问题。首先，名胜古迹的保护管理与游客量之间的最佳限量问题，需要经过科学合理的测算，对于现场的人流量进行合理的预估，并按照上限流量进行管控。其次，会有远道而来的客人遇上限流达到上限无法参观的问题。对于远道而来的客人如何帮助完成心愿，也是需要管理人员人性化地予以解决的问题。

资料来源：如何利用科技感知布达拉宫"心跳"（https://m.gmw.cn/baijia/2022-01/01/1302745102.html），光明网，2022 年 1 月 1 日。

第2节　景区数字化升级

案例65　上海迪士尼乐园的APP

【案情陈述】

关于上海迪士尼的正确"打开方式"，相信很多人就只知道要提前买好票，剩下的就全然不考虑了，去了以后才发现，巨大的游乐园根本无从下手，不知道第一站去哪里，甚至连入口都找不到，更何谈好的游览体验？如何更好地节约时间，避开长长的队伍？如何获得快速通行证、如何获取乐园信息？那就关注上海迪士尼度假区官方APP！

上海迪士尼度假区官方APP，非常有用，非常强大，可以查看地图、定位自身所在位置、实时查看景点预计排队等待时间、查看娱乐演出时间安排、查看餐饮、洗手间设施……所有信息一手掌握！

快速通行证（Fast Pass，简称FP）：FP是减少排队时间的利器！利用好可以节省很多时间。在地图上标注有"快"字样的项目入口处，通过机器兑换快速通行证。最理想的状态是在入园后（十点前）第一时间拿到一张FP，然后十二点和两点算准时间再各拿一张，这样你就可以在中午时分手握三张FP，下午剩下的四个小时安安心心地去其他非热门项目排队吃饭、看花车巡游、找卡通人物拍照了。有网友建议，第一张快速票领创极速光轮或者七个小矮人过山车，这两个项目人气是最高的，排队都超长，基本到十一点左右就领不到快速票了。

乐园时间表：入园时一定要先拿一份乐园时间表，看清楚各个演出的确切时间，还有每个景点的开放情况。如下载了上海迪士尼度假区官方APP，也可以直接在手机查看。

必带：充电宝必带，拍拍拍+玩玩玩，手机电量消耗会很快；建议下载一些视频或电子书，打发排队时间；如结伴出游，可以下载一些桌游APP，边玩边排队，时间会过得飞快。

不可带：手推车不可带、自拍杆不可带、轮滑不可带、折叠椅不可带……这些

也都可以在官方 APP 上查看。

如何获取 APP 呢？可以在 Apple Store 或应用商店搜索"上海迪士尼"即可。

资料来源：中国旅游报［N］．2016-06-15．

【案例分析】

当前，中国旅游业发展已经进入散客化、网络化和移动化的阶段，越来越多的旅游消费者更倾向于用互联网和手机来进行旅游产品的订购。通过一个 APP 软件，游客可以实现订票、支付、导览、购物等各项旅游活动，这将是智慧旅游时代游客的出游方式。迪士尼度假区的 APP 是旅游景区 APP 中设计运营方面做得非常好的一款软件，不论是上海还是香港的迪士尼度假区的 APP，皆是如此。

可以在 Apple Store 或应用商店搜索"上海迪士尼度假区"官方 APP，注册、登录；如果不注册也可以在 APP 上浏览各种信息。里面有乐园信息及应用、实时导览、规划行程、精选体验等。

在乐园信息及应用中，游客可以在上面看到乐园的运营时间、购买门票、购买年卡、年卡升级、兑换年卡、必读攻略等信息，可以在上面购买想要的门票、快速过关票等。在必读攻略里，有入园前速看、一手新资讯、经典游玩攻略、资深玩家这样玩等信息。

在实时导览信息中，游客可以在乐园开园时间看到所有游乐设施的位置和排队时间，园区的主题活动的位置及相关信息，娱乐演出的位置及相关信息，以及餐饮、商店、洗手间、游客服务、尊享服务等各种信息。

在我的行程中，可以规划自己的行程，完成规划后，可以在这里找到已关联的乐园早享卡、预约等候卡、尊享卡等信息。

在精选体验中，有园区经典游乐设施的信息包括游客身高的要求、适合的年龄、游玩需要注意的事项等。

APP 里有丰富的乐园信息，这些信息对于游客来讲十分有必要。同时 APP 使用十分便捷，另外不论是版面设计还是信息内容设计都十分美观。因此，在游览时有了这样一款软件，可以帮助游客节省很多时间，同时可以获取很多方便的信息。

在智慧旅游时代，旅游景区包括旅游目的地应重视 APP 开发和建设工作。当前在一些相对规模较大的景区已经开始设计景区专有的 APP，省市旅游管理部门也开始建设专有的 APP。目前，很多景区官方 APP 功能相对单一，可实现旅行社团队和散客在移动终端的订票、订房功能，但是详细的导览信息和服务还需要努力开发和设计。

【游客心理需求解剖】

目前，虽然景区 APP 对于游客的出行十分便利，但游客在使用 APP 时会有很多的疑虑。首先，APP 软件的安全性是否有保障。现在有很多的软件盗取游客信息，基于此考虑有游客不愿意使用 APP。其次，有很多 APP 软件的版面设计不够美观或内容不够合理，用户使用不便捷，也使得有些游客对 APP 的使用会产生各种意见。再次，游客下载了 APP 后，不希望经常被信息和通知打扰。

【疑难提醒】

目前，很多景区官方 APP 功能相对单一，可实现旅行社团队和散客在移动终端的订票、订房功能，但导览信息和各种服务还不够完善。因此，在 APP 设计时，应更多地征询游客出游中存在的问题，基于游客的角度设计或开发软件，保证为游客提供便利的服务。

APP 开发设计是一项大技术工程，APP 运营维护也是一项长久的工程，包括 APP 的实时信息的更新，还有内容的完善或系统的升级等，这更需要技术和人力支撑。

景区 APP 在使用时，需要景区内部有良好的网络支持，这样才能保证便捷的使用。

很多旅游景区、旅游目的地都在做专有的 APP，但是 APP 维护和运营成本相对较高，如果是小型的旅游景区可以考虑加入当地的官方 APP 或相关电子商务平台，以节省成本。

案例 66　国家博物馆的"云展览"

【案情陈述】

为了满足广大观众的需要，国家博物馆主动作为，盘活数字资源并深度加工二次创作，在线营造"云看展""云直播"等云游览模式，通过网络将展览等具有丰富内涵的文化产品呈现给观众。

2020 年春节期间，国家博物馆共推出 239 条云看展、云览文物博文，集中呈现了 30 余个重点展览专题页、展示了 40 余个在线虚拟展厅、推出了精选馆藏文物的三维互动欣赏。国家博物馆在官网、微信、微博、学习强国等平台设立好展、好课、好文物等多个话题栏目，将抗疫和"云游"结合起来。

国家博物馆联动抖音，由讲解员进行虚拟展厅的"云逛展"等系列直播活动；与阿里巴巴淘宝联合推出"云游博物馆看展导购文创商品"活动，受到媒体广泛关注。国家博物馆首次开展"云逛展"直播并回答抖音网友提问，引网友热情点赞，其中，讲解员杨洋表现出色，获得6.2万人次点赞。直播活动促使"国博邀您云看展"微博话题阅读量继续大幅攀升，突破4785万；网友称赞《红楼梦》文化展短视频为"红楼爱好者的盛宴，空间设计和布局都介绍了"。

国家博物馆将进一步创造性开展工作，不断盘活数据资源，通过"云看展"等新媒体渠道，把更多文物、展览、展厅、社教产品与服务"搬"到云端，通过手机小屏连接亿万公众，弘扬中华文化，增强文化自信。

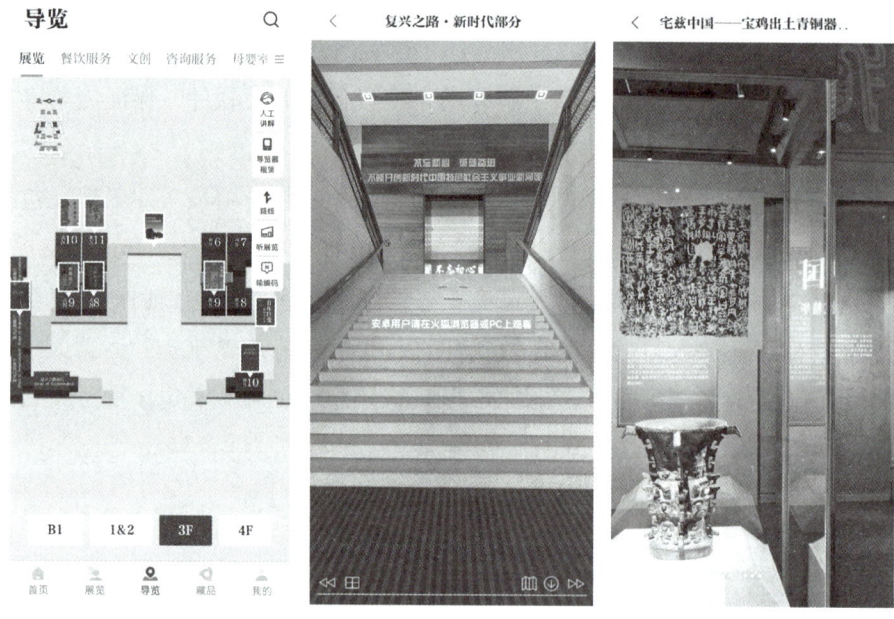

图 7-2 国家博物馆的"云展览"

✅【案例分析】

随着数字化的发展、疫情时代的健康需求，云展览将是未来博物馆参观的重要方式。

博物馆的云展览不仅给疫情期间无法去展览馆参观和预约不到线下参观的游客提供了观展的机会，还解决了博物馆线下展览期间售票排长队、精品展览网上争相预约、好不容易进了展厅却只能看见人头攒动的尴尬局面。

博物馆的云展览平台可以整合丰富的博物馆数字展览类型，包括图文展览、全景展览、虚拟三维展览等，同时结合文博直播，实现"人在家中坐，动动手指就能让陈列在建筑中的博物馆展览'活'起来"。

博物馆的云展览平台运用实景三维技术构建博物馆数字化体验产品，融合数字展览和数字文物，免去了展厅间的路程，还可以让观展者一键跳过不感兴趣的地方。之前隔着玻璃看展还要避免反光，现在点点展览图片，全部细节尽收眼底。

博物馆的云展览不仅可以满足观展需求，还可以让"国宝""自转"。"国云展"平台利用三维重建技术，让文物360度动起来、"活"起来，将数字文物留存。

博物馆是保护和传承人类文明的重要殿堂，互联网是传播人类优秀文化、弘扬正能量的重要载体。充分发挥博物馆和互联网在资源、技术、渠道等方面的优势，将大数据、云计算、人工智能、5G+VR现场直播、数字全景与知识服务相融合，使"国云展"平台成为"云端"上的博物馆、"指尖"上的数字展厅。

【游客心理需求解剖】

参观博物馆云展览时，游客的心态是怎样的呢？
（1）云展览的链接相对比较容易获取；
（2）云展览的界面比较清晰，方便操作和观展；
（3）能够实时互动，对于提出的疑问能够及时回复。

【疑难提醒】

目前，云展览在开展中会遇到很多问题。首先，最核心的问题是展览的策划设计。虽然是云展览，如何对线路和展品进行策划，吸引观众是很关键的内容。其次，是技术问题。怎样设计界面以方便观众操作和观展，也是重要的内容。目前部分云上博物馆还是相对简单，可以在线留言，但是在线互动、问题解答相对较少。最后，是网络问题。目前不同人群的网络，在观看展览时会有不同的效果，可能会影响到观展的心情，并对云展览提出不同的意见。

资料来源：云端链万家　文博强信心——中国国家博物馆精心打造"云展览""云直播"（http：//www.chnmuseum.cn/zx/gbxw/202002/t20200221_200103.shtml），中国国家博物馆，2020年2月21日。

第 3 节　景区新科技、新产品的服务与管理

案例 67　北京环球度假区未来水世界的游乐项目

【案情陈述】

图 7-3　北京环球影城未来水世界主题园区大门

北京环球影城呈现了全球首个未来水世界主题园区,并为游客献上"未来水世界特技表演"。从水上摩托艇极速俯冲的惊险特技,到飞机触目惊心的坠毁现场,你将零距离感受扣人心弦的生死搏斗带来的逼真体验。观众座位分为三个区域:红色为全干区,绿色为半干半湿区域,蓝色为全湿区域。坐在全湿区域的游客可以在表演过程中参与泼水互动,更可能会在互动过程中被泼一身水,但蓝色座椅区域依然最抢手,不少兴致勃勃的游客还披上了雨衣。

未来水世界特技表演是环球影城主题公园里最受欢迎的表演之一,表演以 1995 年同名科幻动作电影为蓝本。在这里,游客将置身于一段身临其境的冒险旅程,近距离感受扣人心弦的水上终极对决。

【案例分析】

主题公园内的游乐项目越来越注重沉浸式体验项目的设计。参与刺激的游乐项目的大多数都是年轻人。不少游乐园都会对乘客提出一定的要求,如身高不足 1.5 米的不能乘坐或者年龄超过 60 岁的不可以玩刺激项目。据专家解释,参与惊险刺激的机械

游乐设施会让人精神高度紧张，导致突然心跳加速，血压升高，引发心律失常。轻者会有脸色发白、呕吐、心慌、目眩等症状；而患有基础疾病的人，更容易加重病情，重者甚至会引发脑出血死亡。因此，主题公园应建议游客根据自己的身体状况，量力而行。

【游客心理需求解剖】

由于生活、工作压力越来越大，为了放松身心，游客追求新鲜、刺激的惊险体验项目，让自己在惊险刺激中体验心动的感觉，感受惊险刺激后的放飞和解脱。

（1）追求沉浸式体验项目。

（2）新鲜刺激为年轻人的首选。

（3）高科技的游乐项目似乎更安全。

【疑难提醒】

在日常维护中，高科技的服务项目需要更加严格地按照项目的检修条例执行，这样才能保证项目的安全。除了日常维护，也要按规定定期检查。

服务过程中应该制定标准、安全和科学的服务流程，这样有助于项目合理地运营，保障游客的安全利益。

案例 68　"剧本杀"的安全隐患

【案情陈述】

近年来，"密室逃脱""剧本杀"已经悄然超越KTV唱歌、蹦迪等传统文娱消费活动，一跃成为年轻人的娱乐"新宠"。据《2021实体剧本杀消费洞察报告》的相关数据，2019年，全国密室逃脱门店数量达1.5万家，"剧本杀"门店数量已经突破1.2万家。到2021年4月，全国"剧本杀"门店数量已经达到4.5万家。"剧本杀"已成为中国消费者偏好的线下潮流娱乐方式前三名，仅次于看电影和运动健身。

但是在"剧本杀"剧场的安全检查中，警方发现，不少场所存在疏散指示标志未保持完好、有效或安装位置不合规、无应急照明设施、灭火器数量配置不够、疏散通道堆物或封闭等安全隐患。部分"剧本杀"密室空间狭窄，易起火，排烟困难。"剧本杀"有时会使用火柴、蜡烛，以及"冷烟花"等易燃易爆物品，用以烘托气氛，如果发生火灾，易造成烧伤或窒息死亡危险。在封闭场所内进行互动娱乐，虽然新鲜刺激，却暗藏不少安全隐患。由于实景剧本需要对经营场地进行实景装修和道具布置，道具质量、装修材料以及密闭环境的安全防护等都易产生消防安全隐患。

【案例分析】

当前"剧本杀"的运营管理存在安全隐患。首先，必须要注意的是场所的安全。对于场所中使用的道具、器材、物料等，需要注意消防隐患。需要使用环保、安全的材料。其次，需要加强管理。对于"剧本杀"的内容、情节都需要进行审核，加强底线思维。

【游客心理需求解剖】

据统计，"剧本杀"的受众年龄超七成为30岁以下的年轻人群，超四成用户消费频次在一周1次及以上。其中，学生群体占比较高，约占28%。说明此项活动非常受年轻人喜欢。这部分年轻人求新、求异，因此可能会忽略场所的安全及情节要素等。

【疑难提醒】

"剧本杀"剧场在运营管理中，需注意以下事项：一是需要使用安全环保的材料；二是加强店员的消防知识培训；三是标明场所内安全逃生指示图、逃生通道和安全出口标志，使用合格的灭火设施，布局合理的消防栓；四是在现场运营管理中，需要严格落实访客登记制度，店内监控设置合理；五是剧本应避免血腥暴力、恐怖惊悚、封建迷信等情节和敏感性内容，对不适宜未成年人阅读的剧本内容作出提示，避免给心智尚未成熟的未成年人带来负面影响，妨害未成年人身心健康。

第 8 章
安全服务与管理案例

案例 69　桂林漓江翻船事故

案例 70　上海外滩踩踏事件

案例 71　贵州省兴义市马岭河峡谷缆车坠落事件

案例 72　"天旋地转"操作失误事故

案例 73　"天旋地转"安全装置失灵

案例 74　"太空船"悬臂突然断裂

案例 75　夜游时突然停电了

案例 76　公园里的小孩落水了

案例 77　老人在景区突发心脏病

第 1 节 重大安全事故处理

案例 69　桂林漓江翻船事故

【案情陈述】

中新广西网（2014年4月26日）披露：26日上午6时30分许，广西桂林市阳朔县富安码头附近水域发生一起排筏侧翻事故。据桂林市委宣传部通报，该事故已造成两名游客遇难。据了解，当天早晨该排筏共搭载有27名游客及1名筏工，准备搭乘排筏游览漓江时发生侧翻，导致筏上人员全部落水。事故发生后，阳朔县相关部门第一时间赶赴现场进行施救，其中26名游客及筏工获救，2名分别来自广东和四川的游客不幸遇难。

【案例分析】

漓江，是中国锦绣河山的一颗明珠，是桂林风光的精华。漓江发源于桂林东北兴安县的猫儿山，流经桂林、阳朔，至平乐县恭城河口，全长430余公里。由桂林至阳朔84公里的漓江，像一条青绸绿带，盘绕在万点峰峦之间，奇峰夹岸，碧水萦回，削壁垂河，青山浮水，风光旖旎，犹如一幅百里画卷。

到桂林旅游，大多数游客要选择乘船游览漓江的风光。旅游旺季每天在漓江上的各种游船数以百计，乘船的游人数以千计，水上安全尤为重要。本案中的翻船事故发生在4月的旅游旺季，游客搭乘排筏游览漓江时发生侧翻，筏上人员全部落水，导致2名游客死亡。事故暴露了在旅游旺季时交通部门水上交通管理的漏洞、游船工作人员的失误与大意，反映了危急事件急救与处理的缺陷。

假如我们的管理部门严格有效地管理，并有完善的危急事件处理机制；假如筏工、码头工作人员及时发现问题，并采取有效的防范措施，也许可以避免事故的发生，但没有假设，事故发生了。

【游客心理需求解剖】

如果你是游客,在人身和财产遭受威胁的意外情况发生时心理是怎样的?
(1)恐惧心态,并伴随着头脑空白,无法进行正常思考。
(2)求生意识导致未经充分考虑危险系数的高低而盲目自救。

这两种心态都是旅游过程中发生突发状况时,人们的正常表现。但这种突发状态下的正常表现,是不利于问题的解决和旅游过程的顺利进行的。因此,景区工作人员在突发状态时需要冷静思考,克服自身的恐惧心态和盲目自救行为,要在惊慌的游客面前担当起指挥和引导游客行为、最大可能地保护好游客的人身安全和财产安全的角色。

【疑难提醒】

一旦发生抢劫、落水等事件时,盲目的求全心态是不可取的。应该本着保大失小、避轻就重的原则,游客的人身安全是第一位的,游客的财产安全是第二位的。

此外,与主管部门、救援部门保持联系时,听从这些部门的调遣安排;当与主管部门失去联系时,盲目的"勇敢"是鲁莽,应该见机行事。

案例 70 上海外滩踩踏事件

【案情陈述】

2014年12月31日23时35分,上海正值跨年夜时刻,很多游客和市民聚集在上海外滩迎接新年,黄浦区外滩陈毅广场东南角,在通往黄浦江观景平台的人行通道阶梯处底部有人失衡跌倒,由于聚集的人员众多,继而引发多人摔倒、叠压,致使拥挤踩踏事件发生,造成36人死亡、49人受伤。

2015年1月21日,上海市公布"12·31"外滩拥挤踩踏事件调查报告,认定这是一起对群众性活动预防准备不足、现场管理不力、应对处置不当而引发的拥挤踩踏并造成重大伤亡和严重后果的公共安全责任事件。

【案例分析】

上海外滩踩踏事件的主要原因分析如下：

第一，对新年倒计时活动变更风险未作评估。2011年起，黄浦区政府、上海市旅游局和上海广播电视台连续三年在外滩风景区举办新年倒计时活动。鉴于安全等方面存在一定的不可控因素，黄浦区政府经研究，报上海市政府同意，决定2014年新年倒计时活动暂停在外滩风景区举行。但大量市民、游客认为外滩风景区仍会举办新年倒计时活动，南京路商业街和黄浦江对岸的上海中心、东方明珠等举办的相关活动吸引了部分市民、游客专门至此观看。对此，黄浦区政府在新年倒计时活动变更时，未对可能的人员聚集安全风险予以高度重视，没有进行评估，缺乏应有认知，导致判断失误。

第二，未能有效管理和控制游客流量。2014年12月31日晚20时起，外滩风景区人员进多出少，大量游客涌向外滩观景平台，呈现人员逐步聚集态势。据综合监测显示事发当晚外滩风景区的人员流量，20时至21时约12万人，21时至22时约16万人，22时至23时约24万人，23时至事件发生时约31万人，但并未引起有关部门的高度重视，未能采取有效的游客流量控制。

第三，预防准备严重缺失。黄浦公安分局在编制的新年倒计时活动安全保卫工作方案中，未对外滩风景区安全风险进行专门评估。黄浦公安分局在外滩风景区及南京路沿线布置了350名民警、108名城市管理和辅助人员、100名武警，安保人员配置严重不足。

第四，应对处置失当。在事发当晚现场警力配备明显不足的情况下，黄浦公安分局只对警力部署作了部分调整，没有采取其他有效措施，一直未向黄浦区政府和上海市公安局报告，未向上海市公安局提出增援需求，也未落实上海市公安局相关指令，处置措施不当。上海市公安局对黄浦公安分局处置措施不当指导监督不到位。黄浦区政府未及时向上海市政府报送事件信息。

上海外滩踩踏事件向旅游界提出了一个值得深思的问题，即如何在大型旅游节庆活动中避免事故。

第一，各级政府、旅游行政主管部门、旅游企业等，要树立旅游安全意识，形成有效的安全危机的防范体系，提高社会整体防范公共危机事件的能力。

第二，提高认识，加强培训，努力提高各级各类工作人员的整体素质；加强宣传，积极引导，有效管理，使游客树立安全、有序、文明、礼让的良好旅游习惯。

第三,将文化娱乐、旅游服务等行业的安全管理纳入安全生产管理部门的管理范畴。把大型旅游节庆活动的安全管理单列出来,既不完全属于生产安全,也不完全属于社会安全,可由这两方面的安全管理部门共同参与管理,由政府进行协调。

第四,建立健全旅游危机预警和应变系统,建立旅游安全紧急救援体系,对各种可能发生的危机事故,应有预案。一旦发生意外事故,及时进行有效处置,尽可能避免推诿扯皮等低效率、不负责导致的事态扩大。

随着我国国力的不断增强,各种世界级、洲际级的重要国际活动在中国举行的机会越来越多。如何在大型节庆活动中避免事故,应引起有关方面的高度重视。

有研究指出:紧急状态时人员疏散问题已成为城市公共安全首先应该考虑的环节。虽然每一种灾变的成因和特点不同,但灾害一旦降临,其状态都是类似的。所以要研究各种危机事件的关联性,研究单一事件转化为复杂事件的特点,制定综合的防范战略、政策和管理计划,作出综合的组织和资源安排。紧急状态时的人员疏散问题是城市公共安全的一个重要环节。回顾"上海外滩踩踏事件",假如有应急安全疏散的机制和能力,及时疏散和引导游人,或许就可以避免和减少人员的伤亡。

图 8-1　游人如织的外滩之夜

【游客心理需求解剖】

遭遇危险、紧急状态时人员疏散中的游客心理:

(1) 从众心理。别人都这么做,我也跟着做总不会错。

（2）唯恐落后。大家都争先恐后去抢，我落后了就吃亏了。

（3）骑虎难下。这么做不一定好，可后面那么多人跟着，我不想这样也难了。

【疑难提醒】

旅游景区服务与管理人员应根据以上各种游客心理，针对性地制定相关措施，主动控制局面，防止事态失控。

（1）对有带头行为的游客，要率先做好劝导工作；在劝说无效的情况下，可以考虑采用强制措施，以确保其他大众游客的安全疏散。

（2）对从众的游客，要公开做好引导工作，及时告知最新信息，组织游客有秩序地疏散。

（3）对游客中的弱势群体要做好安抚，主动提供帮助，协助其离开险境。

案例71　贵州省兴义市马岭河峡谷缆车坠落事件

【案情陈述】

1999年10月3日，上午10点20分左右，广西南宁天马等3家旅行社组织的游客，陆续聚集在贵州省兴义市马岭河峡谷谷底唯一的缆车乘坐点。此时，等候上车的游客多达200余人。由于从上游漂流归来的游客越来越多，各旅行团的游客为了早点上山，争先恐后地往索道观光车上挤，场面混乱。11点30分，索道观光车下到谷底停下来，在一阵难以想象的拥挤后，面积仅有五六平方米、核定限载10人的缆车厢，竟满载了35名乘客缓慢上升。10多分钟后到山顶平台停了下来，工作人员走过来打开缆车的小门，准备让车厢里的人依次走出来，上面接车的工作人员也开始着手接车，打开平台护栏铁栅门。一个8岁男孩一只脚已迈出，然而就在这一瞬间，缆车竟不可思议地慢慢往下滑去。有人惊叫起来：''缆车失控了！''工作人员见此情形大吃一惊，立即跑进操作室猛按上行键，但控制开关已失灵。他又想用紧急制动，仍然无效。不得已拉下电源开关，以为可以让缆车停下来，但缆车还是不断地向下滑去。缆车缓慢滑行了30米后，机房内卷扬机发生爆炸、牵引钢丝绳断裂，从而导致缆车如箭一般快速向山下坠去，一声巨响后撞在110米下的水泥地面上，断裂的缆绳在山间四处飞舞……

几秒钟之前还是一片欢腾的马岭河畔顿时惨不忍睹，缆车里的 35 名游客全部摔到水泥地面上，横七竖八扭作一团，不少人腿骨断裂血肉模糊，有的人当场昏死，有的举着双手晃着脑袋喊救命。20 多平方米的平台上躺满伤员和死者，鲜血染红了地面。

在事发当时，善良的人们无序地拉扯和抢救着伤员，有 5 人当场死亡，在送往医院的途中又有 2 人死去。从 10 月 3 日至 5 日，虽经兴义市 3 家医院全力抢救，但先后又有 7 人在医院的病床上停止了呼吸，而其余 21 人全部重伤或轻伤，不得不住院治疗。山顶平台上的一名工作人员也被飞出的缆车钢绳打得头破血流。这是一起最后造成 14 人死亡、22 人受伤的特大安全事故。

【案例分析】

事故发生后，经事故调查组对现场反复进行勘查和认真取证，并经国家质量技术监督局和国家索道安全检测中心专家论证，这起旅游观光车坠落事故发生的直接原因是，该索道未按国家标准《客运架空索道安全规范》（GB 12352—90）设置紧急制动器，制动失灵造成飞车，同时吊厢严重超过设计规定的载客量。

更深层次的原因是，马岭河峡谷风景区旅游观光缆车从立项报批、设计建造、竣工验收、营运管理各个环节都存在若干重大问题，而且长期没有改进，因而事故的发生可以说是必然的。

1. 项目的立项、审查、批准和验收不符合规定

早在 1991 年劳动部就颁布了《客运架空索道安全规范》，要求所有客运索道的设计图纸必须经国家索道检验中心审查合格后方可进行施工。设备建成后，经营单位需向省级劳动部门提出营运申请，省劳动部门经过初步审查后，转交国家检验中心审批，最后由国家主管部门发给经营单位安全使用许可证。

马岭河峡谷风景区管理处于 1994 年 7 月实际开工建设旅游观光缆车，同年 10 月，以旅游观光车项目名称填报建设选址审批书，兴义市、黔西南州建设局签署意见后报贵州省建设厅，贵州省建设厅风景园林绿化处于 1995 年 7 月 6 日签署"同意暂按临时设施建设"。

这里的错误：一是该项目由兴义市建设局批准立项建设，报告的是建设旅游观光车的选址，没有报告和批准项目建设的工程内容、设计和预算等。报告的是选址，批复是"同意暂按临时设施建设"，报告和批准内容不一致。二是风景园林绿化处是贵州省建设厅内设机构，不应越权审批。三是项目设计、建设、审查、验收没有执行国家

"三同时"的有关规定，没有劳动等安全监督部门参加，没有执行国家关于架空索道的有关安全技术规范。四是该项目建成后，没有严格执行和对照有关技术标准和规范组织审查验收，没有验收结论。

2. 项目的设计和建造者资质均未达标

国家有关部门规定客运架空索道的设计、安装应由具有专业资质的设计单位来进行。根据规定，水电九局天生桥分局下属工程队不能接本单位之外的工程。但是马岭河峡谷风景区管理处和兴义市建设局却将旅游观光车的设计、安装委托给不具备资质的天生桥分局第二机电工程队，更没有组织有关部门对观光车质量和安全技术性能认真进行充分论证和组织验收，便投入运营。机电工程队明知自己不具备设计和安装资质，竟接受甲方委托，且指派没有设计资格的人员进行设计、安装，致使观光车在设计结构上就存在严重的安全技术隐患。

3. 旅游观光车的营运管理混乱，"以包代管"

马岭河峡谷风景区管理处内部管理混乱。首先，观光车建成后，管理处"以包代管"，即采取收取承包费、发包给个人经营管理的方式。先后将观光车承包给管理处职工徐某、宋某个人管理；更为严重的是，1999年1月1日，又将运行长达4年且存在较多安全隐患的观光车承包给根本不懂技术、无管理能力的兴义市某村民胡某。承包人只顾眼前经济利益，忽视设备的技术改造和维护保养，给这次事故埋下直接的祸根。其次，操作人员均没有进行任何严格的安全知识和专业操作技能培训就上岗作业，缺少必要的专业知识和应急处理知识。再次，管理处和承包人未执行劳动行政部门下达的设备隐患整改及限载10人等指令。最后，没有制定严格的安全管理措施，没有明显的安全标志和严格的安全信号指令及事故应急措施。经营人员严重缺乏安全意识，以致吊厢严重超载也照样启动缆车。

4. 安全监督不到位

客运架空索道工程竣工后，应由索道站向省级劳动部门申办"安全使用许可证"，经省级劳动部门预审同意后，索道站再向索道安全中心提出验收申请，由索道安全中心进行检测验收，检测验收合格，报国家劳动部批准发放"安全使用许可证"后，方准予正式运营。

而在马岭河峡谷旅游观光车建设过程中，黔西南州和兴义市的劳动安全监察部门没有参加"三同时"审查和提出意见，对违规建设负有失察责任。项目建成后，1995年6月15日，兴义市建设局、马岭河峡谷风景区管理处，请黔西南州劳动部门进行观光车的安全检查，劳动部门提出了需要补充的资料和解决的问题，但是没有验收结论。同年12月12日，黔西南州劳动部门又组织检查，在提出需要整改的问题后填发了"安全使用许可证"。但是州、市劳动部门本身并不具备检验索道安全的规定资质,其检验工作也没有执行国家标准和技术规范,而且州、市劳动部门无权发放许可证,越权发证更是严重的行政违法违纪行为。

5. 旅游管理混乱,工作不到位

1999年10月3日,马岭河峡谷观光车下站游客较多,由于旅游设施不完善,不能及时将游客疏散,旅游秩序混乱;而广西天马、阳光、中旅广西分社等旅行社在带团过程中,没有引导好游客,对拥挤的游客没有承担起妥善疏导的责任。广西天马等旅行社作为此次旅游活动的组织者和经营者,均缺乏起码的安全意识,事先对旅游线路安全性疏于考察,对缆车明显存在的隐患一无所知,未对游客履行人身安全保障的责任。

资料来源:邹统钎.旅游景区开发与经营经典案例[M].北京:旅游教育出版社,2003.

【实战修炼】

索道及游乐设施安全保障措施要求如下:

(1)严格执行中华人民共和国国家标准《游乐园(场)服务质量》(GB/T 16767—2010)。其中客运索道要严格执行国家有关部门制定的技术标准。

(2)树立安全第一、预防为主的思想,配备必要的、充足的和有效的安全设施,确保运转安全;建立健全各项安全管理制度、安全操作规程;建立完善的维修、保养制度,有专人、专职负责,以确保游客的生命财产安全。

(3)建立健全安全管理体系。

(4)开展经常性的安全培训和安全教育活动;定期组织安全检查;建立安全工作档案,有历次检查的原始记录并由负责人签字。

(5)员工应具有相关的专业技术上岗证,员工要按规章作业。

(6)在游客游乐活动开始前,应当让游客了解安全注意事项,掌握安全要领。特殊项目要有相应要求,如年龄限制、健康要求等,要有公示牌。工作人员也要随时提醒和有效控制,如果发生意外事故,要按照规定程序采取救援措施。

(7)安装报警电话、灭火器、避雷装置、急救设备等安全设施设备。

(8)索道和游乐设施一律不得超载和带险运转,严禁在大风、雨雪等恶劣天气下运转。

【相关链接】

安全：旅游的生命线

安全是旅游的生命线。任何旅游安全事故的发生，不仅会造成重大的人身财产损失，而且会影响旅游目的地的整体形象，甚至会演化为较为严重的旅游危机，阻碍旅游业的正常发展。随着旅游活动规模的急剧扩大，以及散客自助旅游、探险旅游等旅游形式的蓬勃发展，影响旅游安全的因素日趋复杂化，传统的旅游安全管理模式已经越来越不适应新形势的要求，旅游安全事故呈现出高发态势。尤其是在黄金周期间，由于旅游设施、从业人员均处于超负荷运转状态，旅游安全事故更是频繁发生，使得旅游安全成为影响旅游业持续发展的一个核心因素。

旅游业的特点决定了安全问题贯穿于旅游活动的始终。旅游活动的综合性，使得游客在旅游过程中需要频繁使用交通、游乐等各类服务设施，存在着广泛而复杂的设施安全问题。例如，2005年海南发生的游艇倾覆事件和近期河南商丘境内发生的特大旅游交通事故等。旅游活动的异地性，使得游客在旅游过程中需要付出高于日常生活的体力消耗，存在着一定的健康安全问题。例如，重庆某旅游团在湖北赤壁发生的老人猝死事件等。旅游活动的野外性，使得游客脱离了原来熟悉的生存环境而进入较为陌生的环境，存在着一定的环境安全问题。例如，2006年"五一"黄金周期间，42名北京游客被困内蒙古库布齐沙漠而导致一名游客死亡事件等。旅游活动的外部性，使得游客在旅游过程中容易与当地居民、旅游从业人员发生利益冲突，存在着一定的治安安全问题。例如，前不久发生的三亚景区商贩围殴四川游客和丽江导游伤人事件等。此外，旅游活动中还广泛存在着食品卫生安全、消费安全等一系列安全问题，使得旅游安全管理工作错综而复杂。

总体而言，旅游安全管理工作分为主动安全和被动安全两个方面，二者在旅游安全管理中具有同等重要的地位。主动安全，主要是指通过各种预防措施来主动防范旅游安全事故的发生，防患于未然，包括旅游安全教育、旅游安全设施与制度的完善、旅游安全检查与监管等；被动安全，主要是指一旦发生旅游安全事故，就要通过各种有效而及时的补救措施来使安全事故损失最小化，包括旅游保险、紧急救援、危机处置等。经过长期实践，我国目前的旅游安全管理工作基本上已经涵盖了主动安全与被动安全两个方面，但从近期连续发生的旅游安全事故来看，还存在许多薄弱环节。在主动安全方面，一是旅游安全教育不够深入细致，全民旅游安全意识不强，尤其是缺乏针对游客的安全教育与警示，使得游客在选择旅游服务商时只重价格不重安全，难以在市场竞争中形成安全驱动机制，一些不重视旅游安全的服务商无法被市场自动淘汰。二是旅游安全投入严重不足，使得旅游服务设施更新、检修、保养不及时，并缺乏必要的旅游警示、防护、引导等安全设施，从而造成旅游服务设施不安全、旅游安全设施不健全的现象。三是旅游安全监管难以日常化。由于旅游安全管理工作涉及多个职能部门，因而目前的旅游安全监管多以阶段性联合执法检查为主，使得旅游安全工作没有形成日常监管机制，各项旅游安全措施与制度缺乏长期稳定的执行力。在被动安全方面，一是目前旅游保险在险种设计、理赔等方面还存在许多缺陷，使得旅游安全事故的善后处理难度很大，维权困难与维权过度同时存在；二是旅游安全紧急救援体系还不够完善，一旦发生意外事故，往往很难及时有效处置；三是缺乏有效的联动机制，致使旅游事故发生后，常常出现推诿扯皮等低效率、不负责现象，导致事故扩大化。

旅游安全管理工作是一项庞杂的系统工程，针对目前旅游安全管理工作中存在的突出问题，除了继续抓好各项基础性工作外，重点要在教育、设施与机制三方面下功夫：首先，要高度重视旅游安全教育。要通过举办旅游安全指导培训、免费发放专门的旅游安全手册、及时发布旅游安全警示、在各类旅游宣传手册和广告中强制推行安全提示内容等措施，不仅使旅游系统，而且使全民都树立起"没有安全就没有旅游"的意识，主动防范各类旅游安全事故的发生。其次，要不断加强与完善旅游设施安全与旅游安全设施。要在现有各项规定的基础上，结合旅游活动的特点，专门出台各类旅游服务设施安全使用规定和旅游安全设施配置标准，提高安全保障水平。最后，要转变以往重视主动安全而忽视被动安全的做法，尽快建立与完善旅游安全应急处置机制，通过建立统一的旅游救援与处置中心，整合部门职能、加快反应速度、提高处置能力。

资料来源：中国旅游报［N］.2007-04-27.

第 2 节 游乐设施安全服务

案例 72 "天旋地转"操作失误事故

【案情陈述】

2004年6月13日13:00左右,在沈阳植物园旅游的郑某等人在玩"天旋地转"游乐项目时,设备刚刚启动,郑某便从距离地面约2米高的设备座位上脱离,摔到地面上造成重伤。

"天旋地转"游乐项目为观览车类游乐设施,额定乘员24人,设备最大高度13.2米。

资料来源:载松佘.游乐设施作业、安全管理与国际游乐安全设施管理模式及国家强制性标准实务全书[M].北京:中国科技文化出版社,2006:813.

【案例分析】

事故原因分析如下:

(1)由于工作人员在压杠作业过程中,违反操作规程,未将压杠锁紧,也未将安全带扣上,致使该游乐设施启动后,乘客从座位上脱落,坠于地面。因此,操作者违章操作是造成事故的直接原因。

(2)该游乐设施所属单位对操作人员的安全教育不到位,是造成事故的间接原因。

【游客心理需求解剖】

游客在游玩观览车类娱乐项目时的心理是怎样的?

(1)初玩者有以下心态:激动、害怕、担心。他们因为是初玩,绝大多数不清楚参加此类游乐项目的注意事项和安全规则;而服务人员与管理人员如果以自己的眼光去揣测游客,会认为这是家常便饭,不需提醒,从而造成工作上的盲点。

（2）重玩者不会有害怕和担心，但激动的心理仍然存在。在这种情况下，可能导致忘记系安全带或采取其他安全措施。

鉴于旅游者的两种心态，要求项目的服务人员和管理人员必须再三提醒游客注意安全事项，并仔细检查和核实安全措施是否到位。

【疑难提醒】

本案例中因安全事故防范工作不到位而导致的安全事故是完全可以避免的，而且不存在难点。任何一位游客都不会因为麻烦而拒绝绑好安全带，偶尔的疏忽也是因为忘记而并非故意。因此，景区管理人员与服务人员必须保持高度的安全意识，时刻做好每一位游客的安全提示员。这项工作的难点，在于思想上是否具备安全意识，而绝非行为上有多大难度。

案例 73 "天旋地转"安全装置失灵

【案情陈述】

> 2004年10月5日12:20左右，成都游乐园16名游客乘坐"天旋地转"游乐设施。游客入座后，工作人员检查座椅安全压杠时，设备突然启动，上升到1米多高时，设备又停止了运行。由于1名乘客压杠未完全放好，从座椅上滑出，摔在地板上，工作人员也右肘擦伤。
> 资料来源：载松佥. 游乐设施作业、安全管理与国际游乐安全设施管理模式及国家强制性标准实务全书［M］. 北京：中国科技文化出版社，2006：815.

【案例分析】

事故原因分析如下：

（1）事故调查中发现，该设备在压杠未放下，尚处于自动挡位状态时，按下启动按钮，设备能正常自动运行，所以，该设备座椅安全压杠连锁系统失去了保护作用，这是导致事故发生的直接原因。

（2）设备使用单位和操作人员在设备运营前，没有认真检查和确认安全压杠连锁保护系统，致使运营中发生事故。

（3）站台与控制室操作人员在没有得到准备完毕的可靠信息情况下启动设备，也是造成伤害事故的重要原因。

【实战修炼】

上述案例均是"天旋地转"游乐机发生的事故，一起是由于工作人员操作失误引发的事故，另一起是机器安全装置失灵造成的事故。人为原因和机器原因，是常见的事故类型。为预防这类事故的发生，建议采用以下预防措施：

（1）加强游乐设施操作人员的相关知识、技能的培训，加强安全教育，提高管理、操作人员的安全意识和工作责任心，提高处置突发事故的能力和水平。

（2）设备使用单位和操作人员在设备运营前，必须对安全压杠连锁保护系统等安全保护装置进行认真检查和确认，对安全保护装置失灵的，不得投入运营。必要时可对易发生翻滚事故游乐设施的安全压杠，采用两道保险装置。

（3）站台与控制室应有连锁控制系统或者有可靠有效的联系方式，以防控制室意外启动设备造成事故。

案例 74 "太空船"悬臂突然断裂

【案情陈述】

2000 年 4 月 30 日 11:20，南京玄武湖公园"太空船"游乐设施开始运转，4 个座舱只有 1 个座舱载有两名女学生。当太空船处于惯性转动状态，载有游客一侧的转动臂与水平面约呈 30 度角位置时，转动臂断裂，游客随同座舱坠落地面，致使两名游客受伤。

资料来源：载松焱.游乐设施作业、安全管理与国际游乐安全设施管理模式及国家强制性标准实务全书［M］.北京：中国科技文化出版社，2006：799.

【案例分析】

事故原因分析如下：

该设备的制造单位为河北某游乐设备有限公司，无生产许可证，事故后出具河北省发给的"临时准产证明"。1999年4月，该设备现场进行了检验，但未向检验机构提供技术资料和整改报告，最后公园组织召开了多家部门参加的验收会，同意试运营。在一年的试运营中，在无超载现象的状态下，曾有2根座舱拉杆钢管焊接处断裂，有3根大链条盘固定螺栓先后断裂。造成事故的原因是：

（1）直接原因，是转动臂1号主钢管断裂后，负载转移至2号、3号主钢管的根部，由于2号、3号主钢管组成的连接抗弯能力差，造成根部角焊缝边缘处分别产生拉弯撕裂，导致转动臂脱落坠地。

（2）主要技术原因，是主钢管与三角形的连接存在严重的应力集中，运转中产生疲劳裂纹，扩展导致断裂。

（3）管理上的原因，是生产单位没有生产许可证，却接洽业务；主管部门发给"临时准产证明"没有严格把关；公园购买的产品，没有进行严格的审验；制造安装焊接质量不过关。

预防同类事故的措施如下：

（1）严格实施生产许可证制度，对无证生产的设备坚决查封；取消"临时准产证明"，严格审查，保证许可证制度的严肃性。

（2）加强对游乐设施安全监督管理的力度，对未经安全检验合格的，坚决禁止运营。操作人员每日运营前要进行必要的检查，确认无异常情况，经记录后方可运营。

（3）制造单位要细心设计，确保设备的安全质量。

【实战修炼】

游乐设施工作人员在操作中的注意要点如下。

（1）坚持"游客生命第一"的理念，首要考虑的是运行安全。

（2）严格遵守规定的运转程序、操作方法，熟知设备的运转原理、处理方法。

（3）坚持开业前的检查，主要内容如下：

①安全检查：

● 乘坐部分的座椅、门、安全杠等情况；

● 安全栅栏及出入口情况；

● 制动闸、安全装置、非常使用装置等的情况；

● 走道及机械各部分情况；

● 电源有无异常（电压值、电流值及其他）；

- 使用具有液压或空压装置的设施，液压、空压气的泄漏、温度情况；
- 其他必要的部位。

②试运转。进行不少于2次以上的试运转，确认没有异常。

③清扫卫生。

④记录。检查、试运转结果记录在运行日志上。

（4）营业运转中应注意如下几点：

①恰当地引导游客，给游客以亲切、叮咛地引导、介绍，但严守定员人数、身高、年龄及其他乘坐限制，以严肃的态度对待游客不良的行为。

②在确认安全之后，发出运转开始信号，如电铃、蜂鸣声等；同时检查游客的安全带、座舱锁等状况，在确认没有异常后，再开始运转。

③运转中注意游客的情况，运转中，启动、加速、上升、回转等运转状况是否正常；运转中注意游客的举止、行为、动作，是否有恐惧、不适等情况；运转中工作人员不许漫不经心，不得聊天，不得离岗。

④熟知非常使用装置的操作方法。非常停止开关及地震、停电、其他异常情况，紧急操作装置，这些与日常操作相比熟练程度往往较低，如操作失误，更加扩大事故和异常。因此，平时要努力熟习非常使用装置的使用方法。

⑤异常时及发生人身事故时应中止运转，立即采取恰当的处理措施。营业运转中发现机器、装置有异常声音、振动、发热等情况，应中止运转，立即救出游客；发生地震、突然停电、雷电等情况，应中止运转，引导游客避难。

（5）结业检查的注意及确认事项：

营业结束后，设施设备停在规定的位置，进行结业检查，检查结果向有关人员报告。结业检查的主要内容：

①清扫。对整个游乐设施及其周边环境进行清扫。

②检查：

- 座舱部分有无异常；
- 安全栅栏有无异常；
- 机械装置、电气装置有无异常；
- 操作装置有无异常；
- 其他必要的部位。

③确认：

- 游客遗忘的物品；
- 拔下空压装置的排水管；

- 关闭各部分电源；
- 火种的后处理；
- 其他必要的事项。

④记录。检查与确认事项的结果应记录在运行日志上，必要的申报事项应记录在交接簿上。

第3节 景区内突发事件应急处理

案例75 夜游时突然停电了

【案情陈述】

2021年7月18日20：18，某市市民公园的摩天轮，正在运转时突然停止，现场随即一片漆黑，一阵阵尖叫声从摩天轮上传来。两三分钟后，摩天轮才恢复缓慢转动，出现了微弱的灯光。在售票窗口，一名外地游客正在询问售票员是否仍能卖票，售票小姐说，由于停电，现在是自发电，暂不卖票。

从摩天轮下来的外地游客陈先生说，停电时他和女朋友都很害怕，也没有广播说明情况，当时有些忐忑不安。

【案例分析】

突然停电的原因很多，主要有设备故障或人为原因。设备故障，是由电路出现故障引起的，也有电路被雷电击坏或配电箱发生故障引起的，等等；人为故障，有电力系统维修停电或使用不当损坏电路的，也有是人为破坏的，等等。

对于突发停电事件，应该尽快找到停电的原因，并尽快恢复供电。

【疑难提醒】

遇到景区停电采取如下措施：

（1）一旦遇到突然停电，游客必须保持镇静，及时拨打报警电话。

（2）停电时，景区工作人员应沉着冷静，及时与游客保持联系，用各种方法提醒游客保持镇静，迅速查清报警点位置和数量，切断电源。

（3）景区管理者应启动紧急照明系统，并通过广播，温馨提示游客"不要惊慌，不要乱跑乱挤，以免引起踩踏事故"，及时疏散游客，同时注意防火、防盗等意外情况的发生。

（4）设有双回路供电的，或有自备发电机的景区，应及时开启备用电源。

（5）事后组织人员检修，消除隐患。

案例 76　公园里的小孩落水了

【案情陈述】

"救命啊！快来人啊！"2022 年 5 月 5 日 15:00 许，某公园人工河岸响起一片呼救声。原来，一个 10 岁左右的小女孩儿在和同伴玩水嬉戏时，突然脚一滑跌入了河中，正仰面朝天拼命挣扎，附近的两个同伴和老人被这突如其来的事件惊呆了。小女孩儿生命危在旦夕。

千钧一发之际，只见一个身材魁梧的中年男子向河边跑来，一边跑一边踢掉皮鞋，衣服也没脱就一头扎进了河里。在众人的协助下，女孩终于被拖上了岸。紧接着，男子又为女孩做人工呼吸，直到孩子的脸色由白转红。女孩终于脱离了危险。周围的群众见状都很感动，纷纷要求他留下名字，但他只是微笑着说了句——这是我应该做的，就悄悄地走开了。

后来女孩儿的父母通过多方打听，才知道这位救人者是附近派出所的一名警员，那天他正与妻子女儿在公园里散步，听到有人呼救，就本能地冲了过去。女孩儿父母为此专程赶到派出所向恩人当面道谢。

【案例分析】

公园里孩子落水事件、溺水事件屡屡发生。事实上许多景区都做了预防措施。为了能及时救助落水游人，一些景区在水边隔段配备了安全箱，里面备有急救用的救生圈、绳子等物品，在河堤修建了护栏，在危险的河段设置了警示牌等。然而，孩子们的戏水行为仍令管理人员感到无奈。特别是炎炎夏日，游泳是最热门的活动，游泳池外，还有迷人的海滨、湖泊、河流和小溪……但是欢乐享受之余，也请人们特别注意其中所潜藏的危机，事前多一分准备和考虑，可以避免不少的不幸和遗憾。

【相关链接】

青少年如何预防溺水

游泳是广大青少年喜爱的体育锻炼项目之一。然而,不做好准备、缺少安全防范意识,遇到意外时慌张、不能沉着自救,极易发生溺水伤亡事故。

为了确保游泳安全,防止溺水事故的发生,必须做到以下几点:

(1)不要独自一人外出游泳,更不要到不摸底和不知水情或比较危险且宜发生溺水伤亡事故的地方去游泳。选择好的游泳场所,对场所的环境,如水库、浴场是否卫生,水下是否平坦,有无暗礁、暗流、杂草,水域的深浅等情况要了解清楚。

(2)必须要有组织并在老师或熟悉水性的人的带领下去游泳,以便互相照顾。如果集体组织外出游泳,下水前后都要清点人数并指定专人做救生员,负责安全保护工作。

(3)要清楚自己的身体健康状况,平时四肢就容易抽筋者不宜游泳或不要到深水区游泳。要做好下水前的准备,先活动活动身体,如水温太低应先在浅水处用水淋洗身体,待适应水温后再下水游泳;镶有假牙的同学,应将假牙取下,以防呛水时假牙落入食管或气管。

(4)对自己的水性要有自知之明,下水后不可逞能,不要贸然跳水和潜泳,更不可相互打闹,以免喝水或溺水。不要在急流和漩涡处游泳,更不要酒后游泳。

(5)游泳中如果突然觉得身体不舒服,如眩晕、恶心、心慌、气短等,要立即上岸休息或呼救。

(6)在游泳中,若小腿或脚部抽筋,千万不要惊慌,可用力蹬腿、做跳跃动作或用力按摩、拉扯抽筋部位,同时呼叫同伴救助。

对溺水者的现场急救刻不容缓,心肺复苏最为重要。将溺水者救上岸后,要立即清除口腔、鼻咽腔的呕吐物和泥沙等杂物,保持呼吸通畅;应将其舌头拉出,以免后翻堵塞呼吸道;将溺水者的腹部垫高,使胸及头部下垂,或抱其双腿将腹部放在急救者肩部,做走动或跳动"倒水"动作。恢复溺水者呼吸是急救成败的关键,应立即进行人工呼吸,可采取口对口或口对鼻的人工呼吸方式;在急救的同时,应迅速送往医院救治。

案例 77　老人在景区突发心脏病

【案情陈述】

场景一：五旬老人顶烈日登鼓岭心脏病突发晕倒

2007年7月9日上午，一名50多岁的男子登福州市鼓山时突发心脏病晕倒在地，经鼓岭派出所民警和医护人员紧急抢救，该男子转危为安。

9日上午10点，鼓岭派出所接到群众报警称，在鳝溪至鼓岭登山古道1600米处，一名男子登山时突然晕倒。接到报警后，民警立刻从小路赶往事发现场并通知医护人员。民警赶到现场时，发现一名男子躺在地上，脸色苍白、嘴唇发紫。医护人员测量男子的血压后，发现他有心脏病，便马上给该男子服用急救药。服药后，男子的情况慢慢好转。

据了解，该男子姓林，平时就有登山的习惯。9日上午，他和几位朋友相约登鼓山，行至鳝溪登山古道处感到身体不适，但他随身未携带应急药品，结果晕倒在地。

场景二：惊！游客山上突发心脏病

2007年5月的一个下午，一名外地老年游客突发心脏病倒在青岛市崂山上。崂山风景区工作人员对病人进行了紧急救治，并及时将老人送往医院。

下午1点多，年近七旬的上海游客陈先生与家人一起随旅行社来崂山风景区旅游。当来到华严寺附近时，因旅途劳累，加上天气炎热、走得太急，陈先生突发心脏病，晕倒在通往景区的山路上。由于老人身上未带急救药品，其家人顿时不知所措了，随团导游员急忙到崂山风景区棋盘石管理处求助。

棋盘石管理处立即组织救护员带上急救药品和担架来到了事发现场，让大家给老人让开通风透气的通道，接着将准备好的速效救心丸放进病人的口中，并用手掐病人的人中穴。几分钟后，病人苏醒过来。之后，工作人员用担架把病人抬下了山，并安排车辆将病人送往医院，为接受进一步救治赢得了宝贵的时间，稳定了老人的病情。

【案例分析】

老年人，特别是年过花甲的老人，身体比较脆弱，容易生病。所以，在旅游过程中，要特别关注自己的身体健康，根据身体变化状况，参加一些身体力行的旅游活动。患有心脏病、高血压等疾病的老人旅游时更要量力而行，在进行爬山等运动量较大的旅游活动时，最好随身携带应急药品，以免发生意外。若发现某种疾病的征兆，须采取有效措施，保养自己的身体，未雨绸缪，预防疾病于未然；否则，平时不注意，一旦疾病发作，猝不及防，不但身体受苦，同时经济上也会有不少损失。

景区工作人员要学习急救知识，更好地为游客服务。景区工作人员往往是游客发生疾病或遭受意外伤害时的"第一目击者"，如何在第一时间，采取最适当的急救措施，以挽救患者的生命或将机体损伤减轻到最低，这就要求工作人员了解和掌握常见的急救知识，如心肺复苏技术及创伤急救的止血、包扎、固定、搬运等技术，及时科学地处理紧急情况，为游客生命安全提供保障。

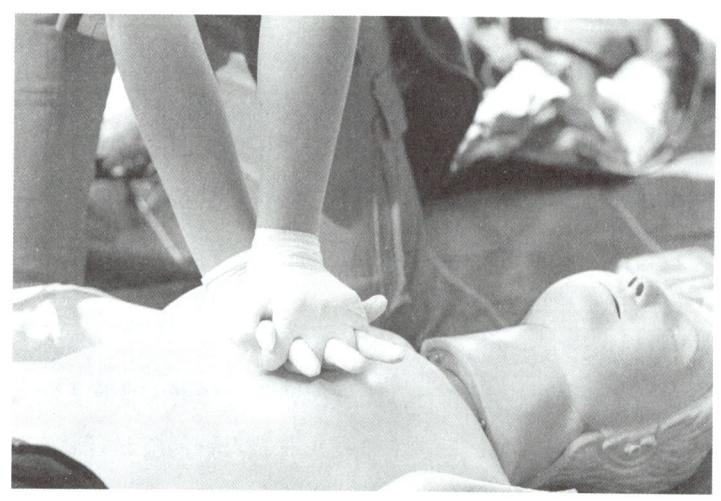

图 8-2　景区工作人员正在演练心肺复苏

【游客心理需求解剖】

为什么游客突发意外事故屡屡不断？

一些老年人对自己的身体状况抱有无所谓的心理，导致思想上忽视，行动上大意，突发意外时缺乏准备，往往造成老年人的身体伤害。

【疑难提醒】

（1）外出旅游或旅行前，要全面评价自己的生理、心理状况，如心脏状况、血压情况、心理准备等，特别是对自身的病情，要充分评价是否已经达到可以外出的状况，必要时可在出行前到医院进行专门的检查。

（2）外出旅游或旅行前，要全面了解旅游或旅行目的地的气候状况，旅游景点的情况。例如，是否要登山、山的高度及登山难度等，如果要游泳，是在海上、江河还是湖泊等。

（3）外出旅游或旅行前，要全面了解自己出行的方式、时间、资金状况、安全状况等，诸如出行方式是乘飞机、火车、轮船还是汽车等，目的地的社会治安情况及基本经济情况等。俗话说"穷家富路"，出行时一定要备有充分的资金，以防不测。

【相关链接】

旅游安全管理要找准薄弱环节消除隐患

近日，文化和旅游部召开文化和旅游行业安全生产工作电视电话会议，传达贯彻习近平总书记等中央领导同志指示批示精神，进一步部署文化和旅游行业安全生产工作。会议提出，要着眼"防患于未然"，深入开展安全隐患排查治理。要牢固树立"隐患就是事故"理念，坚持问题导向、围绕薄弱环节，紧盯"安全生产专项整治三年行动"重点任务，深入开展旅游景区、旅游包车、特种设备、食品安全、疫情防控等各类安全隐患排查治理，切实将不安全因素消除在萌芽状态。

随着我国新冠疫苗接种率不断提高，居民出游热情逐渐高涨，国内旅游市场加快恢复。端午假期，全国国内旅游出游8913.6万人次，按可比口径恢复至疫情前同期的98.7%。值得注意的是，常态化疫情防控下，非假期客流规模不足，部分旅游场所放松了安全工作，导致风险相对增大。暑期旅游高峰即将到来，保障文化和旅游市场安全稳定尤为重要。

一是要重视风险分级管控和隐患排查治理双重预防机制的建构。旅游场所要重视风险数据的收集整理，对可能存在的风险因素进行分等定级，形成旅游风险台账和地图，并从组织、制度、技术、应急等方面对安全风险进行有效管控。同时，要全面开展风险隐患排查治理工作，通过预防性手段防范旅游安全事故的发生，尤其要防范重特大旅游安全事故的发生。

二是要抓好"限量、预约、错峰"等基础工作。游客容量管理是预防性旅游安全管理的基础。要科学测算旅游场所容量，并从制度上优化容量管理方式，要从技术上实现提前预约、智能管理、及时预警，从机制和手段上实现有效控流、合理错峰，从而真正实现科学合理的"限量、预约、错峰"，避免重视景区整体容量、不重视节点容量的现象。端午假期，个别地方景区出现游客滞留拥堵现象就是节点容量测算不科学和管理不到位造成的。

三是重视突发天气因素对旅游安全环境的影响。灾害性天气因素是改变旅游安全环境、造成旅游安全事故的重要原因，如不久前发生的甘肃白银山地马拉松事故，原因之一是天气因素影响。应该意识到，天气因素的可预测性较高，因此在重大节假日、重大节庆赛事活动举办前，要认真扎实地做好旅游场所天气条件的预判分析，并做好预警预报工作，遇到雷暴、冰雹、高温、台风等极端天气应及时疏散游客，必要时关闭旅游场所，以保障游客安全。

四是做好突发事件的应急准备工作。预防性旅游安全工作既要着眼于避免旅游安全事件和事故的发生，也要为可能发生的旅游安全事件和事故做好应急准备。要有可靠的体制、机制、法制和预案作为支撑，要有具备较高安全素质的应急队伍，要常态化开展旅游应急教育和培训工作。针对节假日旅游安全、游客滞留与疏散管理等重点风险情形，要做好专项应急预案，储备专项应急资源，并加强多部门联合应急演练，使旅游场所真正具备旅游应急能力，能随时应对和处置旅游突发事件。

五是做好游客群体的安全教育和行为引导。政府、媒体、旅游企业等各类主体，可以通过多元化的方式对游客进行安全教育和引导。比如，利用大数据、物联网等技术做好游客流量分析与预测，向游客提供旅游地容量信息，发布安全风险预警，提醒游客错峰旅行，引导游客的流量和流向。向游客提供旅游安全手册，通过安全标志、安全告示、人员沟通等方式对游客进行风险提示和行为引导，推动游客理性安全地开展旅游活动。

总之，文化和旅游行政部门以及各类旅游企业应高度重视安全生产工作，要通过风险分级管控、隐患排查治理、重视突发风险、做好应急准备、科学引导游客等方式，全面加强预防性旅游安全工作，切实防范重大安全事故的发生。

资料来源：谢朝武.旅游安全管理要找准薄弱环节消除隐患［N］.中国旅游报，2021-06-28.

第 9 章
环境与资源管理案例

案例 78　垃圾换早餐

案例 79　免费赠送的枇杷

案例 80　生态干净的公共厕所

案例 81　尴尬的"一线天"游

案例 82　"休闲游"变成了"排队游"

案例 83　九寨沟成长中的烦恼

案例 84　破坏文物古迹生态环境将严惩

第 1 节　环境管理

案例 78　垃圾换早餐

【案情陈述】

游客小王来到云南省丽江地区老君山风景名胜区旅游。在他拿着门票排队等候进入景区时，景区管理人员向每位游客发放了一个塑料袋，并不断地向过往游客宣传承诺：凡是在景区内捡满一塑料袋垃圾，并交回到景区出口处回收点的游客，即可获得一张价值20元的早餐券。游客既可以凭早餐券享用早餐，也可凭此券兑换20元现金。

原来，具有滇省"众山之祖"的老君山旅游区，经过20多年的开发，已初具规模，形成了以原始森林风光为主的生态旅游风景区，吸引了大批中外游客纷至沓来。然而，一些环保意识差的游客随手丢弃垃圾，给风景区造成了环境污染。风景区管委会此前也实施了一些环保措施，如在景区增加垃圾桶、安排清洁人员沿途收集垃圾等，但投入较大，收效甚微。自2000年起，风景区管委会在全国首创并实施了"垃圾换早餐券"的环保措施。

小王拿到塑料袋后，随便将它塞到了包里，看到美丽的风景，便把垃圾袋的事情忘在了脑后。小王一路陶醉在美丽的丹霞地貌中，正当他想将喝完矿泉水的瓶子扔掉时，看到身边有位游客正在将自己制造的垃圾放进挂在背包上的垃圾袋里，小王猛然想起了自己也有只环保垃圾袋，于是，也将自己的垃圾放在了垃圾袋中，顺手捡起了旁边的垃圾，并把垃圾袋挂在了背包上。当他回到出口处时，背后的垃圾袋已经是满满的了，其中不仅有自己的垃圾，也有路上捡来别人丢弃的垃圾。小王将垃圾袋送回到出口处的回收点，并如景区承诺所言换到了一张早餐券。当他看到很多游客像自己一样捡垃圾时，内心的高兴劲远远胜过了得到一张早餐券。同时，他也决定以后旅游不论走到哪里，自己都要准备一个环保垃圾袋。

据悉，老君山此举实施后，游客很配合，风景区内也一天比一天干净。如今，想捡垃圾兑换早餐或现金，反成了不易之事。丽江有关部门对老君山旅游风景区的环保措施给予充分肯定,准备在其他风景区加以推广。

【案例分析】

案例中讲述了小王在老君山旅游风景区旅游时的经过。旅游景区环境卫生管理问题是景区比较头痛的老问题。景区在环境卫生长久得不到治理时,采取了"垃圾换早餐券"制度,给每位进入景区的游客分发一个垃圾袋,让大家积极回收垃圾。由于游客的共同参与和配合,景区环境得到了改善。

景区内的卫生状况是景区环境质量最重要的外在表现,直接影响着游览质量。在景区内部,除加强景区卫生人员的配置和监督管理外,还应合理设置垃圾桶,及时回收处理垃圾。首先,景区应建立卫生管理责任制,责任到人,奖罚分明。景区卫生人员应随时监控各自的卫生区域,及时清除地面上的脏物和垃圾桶内及周围的垃圾。其次,合理设置垃圾桶,包括垃圾桶的数量配置、安放地点,同时要使垃圾桶外形和环境相协调。尤其是在景区主要游览线路和景点应增加垃圾桶的数量,以便于游客及时处理自己手中的垃圾。最后,垃圾的回收应及时到位,同时应对垃圾进行分类回收,减少垃圾的处理量。只有景区内的基础设施和工作做到位,为游客创造一个干净整洁的环境,才能减少游客乱扔垃圾的现象。

图 9-1 云南丽江老君山景区内的独特地貌

【游客心理需求解剖】

你作为一名游客外出旅游时,对于手中的垃圾会怎样处理?
(1)找一个最近的垃圾桶扔掉。
(2)反正地上也很脏,就随地扔了。

案例 79　免费赠送的枇杷

【案情陈述】

小李是园林景区的管理员,他负责园区内的后园管理,主要为游客提供咨询、指引等现场服务。小李没有到任之前,这一区块虽然每一景点的路线、垃圾桶、厕所等指示牌指示都很清楚,但还是经常出现游客走错游线、垃圾乱扔等现象。他来之后,游客再有疑问或路线不清楚的时候,都可以现场咨询,小李的服务得到了游客的好评。同时,小李配合园区将《公民国内旅游行为公约》贴在入口处,提醒游客注意旅游文明,对乱丢垃圾的游客进行引导和教育,并以身作则,捡拾游客乱丢的垃圾,使得他所管辖的园区环境卫生一天比一天好转。

最近,园区内的几棵枇杷树长势喜人,马上到了成熟的季节,黄灿灿的枇杷挂在树上甚是可爱,吸引了众多游客的目光。很多游客忘记了文明旅游的口号,路过这里便顺手牵羊,把枇杷摘下来吃掉或扔掉;有些游客甚至连树枝一起扯下,破坏了树木。虽然小李也一直在劝告游客,但是趁他不注意,就会有游客违规采摘。园区内的这几棵枇杷树已经有近百年的历史,是园区重要的保护树种。游客的这些行为,搞得小李很是头痛。他想出了一个处罚措施:对于违反园区规定乱采乱摘的游客罚款 50 元人民币。这个措施出台以后,折枝摘果的不守规矩的人,明显地减少了。

一天,一位小朋友在家长的带领下来到了园区游玩。小朋友看到树上的枇杷后一定要摘,但是在伸手可以够到的树枝上,成熟枇杷已经被采光了。这个小朋友摘不到枇杷不肯罢休,在树下又哭又闹。无奈的家长竟然爬上树去为孩子摘枇杷。小李得知后在第一时间赶到现场,此时小朋友的父亲仍然趴在枇杷树上。小李立即制止了这位父亲的采摘。在他从枝叶乱颤的树上下来之后,小李对这位游客的行为进行了批评和教育,并对其处以50元的罚款。游客对自己的鲁莽和错误行为表示道歉,并及时上缴了罚款。但过了两三天,又有几位游客不顾罚款采摘枇杷。于是小李又陷入了思考之中,如何才能制止这一行为呢?

一天,小李提前半小时就来到了园区,通过梯子将树上成熟的枇杷全部摘下。等到游客进园之后,小李将采摘下来的枇杷免费送给游客品尝,并对游客进行文明旅游公约的宣传教育,得到了游客的好评,之后每天都是如此,直到枇杷被采光为止。小李此举不仅保护了枇杷树,而且又教育和引导了游客,真可谓双赢啊!

【案例分析】

案例讲述了通过景区管理员的正确引导,景区环境卫生等得以保持和维护的良好效果。小李作为园区管理人员,面对游客的不文明行为,不是一味地跟在游客后面捡拾垃圾,而是对游客进行宣传教育,并通过实际行动改变游客的行为。特别是针对游客乱采乱摘的现象,在教育、罚款都不能奏效的情况下,小李能站在游客的角度,主动将成熟的枇杷采摘下来赠送给游客品尝,这样既断绝了游客采摘的想法,又起到了保护珍贵树木的效果。

景区除为游客提供完善的基础设施外,对于游客的不文明行为,管理人员应及时进行劝阻,应对游客进行积极地教育和引导,必要时还可采取一定的处罚措施,而不是听之任之,放任其自由发展。另外,还可以通过开展一些积极的公益性活动,刺激和鼓励游客参与环境保护,使游客认识到环境保护的重要意义,自觉爱护环境。

【游客心理需求解剖】

你到风景区游玩时,看到果树上成熟了的水果,心里是怎样想的?
(1)很吸引人,很想采摘。
(2)如果有其他的游客在采,我当然也可以采。

【疑难提醒】

如果遇到违反园区规定,乱采乱摘花木的游客,怎么办?
- 礼貌劝解,态度合理。
- 如果不听劝解,按照景区管理制度予以处罚。

- 及时报告上级主管，并登记游客不良旅游记录。

案例80　生态干净的公共厕所

【案情陈述】

小厕所，大民生。日前，浙江杭州西湖景区灵隐管理处在北高峰新建的装配式生态智能公厕——北高峰生态公厕正式投入使用。北高峰位于杭州西湖西北面，山脚下有著名的千年古刹灵隐寺。据悉，北高峰生态公厕位于北高峰北游步道终点，面积约为80平方米。该公厕具有建设周期短、建筑配材好、使用体验佳、管理智能化和实用功能多等特点。

建设周期短。公厕整体采用坡屋顶形式、黑白主色调设计。相较于传统公厕建设周期100至140天，该公厕采用类似"搭积木"建设手法，仅用40天就完成全部装配，且不产生工业垃圾和建筑扬尘。

建筑配材好。墙体使用进口纤维板和聚氨酯发泡一体板，整体强度高、抗震抗风能力强，材料绿色环保，并可循环回收利用。

使用体验佳。便池和蹲位运用感应＋新风系统＋自动式一体水箱，从根本上解决使用者忘记冲洗、空气氨味重等老生常谈问题。

管理智能化。墙上设有显示屏，实时显示室内使用状态、用电用水情况、如厕人数以及氨气指数，方便管理人员维护管理。

实用功能多。除这些特点之外，北高峰生态公厕还配有提醒打扫、紧急报警、刷脸取纸、实时评价等实用功能，使环境清洁舒适，在最大限度环保节能的基础上，为市民游客提供舒适的如厕体验。

资料来源：杭州西湖景区首座装配式生态智能公厕亮相北高峰[EB/OL].中国新闻网，2020-07-07.

【案例分析】

2015年，国家旅游局提出在全国范围推动"厕所革命"，全国上下掀起了景区"厕所革命"的高潮。2016年国家颁布了《旅游厕所质量等级的划分与评定》标准，对厕所的设计及建设、环境保护、管理与服务三个方面制定了通用的要求，并将旅游厕所划分了A、AA、AAA三个级别。2017年为了进一步推进厕所革命进程，按照《"十三五"旅游业发展规划》《"十三五"全国旅游公共服务规划》要求，国家旅游局制定了《全国旅游厕所建设管理新三年行动计划（2018—2020）》。该行动计划提出，要按照"全域发展、质量提升、深化改革、创新突破"的基本思路，在巩固提升上一轮厕所革命成果基础上，推广成功经验，深化改革创新，大力推动厕所建设标准化、设施现代化、运营专业化、管理规范化、服务人性化、监督社会化、使用文明化，全面提升厕所建设质量与管理服务质量。该行动计划还提出了三年行动任务。

首先，厕所设计和建设中，推进厕所标准化建设，全面贯彻《旅游厕所质量等级的划分与评定》标准（GB/T 18973—2016）。厕所建设要科学规划、合理布局、方便实用、节能节水、保护环境，厕所外部设计注重与周边和城乡整体环境布局协调，尽量体现地域文化特色，设计有创新性。内部配套设施干净整洁，功能齐全，人性化、生态化。

其次，提升厕所管理服务水平。鼓励引进专业化、集团化、连锁经营的厕所管理公司管理，建立健全科学有效的管养机制，签订旅游厕所目标管理责任状，将管理责任落实到人头，定岗定人定时进行卫生保洁和设备养护、维修，确保厕所干净、整洁、无异味。在管理中提到了可以应用"互联网+"信息技术，实现智能化管理，推广厕所数字地图、APP等管理服务创新手段，解决"找厕难""如厕难"等问题。

再次，科技提升厕所环保。行动任务中指出，各地要按照因地制宜、绿色环保的原则，积极引进推广厕所先进技术。落实《厕所革命技术与设备指南》要求，不断创新循环水冲、微水冲、真空气冲、无水冲、可生物降解泡沫等技术。在气候寒冷、无上下水系统的区域，推广"源分离免水冲生物技术""发泡式微生物降解节水技术"等生物处理技术，避免造成环境污染；在除臭杀菌技术方面，要推广电子分解技术、光触媒技术、射线杀菌技术等，从源头上分解胺类化合物，消除异味，杀毒灭菌；在厕所建设材料方面，要推广使用生态木、竹钢、彩色混凝土、玻璃钢、复合仿生材料等绿色环保材料，使新建、改扩建旅游厕所符合节水、节能、环保等技术要求。

最后，提升厕所文明行动。深入开展游客、群众文明如厕教育，推动文明如厕，引导广大游客、群众养成自觉爱护厕所设备、保持卫生，培育文明如厕的良好习惯，坚决抵制粗鄙丑陋的如厕行为。

经过几年的建设，景区"厕所革命"改变了我国旅游景区的接待条件，也提高了景区的服务品质，游客对景区基础设施和公共服务的满意度得到有效提升。

【游客心理需求解剖】

在旅游景区内，游客寻找厕所时，最关注的是：

首先，是不是比较容易找到厕所，尤其是在非常需要的时候。

其次，厕所是否干净、无异味；厕所内部有没有配备一些便捷的纸巾、洗手液等；在疫情常态化下，厕所是不是经常消杀。

最后，厕所的厕位设置合不合理，需不需要排队。

【疑难提醒】

首先，在旅游景区设计和建设时，应充分考虑厕所分布和设计的合理性，方便快捷地找到是关键点，尤其是要注意建设的绿色环保，不仅用材用料要环保，还要与周边环境氛围相协调；同时厕所在节约用水、节能等技术的运用也十分必要。

其次，厕所的卫生管理，尤其是做到洗手台面、地面干净整理，厕所内无异味，就需要有专人对厕所定时清洁和管理。

第②节　资源保护

案例81　尴尬的"一线天"游

【案情陈述】

"五一"旅游黄金周，小李和朋友一起跟团到某著名山岳风景名胜区旅游。在游览了秀丽的丹山碧水之后，最后一个参观景点，是号称全国最长的"一线天"。导游员给了他们两个小时的游览时间。当他们来到所谓的一线天后，发现一个长长的队伍弯弯曲曲地从洞口延伸出来。看到长长的队伍，小李想退缩，可是又想这是全国最长的一线天，不去可惜，而且这是测量自己身材的最佳去处，总共才100多米，应该不会花费太长时间，或许长队移动速度也不会太慢。于是，就和朋友一起跟上了队伍。但是等他们排上队后才发现，这个长队实际上前进速度非常缓慢。

等他们艰难地移动到了洞口才突然发现，原来洞里潮湿阴暗，而且蝙蝠在洞顶飞来飞去，并有一股野生动物难闻的味道。回头望望长长的队伍，内心虽有一丝成就感，却并未感到些许的兴奋。洞内有位大伯正在出租手电筒，除此之外没有任何景区管理人员维持秩序或现场讲解；环顾四周，只有唯一的一块标志牌，上写"洞内黑暗，小心地滑"的警示语。

小李跟着队伍慢慢前行，在他们走过了几十级台阶后，就进入所谓的"一线天"。岩壁上有细细的泉水在流淌，高处的岩壁上成群结队的蝙蝠在休息。有些蝙蝠在窄窄的岩壁间飞来转去，搅动了峡壁上的水流，零星地洒向游客。小李他们一步一个台阶，走走停停，跟着大部队缓慢前进。直至他们走到岩壁夹缝中间时才猛然发现，用进退两难来形容此时的境况是再恰当不过了。因为峡壁中只能容下一个人行走。有些游客在抱怨前面游客走得慢，有的则为掉在身上的不知是水滴还是蝙蝠排泄物的东西在尖叫，高喊声和吵闹声夹杂在一起。

走上了几十个台阶以后，岩壁之间终于开阔了一些，随即小李发现，眼前已是下降的台阶。台阶下去后，是一个宽敞的洞穴。他们前面的游客排成的长队已经穿过洞穴，蜿蜒又上升到前面的峡壁之内。岩壁之间隐隐约约可以看到缓慢移动的游客，怪不得前面队伍前进得如此之慢呢。小李和他的朋友恍然大悟，原来是因为前面的峡壁之间很窄，行进比较困难。又是一段缓慢的行程，小李和他的朋友上升到前面的峡壁后发现，前面岩壁的间距比他们刚走过的还要窄，而且阶梯陡峭。这时再想退回去，已经来不及了，后面又排满了游客在等待着前进。路越来越窄，小李他们已经不得不侧过身子来挪步了，慌乱间侧身穿过的小李，因为比较胖，被岩壁卡住了，进退皆难。本来峡壁间就阴暗潮湿，游客侧身行进都比较困难，情绪大都比较焦躁，突然又听说前面一位游客被卡住了，后面的游客都开始惶恐起来，刹那间现场秩序又变得一片混乱。这下不仅急坏了小李，也忙坏了朋友们。幸好，在大家的提示和帮助下，小李屏住呼吸，前面的朋友拉、后面的朋友推，小李才终于一点一点地挤出了"一线天"。直到走出"一线天"后，满头大汗的小李才发现，自己的真丝上衣在与岩壁的摩擦中被划破，朋友身上被蝙蝠的排泄物"有幸"击中。小李和朋友抱怨，早知道这么窄就不来凑这个热闹了。

【案例分析】

案例讲述了小李及朋友们在黄金周期间游览某风景名胜区内"一线天"景点时先排长队、后被岩壁卡住的尴尬经历。为什么会出现这样的情况呢？首先，缺少景区管理人员的合理指导。在景点内没有任何工作人员现场维持秩序。其次，没有估测景点内的容量。景区管理人员没有根据景区的容量来控制游客数量，出现了洞外排长队、洞内人挤人的进退两难的局面，从而使游客产生惶恐和焦虑。最后，景点内的指示、解说系统不完善。这一景点只在入口处有一个简单的介绍，并没有标志牌或者讲解员对洞内一线天的具体情况加以说明，致使很多游客在盲目排队进入岩壁之后，才发现自己的体形很难通过狭窄的夹缝，但已陷入进退两难之地。

为了有效保护旅游资源，维护游客权益，景区在规划开发过程中就应对景点的客容量，即所能容纳游客的最大量作出准确判断和明确规定。尤其是在旅游旺季，景区管理人员需要特别关注游客的数量，在超过一定人数的时候，及时对景点或游乐项目的游客进行分流，以避免人流拥挤引发事故。而有些景点或项目因不易被游客发现（就像本案例中的"一线天"，游客带着强烈的好奇心盲目排队，拥挤在洞口等待，而一旦进入洞口又很难回头），出现进退两难的局面，是由于景区管理者对景点容量缺乏精确论证、对游客数量缺乏有效控制和疏导措施造成的。如果景区管理人员能合理组织、分批次进出景点，完全可以避免游客因拥挤而带来不愉快的问题。

另外，景区还应完善景点软件和硬件设施的建设。在软件设施上，每个景点都应有专门的管理人员为大家提供引导服务。在硬件设施上，除了要有齐全的垃圾桶和公共厕所等基础设施外，还要有完善的景区讲解、指示系统。景区内的具体情况，应通过指示牌等形式展现给游客，以免游客因情况不明而盲目进入，酿成混乱的局面。除此之外，旅游旺季时，旅游景区应增加一定的基础设施，如移动垃圾桶、移动厕所等。这些都可以减少公共场所引起的拥堵现象，为游客拥有一个良好的出游经历提供必要条件。

【游客心理需求解剖】

在景区看到很多游客都在排队等待参观某一景区景点时，你会怎样？
（1）大家都在玩，肯定很好玩，我也要先玩这个。
（2）难得来一次，排再长的队也要玩。

案例82 "休闲游"变成了"排队游"

【案情陈述】

黄金周期间，王女士和丈夫带着5岁的女儿到某儿童游乐园游玩。这个游乐园平时就很受游客喜爱，又是黄金周，因此，游客络绎不绝，每个游乐项目前都要排长队。

整整一个上午，她们只玩了双层木马、海盗船和过山车。在简单吃了点午饭后，他们又来到碰碰车项目前排队。队伍排到近一半时，王女士5岁的女儿嚷着要上厕所，于是夫妻两个人商量，丈夫留下来排队，王女士带着女儿上厕所。

王女士按照指示牌上的指引，找到了附近的厕所，可是还没到门口就看到等待上厕所的长队已经排到了厕所门外几十米远。于是，王女士又咨询保洁员，距离她们最近的另一个厕所有多远，保洁员回答说需要5分钟。王女士看看长长的队伍，又看看迫不及待的女儿，还是决定带着女儿按保洁员指示的最近的厕所跑去。

终于跑到了，她们又傻眼了，队伍还是很长。这时小女孩已经忍不住了。王女士没办法，于是让小姑娘在洗手间的下水道旁方便了。虽然引来了很多目光，但是都表示同情。这时从卫生间外面走来一个保洁员，看到这情况后说："你们怎么这么不文明？随地大小便，要罚款30元！"

王女士一听急了："我们也不想啊，但是你看看这么长的队伍，孩子还小，怎能憋

得住呢?"

保洁员依旧不依不饶:"那也不能随地大小便啊!"

王女士更加气愤地说:"孩子这么小,万一憋出毛病来怎么办?"

在身边排队的游客也开始愤愤不平了:"怎么会这么挤啊?""本来是出来玩的,可是什么都要排队,玩要排队、吃午饭要排队、上厕所还要排队……"

听到这么多游客在抱怨,保洁员也没法解释。本来随地大小便按规定是要罚款30元钱,也只好作罢了。

王女士带着女儿急匆匆地赶回到碰碰车游乐项目组前,丈夫排的队前还差5个人才能排到。

一天下来,王女士一家人玩过的项目还不足游乐园所有项目的一半,但是闭园的时间就要到了,她们不得不走了。"本来想好好玩一玩的,结果排队的时间比玩的时间还要长,真扫兴。"王女士抱怨道。在出口处他们听到了其他游客的相同的抱怨。

【案例分析】

本案例讲述了一家人在黄金周期间带孩子去游乐园玩,满怀期望而去,却满腹抱怨而归的经过。黄金周期间大家都趁着放假出来放松,但是景区内的一些游乐项目或基础设施因游客过多而出现过度拥挤的现象,使得众多游客乘兴而来扫兴而回。

在旅游旺季,旅游景区特别要关注游客的数量,在超过环境容量时,对每个景区景点或者游乐项目要进行游客分流,以免出现个别项目挤满游客而个别项目却无人问津的现象,也就是引导游客从拥挤的地方分流到宽敞的地方。如果超过了旅游景区的容量,就应该暂停售票,以避免游客因过分拥挤而带来身心疲惫。另外,景区内的一些基础设施建设,并不是根据旅游旺季时的人数来设计的,因此,旅游旺季的时候,旅游景区应增加一定的基础设施,如移动垃圾桶、移动厕所等,以减少公共场所引起的拥堵现象。

【游客心理需求解剖】

你外出旅游,发现到处都很拥挤,都需要排队等候时,心里是怎样想的?

(1)景区服务人员为何不来疏导、维护一下现场秩序。

(2)看来这个时候不适合来此旅游。

【疑难提醒】

在旅游旺季,如果遇到游客因排队时间太久而产生插队和焦躁情况时,怎么办?
- 派出专人负责队伍的秩序。
- 积极认真向游客解释缘由,态度要和气。
- 积极疏导游客,向大家介绍避免排队的游线。
- 如果是景区的原因致使游客排队,工作人员应向游客道歉。

案例83　九寨沟成长中的烦恼

【案情陈述】

　　九寨沟,位于中国四川省阿坝藏族自治州,独特的景观资源、丰富的生物资源和传统的藏民俗资源相得益彰,使它赢得了"人间天堂"的美誉。然而,近年来随着游客的大批涌入且数量逐年递增,景区内的生态环境被破坏。除了游客的破坏,一些影视剧组出于商业利益,也纷纷选择到九寨沟拍摄,使得九寨沟"不堪重负"。

　　首先,生态环境遭到破坏。一个时期以来,九寨沟一带出现了基建热,一些地方建宾馆、修道路,一些景点修栈道,住在九寨沟民俗村的藏族同胞,也都在抓住机遇,大搞基建。

　　这种基建热的源头在哪里?在于游客的蜂拥而至。据统计,2000年以后,景区每年游客量都超过100万人次。黄金周中游客塞满九寨沟,车队排成了长龙,每天都会足足堵上几个小时。有的游客在沟外排队排到夜里也没能进来,沟内沟外的旅馆均爆满,不少人还睡在了车上。这些进入景区的游客对于九寨沟的生态环境破坏主要来自三个方面:

　　首先,游客进入森林后,对林区土地的践踏,对树木的触摸等,这是对景区生态环境最直接的破坏影响。

　　其次,大量游客到达九寨沟后,食、住、行所产生的废水、废气和生活垃圾,以及当地居民为了接待游客而过度消耗当地自然资源,这是间接的破坏和影响;除此以外,还有噪声污染等其他因素,也会对九寨沟的动植物正常生长有所影响。

　　最后,一些影视剧组纷纷选择到环境优美的九寨沟来拍摄。事实上,公开报道的九寨沟自然景观被破坏的事件并不在少数。2004年11月，根据一位不愿透露姓名的知情者举报，原本禁止游客"触水"的九寨沟，破例让某知名电视剧剧组多次"下水"拍摄。该知情者还指出，在电视剧导演的要求下，这部戏的选景都是九寨沟最美的地方，包括著名的珍珠滩瀑布。举报者向媒体透露："他们不懂得怜香惜玉，让摄影师来回在水中走动，还让马匹在里面拼命折腾。这些都伤害了九寨沟的水环境。在没人管的状态下，工作人员也肆意破坏，把珍珠滩瀑布四周的青苔踩得七零八落，有些地面甚至已是一片空白，连植被都被破坏了。"这个消息引起了公众一片哗然。

诸如九寨沟这样困境的景区，全国不在少数，诸如都江堰——青城山、海螺沟冰川、峨眉山这样的景区，都不同程度地存在着生态被破坏的现象。我国首批列入世界自然遗产名录的张家界，曾因在主要景区内兴建大量商业建筑而被联合国遗产委员会出示红牌，勒令整改。云南玉龙雪山也因建索道砍伐了数千平方米的原始森林，加上游客的大量拥入，导致了小气候的变化，使原本终年积雪不化的雪山出现了夏秋两季雪山无雪的恶果。

图9-2　景色绝美的九寨沟风景区

【案例分析】

本案例讲述了九寨沟景区及许多知名景区，在开发、发展过程中面临的一些因游客量增长带来的旅游发展与旅游资源保护之间的困境。九寨沟景区针对这一困境，提出了很多改善措施。针对景区内建设带来的破坏，自从2001年5月1日起，九寨沟管理局下了死命令：景区内的宾馆饭店一律关闭，游客一律"沟内游，沟外住"。管理局从每年的门票收入中拨钱给当地居民作生活保障费，同时安排当地人给景区打工。沟里1000多居民绝大部分都在景区内找到了保洁、护林、消防、票务等工作。有了稳定的收入，农民自觉地退耕还林、还草，6.4万公顷的保护区，森林覆盖率恢复到63.5%。从2001年7月1日起，九寨沟管理局根据景区游客容量，又实行"限量旅游"，即限制每天进沟的人数。所有旅行社都必须在网上预订，给沟内减压；从2003年1月起，所有未参加旅行社组团到九寨沟的游客也必须预先通过九寨沟网站购买门票。一系列的措施对九寨沟景区的旅游资源保护起到了一定的作用。

景区的资源和环境是景区赖以生存的基础，过度开发会造成环境的破坏，过度开发的根源又来自游客数量的与日俱增。因此，景区要想实现旅游资源的可持续发展，就必须协调好景区内所能容纳的游客量与景区资源环境之间的关系。也就是说，景区在开发建设之前，就应该估算出景区的游客容量，并根据相应的容量，坚持"生态优先"的战略，指导基础设施的建设，而不是被动地跟随与日俱增的游客量，重新建设、改造各种宾馆、酒店及栈道等基础设施。

【相关链接】

国外怎样保护景区环境

1. 日本富士山禁止建索道

在发达国家，自然保护区和国家公园都被视为保护生态和生物多样性的科研基地。政府拒绝商业化运作，不以营利为目的。因此，在规划、建设、管理方面，一切与基本目标相抵触的活动一律被禁止。日本的富士山海拔3776米，高于我国的黄山、泰山、庐山和张家界等名山。日本人不但不在山上建缆车，就连上山的公路也只修到海拔2000多米，剩下的路要游客自己去爬，甚至连台阶都不建，最大限度地保护大自然的真实性和完整性。

2. 韩国国家公园不设垃圾桶

韩国在一些旅游地不搞豪华宾馆。旅馆多为通铺，每个铺位不到1米宽。游客或自带睡袋，或租用毛毯。卫生间是公用的，提供饮用水和加热饭菜的房间也是公用的。韩国人认为，这样做可以减少公园中的建筑用地，也减少污染。在韩国的国家公园，没有垃圾桶，也看不见垃圾，每人的废弃物自己都会带回去。

3. 美国不许钓母螃蟹

美国人喜爱垂钓，政府为了保护水生动物，对钓鱼和钓螃蟹有一系列详细规定；而对于近乎苛刻的规定，几乎所有人都自觉遵守。美国人使用的鱼饵是塑料制的，所以愿意上钩的鱼很少，钓上来的鱼也都被及时放生了。钓螃蟹的规定更具体：垂钓者首先必须识别公母螃蟹，母蟹一律放回，公蟹则用尺子丈量，凡是不够标准的小蟹也要放回大海。

4. 联合国成立"文化蓝盔部队"

为了"保障、恢复和保护遭到军事冲突和自然灾害破坏的各国自然和文化遗产"，联合国教科文组织和意大利合作成立一支独特的"快速反应部队"，负责拯救世界范围内因为战争或自然灾害而遭受威胁的文化遗产。

这支部队名为"文化蓝盔部队"，全部由意大利人组成，涉及工程师、建筑师、考古学家、艺术史学家、修复专家、地理学家、地震学家、书籍保护专家和打击非法走私艺术作品的专家。根据协议条款，需要保护的国家要先与联合国教科文组织联系，如果事件足够严重和紧急，联合国教科文组织将和意大利政府联系，成立紧急行动小组来处理危机和破坏问题。意大利政府官员称，根据情况，行动小组由民事专家、防卫官员、武装警察及艺术保护专家组成。目前，意大利文化部的高级官员负责协调和管理"文化蓝盔部队"。

联合国的这个决定，主要是因为2003年美国领导的多国部队，在伊拉克战争的军事行动中造成大量珍贵文化遗产损失，以及在阿富汗、伊朗发生的文化遗产被损坏的现象。比如，2003年12月，伊朗东南部的古城巴姆遭遇大地震，有2000年历史的砖泥结构城堡被毁，可是国际社会却没有出台统一的保护人类文化遗产的行动纲领。2004年7月，在苏州召开的第28届世界遗产大会上，联合国为了保护巴姆古城，启动紧急动议，在把巴姆列入世界文化遗产名录的同时，也列入《世界濒危遗产名录》，以便唤醒人们保护的紧迫性。

案例84　破坏文物古迹生态环境将严惩

【案情陈述】

2022年3月25日，贵州省江口县人民法院依法公开审理了被告陈某某生态破坏民事公益诉讼（梵净山金顶刻字）一案。

经审理查明，2021年7月11日，被告陈某某准备登上梵净山金顶（红云金顶）游览，在排队通行过程中使用登山手杖在"梵净山金顶摩崖"石壁上刻画"丽水陈某"字样。该摩崖石壁不仅属于梵净山自然保护区的人文景观，同时也是贵州省人民政府公布的第二批省级文物保护单位。被告的刻画行为视频上传至短视频平台后，被网络视频平台、新闻媒体转发报道，造成严重不良的社会影响。

法院审理认为，梵净山不仅是国家5A级景区，也是国家级自然保护区，2018年7月被列入《世界遗产名录》。梵净山金顶摩崖石壁，是具有美学价值的人文景观，属于梵净山世界自然遗产地不可分割的一部分，一旦破坏难以修复。

被告陈某某在梵净山金顶刻字的行为不仅危害了梵净山自然遗产安全，也破坏了梵净山生态环境和旅游资源，违反了《中华人民共和国旅游法》《贵州省旅游条例》《铜仁市梵净山保护条例》等法律法规，损害了社会公共权益。

法院最终作出如下判决：被告陈某某在本判决生效后三十日内支付文物修复费人民币60 952.08元、修复方案设计费38 000元、环境损害惩罚性赔偿金25 000元，并在国家级新闻媒体上向社会公众赔礼道歉。

【案例分析】

目前，我国已经进入大众旅游时代，每年有数以亿计的旅游者出游，绝大部分游客都能遵守法律法规和景区规定，践行文明旅游。但仍有少数游客漠视法规，在旅游时任意妄为，出现随地吐痰、乱丢垃圾、攀爬踩踏、刻字涂鸦等不文明行为，不仅有碍观瞻，也给景区造成不同程度的破坏。《中华人民共和国治安管理处罚法》第六十三条规定，以刻划、涂污或者以其他方式故意损坏国家保护的文物、名胜古迹的，按照具体情节轻重，处以警告、罚款、拘留等处罚。同时，旅游部门还会依照相关规定，将其列入旅游"黑名单"，实施联合信用惩戒。

梵净山是世界自然遗产地、国家级自然保护区，该游客刻字的"梵净山金顶摩崖"是省级文物保护单位。可以想见，在无比珍贵的摩崖石壁上刻字，必然会对文物和景观造成严重的破坏，并产生恶劣的社会影响。

违法必追究，损害必担责。本案的审理、裁判，坚持损害担责、全面赔偿原则，落实以生态环境修复为中心的损害救济制度，最大限度修复生态环境。生态修复作用和惩罚性赔偿是有限的，但我们的自然文化遗产是无价的。希望本案的裁判能对全社会起到警醒作用，纠正社会陋习，向全社会传递司法正能量，推动绿色发展，弘扬社会主义核心价值观，树立珍爱环境、文明有序的旅游风气。

【游客心理需求解剖】

游客出于好玩、好奇等心理，会无意识地做一些破坏文物古迹以及生态环境事情。当被发现时又会觉得很委屈。因此应加大《中华人民共和国治安管理处罚法》的宣传，确保游客能够及时看到相关信息。

【疑难提醒】

对于景区生态环境遭到破坏难于管理的问题，应采取以下措施：首先，要对景区关键的、重要的旅游景点加强管理，比如加装摄像头、增加管理人员等；其次，景区应做好宣传和宣讲，让游客能够时刻意识到保护生态环境的重要性；最后，对于故意损坏生态环境和文物的行为进行必要的惩罚。

主要参考文献

［1］《中华人民共和国旅游法》
［2］《中华人民共和国消费者权益保护法》
［3］《导游人员管理条例》
［4］《旅行社条例》
［5］GB/T 34313—2017 导游等级划分与评定标准
［6］GB/T 17775—2003 旅游景区质量等级的划分与评定
［7］GB/T 16767—2010 游乐园（场）服务质量
［8］GB/T 31383—2015 旅游景区游客中心设置与服务规范
［9］GB/T 15971—2010 导游服务规范
［10］GB/T 26355—2010 旅游景区服务指南
［11］王莹.旅游区服务质量管理［M］.北京：中国旅游出版社，2003.
［12］王昆欣.旅游景区服务与管理［M］.北京：旅游教育出版社，2006.
［13］王昆欣.旅游概论［M］.北京：高等教育出版社，2021.
［14］姜若愚.旅游景区服务与管理［M］.大连：东北财经大学出版社，2003.
［15］载松衾.游乐设施作业、安全管理与国际游乐安全设施管理模式及国家强制性标准实务全书［M］.北京：中国科技文化出版社，2006.
［16］邹统钎.旅游景区开发与经营经典案例［M］.北京：旅游教育出版社，2006.
［17］彭淑清.景点导游［M］.北京：旅游教育出版社，2005.
［18］林梅英.导游实务［M］.郑州：郑州大学出版社，2006.
［19］蒋炳辉.景点导游教程［M］.北京：中国旅游出版社，2006.
［20］薛建红.旅游服务礼仪［M］.郑州：郑州大学出版社，2002.
［21］刘哲.康乐服务与管理［M］.北京：旅游教育出版社，2003.
［22］张永宁.饭店服务教学案例［M］.北京：中国旅游出版社，2003.
［23］李蕾蕾.旅游地形象策划：理论与实务［M］.广州：广东旅游出版社，1999.
［24］董观志.旅游主题公园管理原理与实务［M］.广州：广东旅游出版社，2000.
［25］赵冉冉.导游应急处理一本通［M］.北京：旅游教育出版社，2008.
［26］温燕.旅游景区服务与管理［M］.武汉：华中科技大学出版社，2017.

图书在版编目（CIP）数据

旅游景区服务与管理案例 / 王昆欣主编. -- 2版. -- 北京：旅游教育出版社，2022.10
ISBN 978-7-5637-4483-1

Ⅰ.①旅… Ⅱ.①王… Ⅲ.①旅游服务②旅游区－经济管理 Ⅳ.①F590.63②F590.654

中国版本图书馆CIP数据核字(2022)第193995号

旅游景区服务与管理案例
第2版

王昆欣　主　编

温　燕　副主编

策　　划	丁海秀　黄明秋
责任编辑	巨瑛梅
出版单位	旅游教育出版社
地　　址	北京市朝阳区定福庄南里1号
邮　　编	100024
发行电话	（010）65778403　65728372　65767462（传真）
本社网址	www.tepcb.com
E - mail	tepfx@163.com
排版单位	北京旅教文化传播有限公司
印刷单位	北京柏力行彩印有限公司
经销单位	新华书店
开　　本	787毫米×1092毫米　1/16
印　　张	15
字　　数	233千字
版　　次	2022年10月第2版
印　　次	2022年10月第1次印刷
定　　价	55.00元

（图书如有装订差错请与发行部联系）